Die ausschließlichen Kompetenzen der Europäischen Gemeinschaft im System des EG-Vertrags

Europäische Hochschulschriften
Publications Universitaires Européennes
European University Studies

Reihe II
Rechtswissenschaft

Série II Series II
Droit
Law

Bd./Vol. 3119

PETER LANG
Frankfurt am Main · Berlin · Bern · Bruxelles · New York · Oxford · Wien

Daniel Dittert

Die ausschließlichen Kompetenzen der Europäischen Gemeinschaft im System des EG-Vertrags

PETER LANG
Europäischer Verlag der Wissenschaften

Die Deutsche Bibliothek - CIP-Einheitsaufnahme

Dittert, Daniel:

Die ausschließlichen Kompetenzen der Europäischen Gemeinschaft im System des EG-Vertrags / Daniel Dittert. - Frankfurt am Main ; Berlin ; Bern ; Bruxelles ; New York ; Oxford ; Wien : Lang, 2001
(Europäische Hochschulschriften : Reihe 2, Rechtswissenschaft ; Bd. 3119)
Zugl.: München, Univ., Diss., 2000
ISBN 3-631-37803-3

D 19
ISSN 0531-7312
ISBN 3-631-37803-3

Meinem Bruder Christian

Vorwort

Die vorliegende Arbeit wurde im Wintersemester 2000 / 2001 von der Juristischen Fakultät der Ludwig-Maximilians-Universität München als Dissertation zur Erlangung des akademischen Grades eines Doktors der Rechte angenommen.

Sie ist als Beitrag zur wissenschaftlichen Klärung einer der derzeit umstrittensten Fragen im Bereich des institutionellen Gemeinschaftsrechts gedacht. Zugleich liefert sie Material für eine schärfere Konturierung der Zuständigkeiten der Europäischen Union gegenüber denjenigen ihrer Mitgliedstaaten, wie sie auch bei künftigen Vertragsrevisionen möglicherweise zum Thema werden könnte.

Ohne die Unterstützung von verschiedenster Seite, die mir in den letzten Jahren zuteil wurde, wäre die Vollendung dieser Arbeit nicht denkbar gewesen. Besonderer Dank gilt dabei zuallererst meinen Eltern, die mir meine Ausbildung und die Promotion überhaupt ermöglicht haben.

Für seine stets wohlwollende Begleitung und die konstruktive Auseinandersetzung mit meinen Forschungsergebnissen, nicht zuletzt anlässlich des Doktorandenseminars vom Februar 1999, möchte ich mich sodann bei meinem Doktorvater, Richter des Bundesverfassungsgerichts Prof. Dr. Dr. Udo Di Fabio, bedanken. Seine Anregungen zur Eingrenzung des Themas und zu einzelnen Zweifelsfragen, die sich im Laufe der Bearbeitung ergaben, waren für mich sehr wertvoll. Herrn Prof. Dr. Peter Badura bin ich für die zeitnahe Übernahme des Zweitgutachtens zu Dank verpflichtet.

Was meine Recherchen zu der hier behandelten Fragestellung betrifft, so gilt mein Dank insbesondere Herrn Dr. Ulrich Wölker (Juristischer Dienst der Europäischen Kommission), Herrn Dr. Christian Hellbach (Auswärtiges Amt) sowie Herrn Dr. Christian Barth (Bayerische Staatskanzlei), die sich mehrfach Zeit nahmen, um mit mir das Thema aus Praktiker-Sicht zu diskutieren. Besondere Erwähnung verdienen außerdem die Antidumping-Abteilung und der Juristische

Dienst der Europäischen Kommission, deren hervorragende Recherchemöglichkeiten ich während meines Praktikums im Frühjahr 1999 nutzen durfte, ferner das Europäische Dokumentationszentrum an der Universität München, wo Frau Schwarz und Frau Kölling mich bei meinen zahlreichen Besuchen stets freundlich aufnahmen.

Für ihre spontane und konstruktive Hilfe beim Korrekturlesen danke ich Herrn Christian Zerr und Herrn Dr. Mathias Siems. Bei meiner Mutter möchte ich mich für ihre Unterstützung beim Drucken des Manuskripts bedanken.

Mein besonderer Dank gilt jedoch meinem Bruder Christian, dem dieses Buch gewidmet ist. Ohne seinen Zuspruch sowie seine tatkräftige und professionelle Unterstützung bei meinen Recherchen und beim Korrekturlesen wäre diese Arbeit nicht, was sie heute ist. Für sein eigenes Jura-Studium wünsche ich ihm viel Erfolg und für die Zukunft alles Gute.

Diese Dissertation wurde im Zeitraum zwischen Frühjahr 1998 und Sommer 2000 erstellt und im Dezember 2000 aktualisiert. Sie nimmt Bezug auf die konsolidierte Version der Europäischen Verträge in der Fassung des Vertrags von Amsterdam und in der Zitierweise, wie sie vom Gerichtshof seither praktiziert wird [*]. Soweit nichts anderes vermerkt ist, werden Literatur, Rechtsprechung und offizielle Dokumente berücksichtigt, die vor dem 30. Juni 2000 zur Verfügung standen. Auf die Ergebnisse des Europäischen Rates von Nizza (7.-11. Dezember 2000) und den dort vereinbarten vorläufigen Vertragsentwurf wird an geeigneter Stelle hingewiesen.

Die in diesem Buch vertretene Rechtsauffassung stellt allein meine persönliche Meinung dar und bindet in keiner Weise die Europäische Kommission.

Brüssel / München, im Dezember 2000 *Daniel Dittert*

[*] Vgl. die Hinweise zur Zitierweise der Bestimmungen der Verträge in den Texten des Gerichtshofes und des Gerichts, abgedruckt in EuZW 2000, 14 f.

Inhaltsverzeichnis

Abkürzungsverzeichnis

aA	anderer Ansicht
ABl.EG	Amtsblatt der Europäischen Gemeinschaften
Abs.	Absatz
a. E.	am Ende
a. F.	alte(r) Fassung
AfP	Archiv für Presserecht–Zeitschrift für Medien- und Kommunikationsrecht
AöR	Archiv des öffentlichen Rechts
BBPS	*Beutler / Bieber / Pipkorn / Streil*, Die Europäische Union
Bd.	Band
BGBl.	Bundesgesetzblatt
BR-Drs.	Bundesrats-Drucksache
B'Reg.	Bundesregierung
BT-Drs.	Bundestags-Drucksache
Bull.	Bulletin
BVerfG	Bundesverfassungsgericht
BVerfGE	amtliche Sammlung der Entscheidungen des BVerfG
CDE	Cahiers de droit européen
CdR	Comité des Régions (Ausschuss der Regionen)
CMLRev.	Common Market Law Review
CR	*Calliess / Ruffert* (Hrsg.), Kommentar zu EUV und EGV
ders./dies.	derselbe / dieselbe
Dok.	Dokument
DÖV	Die Öffentliche Verwaltung
DUE	Il Diritto dell'Unione Europea
DVBl.	Deutsches Verwaltungsblatt
EA	Europa Aktuell – Info-Service der Bayerischen Staatskanzlei
EG	Europäische Gemeinschaft(en)
EGV	Vertrag zur Gründung der Europäischen Gemeinschaft
ELJ	European Law Journal
ELR	European Law Review
endg.	endgültig; endgültige Fassung
engl.	englisch
EP	Europäisches Parlament
ESZB	Europäisches System der Zentralbanken
EU	Europäische Union
EuG	Gericht erster Instanz der Europäischen Gemeinschaften
EuGH	Gerichtshof der Europäischen Gemeinschaften
EuGRZ	Europäische Grundrechte-Zeitschrift
EuR	Europarecht
EUV	Vertrag über die Europäische Union (Vertrag von Maastricht)
EuZW	Europäische Zeitschrift für Wirtschaftsrecht
EWGV	Vertrag zur Gründung der Europäischen Wirtschaftsgemeinschaft
EWS	Europ. Wirtschafts- u. Steuerrecht–Betriebsberater für Europarecht
EZB	Europäische Zentralbank
fasc.	fascicule (Heft, Lieferung)
FAZ	Frankfurter Allgemeine Zeitung
FCE	Forum Constitutionis Europae (Walter-Hallstein-Institut, Humboldt-Universität Berlin)
Fn.	Fußnote

frz.	französisch
FS	Festschrift
GA	Generalanwalt
GASP	Gemeinsame Außen- und Sicherheitspolitik
GATS	General Agreement on Trade in Services
GG	Grundgesetz für die Bundesrepublik Deutschland
GGK	*von Münch / Kunig* (Hrsg.), Grundgesetzkommentar
GH	*Grabitz / Hilf* (Hrsg.), Kommentar zur Europäischen Union
GMBl.	Gemeinsames Ministerialblatt
GS	Gedächtnisschrift
GTE	*v. der Groeben/Thiesing/Ehlermann* (Hrsg.), Kommentar zum EUV/EGV
GWB	Gesetz gegen Wettbewerbsbeschränkungen (Fassung seit 1.1.1999)
Handkomm.	*Hailbronner/Klein/Magiera/Müller-Graff* (Hrsg.), Handkommentar EUV/EGV
Hrsg.	Herausgeber(in)
Hs.	Halbsatz
IAO (ILO)	Internationale Arbeitsorganisation
JCE	Jurisclasseur Europe
JCMS	Journal of Common Market Studies
JZ	Juristenzeitung
lit.	littera (Buchstabe)
MJ	Maastricht Journal of European and Comparative Law
n. F.	neue(r) Fassung
NJW	Neue Juristische Wochenschrift
ÖJZ	Österreichische Juristen-Zeitung
RabelsZ	Rabels Zeitschrift für ausländisches und internationales Privatrecht
RDE	Rivista di diritto europeo
REDP	Revue Européenne de Droit Public
RL	Richtlinie
RMC	Revue du Marché Commun et de l'Union Européenne
RMUE	Revue du Marché Unique Européen
Rn.	Randnummer
Rs.	Rechtssache
RTDE	Revue trimestrielle de droit européen
S.	Satz / Seite
Sart. II	Sartorius Bd. II, Internationale Verträge–Europarecht, Stand: 15.1.2000
SH	*Smit / Herzog*, The Law of the European Community
Slg.	Sammlung der Entscheidungen des Europäischen Gerichtshofs
SZ	Süddeutsche Zeitung
TRIPs	Trade Related Aspects of Intellectual Property Rights
Tz.	Textziffer
UAbs.	Unterabsatz
verb. Rs.	verbundene Rechtssachen
VO	Verordnung
WHI-Paper	Schriftenreihe des Walter-Hallstein-Instituts (Humboldt-Universität Berlin)
WTO	World Trade Organization (Welthandelsorganisation)
ZBB	Zeitschrift für Bankrecht und Bankwirtschaft
ZEuS	Zeitschrift für Europarechtliche Studien
ZfV	Zeitschrift für Verwaltung
ZG	Zeitschrift für Gesetzgebung
ZHR	Zeitschrift für das gesamte Handelsrecht und Wirtschaftsrecht
Ziff.	Ziffer
ZParl	Zeitschrift für Parlamentsfragen

„Die historische Aufgabe, die möglich gewordene Einheit unseres Kontinents anzunehmen und gleichzeitig Europa seinen Platz in einer Welt zu sichern, in der neue Kraftzentren entstehen, kann nur durch eine wahrhaft europäische Politik, nicht durch Renationalisierung bewältigt werden."

Hans-Dietrich Genscher, Erinnerungen, Berlin 1995, S. 397

Einführung

Schon seit geraumer Zeit spielt die Frage der Zuständigkeiten der europäischen Einrichtungen eine zentrale Rolle in der Diskussion über den Fortgang der europäischen Integration. So hat sich etwa das Bundesverfassungsgericht in seinem Grundsatzurteil zum Unionsvertrag von Maastricht mit der Frage befasst, welche Folgen es hätte, falls Rechtsakte der europäischen Einrichtungen und Organe sich nicht in den Grenzen der ihnen eingeräumten Hoheitsrechte halten, sondern „aus ihnen ausbrechen" würden [1]. Der EuGH sieht es seinerseits als eine seiner Hauptaufgaben an, über die Kompetenzabgrenzung zwischen der Gemeinschaft und ihren Mitgliedstaaten zu wachen [2]. Noch weiter gehend wird in der aktuellen europapolitischen Diskussion, vor allem in Deutschland, vermehrt der Ruf nach einer klareren vertraglichen Kompetenzabgrenzung zwischen der EG und der nationalen und regionalen Ebene laut. Beispielsweise gehörte die Forderung nach einem „Kompetenzkatalog" zu den erklärten Zielen des Freistaates Bayern im Vorfeld der jüngsten Regierungskonferenzen zur Vertragsrevision [3]. Gleichermaßen wird das Thema in der europarechtlichen Fachliteratur [4] sowie in aktuellen politischen und journalistischen Beiträgen zur europäischen Einigung [5] verstärkt – und dabei durchaus kontrovers – erörtert.

---

[1] BVerfGE 89, 155 (188) - *Maastricht* -; vgl. bereits BVerfGE 58, 1 (30 f.) - *Eurocontrol I* - und BVerfGE 75, 223 (235, 242) - *Kloppenburg* -.

[2] Vgl. das Reflexionspapier des EuGH vom 28.05.1999, „Die Zukunft des Gerichtssystems der Europäischen Union" , Kapitel I Ziff. 3 u. Kapitel IV Ziff. 3, abgedruckt in EuZW 1999, 750 (751, 754) und RTDE 35 (1999), 529 (532, 537); ferner *Rodríguez Iglesias* EuGRZ 1996, 125 (127).

[3] Vgl. Bayerische Ziele für die Regierungskonferenz 2000, abgedruckt in EA Nr. 160 (Dezember 1999), Ziff. B.IV.1; Bayerische Ziele für die Regierungskonferenz 1996, abgedruckt in EA Nr. 134 (April 1995), Anlage I, Ziff. III.

[4] Vgl. nur *Alber* ZEuS 1999, 487 (494, 499); *Constantinesco* in: Manin (Hrsg.), S. 15 ff.; *W. Fischer* ZParl 1998, 46 (52 f.); *Hirsch* EWS 2000, 1; *Konow* DÖV 1993, 405 (411 f.); *Lecheler* S. 99, 102 ff.; *Stewing* S. 104 f.; *Streinz* DVBl. 2000, 585 (595); *Tizzano* DUE 1-2/1997, 229 (231 f.); skeptisch im Hinblick auf die Forderung nach einem Kompetenzkatalog: CR-*Calliess* Art. 5 EG Rn. 12; *Piris* ELR 24 (1999), 557 (570 ff.); *ders.*, RTDE 35 (1999), 599 (615 ff.); *Schwarze* DVBl. 1995, 1265 (1265, 1268 f.); *ders.*, JZ 1998, 1077 (1085 f.); *ders.*, DVBl. 1999, 1677 (1685 f.); *Yataganas* REDP 1996, 1103 (1108).

[5] Vgl. beispielsweise: *Jacques Chirac*, Rede vor dem Deutschen Bundestag vom 27.06.2000, Manuskript Abs. 32, 43 f.; *Joschka Fischer*, WHI-Paper 1/00 = FCE Spezial 2/00, S. 7 f.; *Johannes Rau* FAZ vom 04.11.1999, S. 16; *Ulrich* SZ vom 15./16.04.2000, S. 4; skeptisch *Pernice* FAZ vom 07.07.1999, S. 7.

Die Frage der Zuständigkeiten der europäischen Institutionen stellt sich jedoch nicht nur im Hinblick auf eine künftige Fortentwicklung der europäischen Vertragswerke und eine aus diesem Anlass mögliche Kompetenzabgrenzung. Ihr kommt vielmehr bereits nach gegenwärtiger Rechtslage ein nicht zu unterschätzendes Gewicht zu. Denn die Zuständigkeitsproblematik steht in engem Zusammenhang mit zwei für die künftige Entwicklung der EU grundlegenden Vertragsprinzipien: Subsidiaritäts- und Flexibilitätsgrundsatz (zu diesen Prinzipien und ihrem Stellenwert vgl. unten 1. und 2.). Der Anwendungsbereich beider Prinzipien ist nämlich eng mit dem Begriff der ausschließlichen Zuständigkeiten der Gemeinschaft verknüpft (dazu vgl. unten 3. bis 5.). Für die praktische Handhabung von Subsidiarität und Flexibilität auf Gemeinschaftsebene ist folglich die juristische Klärung dieses Begriffs der ausschließlichen Kompetenzen im System des EG-Vertrags eine Vorfrage von entscheidender Bedeutung.

1. Das Subsidiaritätsprinzip

a) Das Subsidiaritätsprinzip fand erstmals durch die Einheitliche Europäische Akte von 1986 [6] Eingang in den damaligen EWG-Vertrag, und zwar zunächst nur im Bereich des Umweltschutzes (Art. 130r IV EWGV a. F.). Zum allgemeinen Prinzip mit geradezu verfassungsrechtlichem Charakter [7] für das gesamte Gemeinschaftsrecht und darüber hinaus für die gesamte EU wurde es erst 1992 durch den Vertrag über die Europäische Union (Vertrag von Maastricht, vgl. insbesondere den 12. Erwägungsgrund der Präambel des EUV, sowie Art. 2 II EU und Art. 5 EG). Dabei wird gemeinhin terminologisch unterschieden zwischen dem Subsidiaritätsprinzip im weiteren Sinne, das den gesamten Art. 5 EG umfasst [8], also insbesondere auch seinen Absatz 1 (Prinzip der begrenzten Einzelermächtigung) und seinen Absatz 3 (Grundsatz der Verhältnismäßigkeit), sowie

---

[6] ABl.EG 1987 Nr. L 169, S. 1 ff.

[7] So etwa Europäisches Parlament, Entschließung vom 18.12.1998, ABl.EG vom 09.04.1999, Nr. C 98, S. 5, Erwägungsgrund A; BBPS-*Beutler* S. 84; *Rodríguez Iglesias* EuGRZ 1996, 125 (128); *ders.*, Zur „Verfassung" der Europäischen Gemeinschaft, S. 33.

[8] Von dieser Wortbedeutung wird offensichtlich in Art. 2 II EU ausgegangen.

dem Subsidiaritätsprinzip im engeren Sinne, das im Absatz 2 des Art. 5 EG niedergelegt ist [9].

b) Sinn und Zweck dieses Subsidiaritätsprinzips im engeren Sinne ist es, der EG zu Gunsten ihrer Mitgliedstaaten eine *Kompetenzausübungsschranke* [10] aufzuerlegen. Sie darf die ihr im Einzelnen vertraglich zugewiesenen Kompetenzen nur insoweit ausüben, als dies mit dem Grundsatz der Subsidiarität in Einklang steht. Auf diese Weise wird sichergestellt, dass den Mitgliedstaaten ein hinreichender eigenständiger Handlungsspielraum verbleibt und in jedem Einzelfall eine möglichst bürgernahe Entscheidungsebene [11] gefunden wird, wie es auch der 12. Erwägungsgrund der Präambel und Art. 1 II EU verlangen. Die Gemeinschaft wird folgerichtig nur tätig, „sofern und soweit die Ziele der in Betracht gezogenen Maßnahmen auf Ebene der Mitgliedstaaten nicht ausreichend erreicht werden können und daher wegen ihres Umfangs oder ihrer Wirkungen besser auf Gemeinschaftsebene erreicht werden können“ (Art. 5 II EG). Auf Grund der Bezugnahme in Art. 2 II EU gilt diese Maxime grundsätzlich auch für die Unionspolitiken nach den Titeln V und VI EU, also für die Gemeinsame Außen- und Sicherheitspolitik (GASP) und die polizeiliche und justitielle Zusammenarbeit in Strafsachen.

Hingegen ist eine Kompetenz*verteilungs*regel dem europarechtlichen Subsidiaritätsprinzip, wie es im EUV und EGV niedergelegt ist, nicht zu entnehmen [12].

---

[9] *Calliess* EuZW 1995, 693; CR-*Calliess* Art. 5 EG Rn. 3; Lenz-*Langguth* Art. 5 EG Rn. 3, 9; *Pechstein / Koenig* Rn. 159

[10] Protokoll über die Anwendung der Grundsätze der Subsidiarität und der Verhältnismäßigkeit (Protokoll Nr. 30 zum EUV / EGV in der Fassung des Vertrags von Amsterdam, sog. „Subsidiaritätsprotokoll“), Bull. B'Reg. 27.11.1997, Nr. 94/S. 1134 f. = Sart. II Nr. 151, Ziff. 3 S. 3; Europäische Kommission, Mitteilung vom 27.10.1992, SEK (92) 1990 endg. = Bull. EG 10/1992, S. 118 und S. 121, I.1.a; CR-*Calliess* Art. 5 EG Rn. 2; *Geiger* FS Gitter S. 267; *Jarass*, Grundfragen (...), S. 16 ff.; *Kinkel* FS Stern S. 1287 (1290); *Müller-Graff* ZHR 159 (1995), 34 (47); *Pechstein / Koenig* Rn. 159; *Scherer* DVBl. 1993, 281 (283); *Thun-Hohenstein / Cede* S. 162; BVerfGE 89, 155 (193) - *Maastricht* -

[11] Europäischer Rat von Wien, 11.-12.12.1998, Schlussfolgerungen des Vorsitzes (Tz. 80), abgedruckt in Bull. EU 12/1998, S. 18, Ziff. I.10; *Kinkel* FS Stern S. 1287 (1288); skeptisch insoweit GA *Fennelly*, 15.06.2000, Schlussanträge zu Rs. C-376/98 - *Deutschland / EP und Rat* - (Tz. 133; noch nicht in der amtlichen Sammlung abgedruckt).

[12] Dies ist nicht unstreitig; wie hier z. B. Bergmann/Lenz - *Lehr*, Kapitel 9, Rn. 6; *Blanke* ZG 1995, 193 (204 f.); *Bribosia* RMUE 4/1992, 165 (178 f.); *Ehlermann* RMUE 4/1992, 215 (216); *Everling* FS Stern S. 1227 (1231 f.); GTE-*Zuleeg* Art. 3b EGV Rn. 18; *Kinkel* FS Stern S. 1287 (1290); Lenz-*Langguth* Art. 5 EG Rn. 3; *Müller-Graff* ZHR 159 (1995), 34 (42); *Pechstein /*

Denn für die Kompetenzverteilung gilt Art. 5 I EG. Ihre Zuständigkeiten sind der EU / EG durch die Verträge primärrechtlich zugewiesen; sie hängen in ihrem Bestand nicht von Subsidiaritätserwägungen ab. Würde man das Subsidiaritätsprinzip der Verträge als Kompetenzverteilungsregel im Einzelfall ansehen, so könnte eine rechtssichere Bestimmung der Befugnisse der europäischen Institutionen nur schwerlich vorgenommen werden, was im Hinblick auf die demokratische Legitimation ihres Handelns, die Rechtsstaatlichkeit innerhalb der Union und auch die Souveränitätsrechte der Mitgliedstaaten bedenklich wäre. Hinzu kommt, dass ein solches Verständnis des Subsidiaritätsprinzips dem für das Europarecht maßgeblichen Grundsatz der begrenzten Einzelermächtigung widersprechen würde [13]. Für die Kompetenz*verteilung* sind allein die vom BVerfG als „Herren der Verträge" bezeichneten [14] vertragschließenden Mitgliedstaaten verantwortlich.

Lediglich bei einer Vertragsrevision kann somit dem Subsidiaritätsgedanken im Allgemeinen (nicht aber der Regelung des Art. 5 II EG) eigenständige Bedeutung für die Kompetenz*verteilung* zukommen [15]. So ist Subsidiarität beispielsweise aus deutscher Sicht bei etwaigen künftigen Vertragsänderungen als programmatische Vorgabe für die Verhandlungsposition der Bundesregierung und als inhaltliche Schranke für die Übertragung von Hoheitsrechten auf Einrichtungen der EU zu beachten. Denn nach Art. 23 I 2 GG ist Subsidiarität kraft Verfassung Voraussetzung für die Teilnahme Deutschlands am europäischen Einigungsprozess und damit auch für die Fortentwicklung der europäischen Vertragswerke, insbesondere durch Übertragung weiterer Hoheitsrechte [16].

Koenig Rn. 159; Sachs-*Streinz* Art. 23 GG Rn. 39; SH-*Herzog* Art. 3b EGV, § 3b.03 [b]; *Thun-Hohenstein / Cede*, S. 55; aA hingegen z. B. *Hablitzel* S. 46; *Merten* S. 77 (81); *Meyer* Jura 1994, 455 (458); *Schima,* Das Subsidiaritätsprinzip (...), S. 99; *Schwarze* DVBl. 1995, 1265.

[13] Vgl. dazu näher unten, 1. Kapitel, A.

[14] BVerfGE 89, 155 (190) - *Maastricht* -; aA Dreier-*Pernice* Art. 23 GG Rn. 21.

[15] Vgl. dazu *Bribosia* RMUE 4/1992, 165 (178 f.); *Lecheler* S. 96 ff.; *Lenaerts / van Ypersele* CDE 1994, 3 (Tz. 6 ff.); sinngemäß auch *Kinkel* FS Stern S. 1287 (1290) und Bericht der Kommission über die Europäische Union, Bull.EG, Beilage 5/1975, S. 10 ff.

[16] Vgl. zum Ganzen: *Badura*, Staatsrecht, Rn. D 144; Dreier-*Pernice* Art. 23 GG Rn. 49, 73; GGK-*Rojahn* Art. 23 GG Rn. 10, 17, 33; *Jarass* in Jarass / Pieroth Art. 23 GG Rn. 7, 24; Sachs-*Streinz* Art. 23 GG Rn. 11, 16, 38.

c) Dass das Subsidiaritätsprinzip einen justiziablen Rechtsgrundsatz darstellt [17], kann spätestens seit In-Kraft-Treten des Subsidiaritätsprotokolls zum Vertrag von Amsterdam [18] nicht mehr in Frage gestellt werden. Nach Ziff. 13 dieses Protokolls, das Bestandteil des EG-Vertrags und damit verbindliches Primärrecht ist (Art. 311 EG), wird die Einhaltung des Subsidiaritätsprinzips gemäß den Bestimmungen des Vertrags geprüft. Zu diesen Bestimmungen gehören auch die Artikel 220 ff. EG über die Gerichtsbarkeit des EuGH. Damit sind insbesondere die hier interessierenden Streitfragen zum Anwendungsbereich des Subsidiaritätsprinzips (dazu unten 3.) einer gerichtlichen Klärung zugänglich.

2. Das Flexibilitätsprinzip

Neben dem Subsidiaritätsgrundsatz rückt mit zunehmender Ausdehnung der EU ein weiteres Prinzip in den Mittelpunkt des Interesses: die Flexibilität.

a) Bereits heute zählt die EU 15 Mitgliedstaaten; im Zuge der geplanten Osterweiterung der Union könnte diese Zahl schon in naher Zukunft auf über 20 ansteigen [19]. Aber nicht nur die Zahl der Mitgliedstaaten wird zunehmen, sondern auch die Zusammensetzung der EU wird sich künftig heterogener darstellen als bisher gewohnt. Dabei werden insbesondere die unterschiedliche Wirtschaftskraft und divergierende Vorstellungen über Ziele und Geschwindigkeit des Integrationsprozesses eine wesentliche Rolle spielen. Um unter diesen veränderten Umständen einem Stillstand der Integration oder gar einer Selbstblockade der Union vorzubeugen, wird es deshalb künftig verstärkt auf differenzierte In-

[17] Vgl. z. B. Bergmann/Lenz - *Lehr*, Kapitel 9, Rn. 29; *Blanke* ZG 1995, 193 (213 ff.); *Calliess* EuZW 1995, 693; *Hirsch*, Die Auswirkungen des Subsidiaritätsprinzips (...), S. 15 f.; *Kinkel* FS Stern S. 1287 (1296); *Müller-Graff* ZHR 159 (1995), 34 (56); *Oppermann* Rn. 520; *Rideau* S. 420 ff.; *Schweitzer / Hummer* Rn. 906; *Stein* in: *Merten* (Hrsg.), Die Subsidiarität Europas, S. 36 ff.; *Thun-Hohenstein / Cede* S. 162; *Zacker* S. 42; *Toth* ELR 19 (1994), 268 ff.

[18] Protokoll über die Anwendung der Grundsätze der Subsidiarität und der Verhältnismäßigkeit (Protokoll Nr. 30 zum EUV / EGV in der Fassung des Vertrags von Amsterdam), Bull. B'Reg. 27.11.1997, Nr. 94/S. 1134 f. = Sart. II Nr. 151

[19] Nach dem Europäischen Rat von Helsinki vom 10.-11.12.1999 werden mit nunmehr 12 Staaten Beitrittsverhandlungen geführt, daneben hat die Türkei den Kandidatenstatus erhalten; vgl. die Schlussfolgerungen des Vorsitzes (Tz. 8, 10, 12), Bull.EU 12/1999, Ziff. I.3 (S. 7 ff.).

tegrationsmodelle ankommen [20]. Allerdings muss gleichzeitig auch vermieden werden, dass die Union je nach Sachmaterie in eine unübersichtliche Zahl von Zirkeln mit unterschiedlicher Zusammensetzung *(„Europe à la carte")* zerfällt und ein gemeinsames Integrationsziel dabei aus den Augen verloren wird [21]. Vor dem Hintergrund dieser schwierigen Gratwanderung zwischen den Chancen der Differenzierung einerseits und den Gefahren einer übermäßigen Zersplitterung des Integrationsprozesses andererseits sind die Bestrebungen zur Ermöglichung einer verstärkten Zusammenarbeit von Mitgliedstaaten (frz.: *coopération renforcée;* engl.: *closer cooperation*) im Rahmen der Union zu sehen. Der Grundgedanke, der dieser verstärkten Zusammenarbeit zugrunde liegt, wird im Folgenden als Prinzip der Flexibilität bezeichnet [22].

b) Das Prinzip der Flexibilität ermöglicht es einzelnen Mitgliedstaaten, den anderen unter Inanspruchnahme der Verfahren, Organe und Mechanismen der EU in der Integration voranzugehen, um Ziele der EU zu verwirklichen (Art. 43 I lit. a EU). So können diese Mitgliedstaaten unter Wahrung des einheitlichen institutionellen Rahmens der EU (Art. 3 I, 43 I lit. b EU) untereinander Projekte verwirklichen, auch Rechtsakte erlassen, zu denen der Rest der Mitgliedstaaten noch nicht willens oder in der Lage ist [23]. Über die konkret verwirklichte Maßnahme hinaus kann das Flexibilitätsprinzip aber auch einen aus integrationspolitischer Sicht willkommenen Nebeneffekt haben: Hat sich nämlich eine im Rahmen der differenzierten Integration getroffene Regelung in der Praxis bewährt, ist das Entstehen eines Teilnahmedrucks („Sogwirkung") [24] in Richtung auf die nicht beteiligten Mitgliedstaaten durchaus denkbar. Auf diese Weise kann sich Flexibilität dann auch positiv auf die Union als Ganzes auswirken und einen gewis-

---

[20] So auch *Piepenschneider* S. 11; *Thun-Hohenstein* in: *Hummer* (Hrsg.), Die Europäische Union nach dem Vertrag von Amsterdam, S. 127.

[21] So auch *Kinkel* FS Stern S. 1287 (1298) und das Europäische Parlament, Entschließung vom 13.03.1997 zur Regierungskonferenz 1996, ABl.EG vom 14.04.1997, Nr. C 115, S. 165 (Tz. 21).

[22] So auch *Thun-Hohenstein,* Der Vertrag von Amsterdam, S. 114; *ders.,* in: *Hummer* (Hrsg.), Die Europäische Union nach dem Vertrag von Amsterdam, S. 126.

[23] *Ehlermann* RMUE 3/1997, 53 (Tz. 41); *Gaja* CMLRev. 35 (1998), 855

[24] *Thun-Hohenstein* in: *Hummer* (Hrsg.), Die Europäische Union nach dem Vertrag von Amsterdam, S. 128 (129 f.)

sen Antrieb zu Integrationsfortschritten unter späterer Beteiligung aller Mitgliedstaaten darstellen.

c) Praktiziert wurde Flexibilität bereits zuvor, seit Mitte der 1980er Jahre, in bis zu drei Fällen, ohne dass dies in den Verträgen ausdrücklich so bezeichnet worden wäre: So gehörten etwa dem Protokoll über die Sozialpolitik [25] vor seiner Überführung in den EGV durch den Vertrag von Amsterdam nur 14 der 15 Mitgliedstaaten an (das Vereinigte Königreich nahm nicht teil). Der schrittweise Abbau der Kontrollen an den Binnengrenzen durch die beiden Abkommen von Schengen [26] vollzog sich bis zum In-Kraft-Treten des Vertrags von Amsterdam sogar völlig außerhalb des Rahmens des Unions- und Gemeinschaftsrechts, auf rein völkerrechtlicher Grundlage. Und nicht zuletzt umfasst auch die am 1. Januar 1999 begonnene [27] dritte Stufe der Währungsunion bisher nur zwölf der 15 Mitgliedstaaten (das Vereinigte Königreich, Dänemark und Schweden nehmen nicht teil) [28].

d) Durch den Vertrag von Amsterdam, der am 2. Oktober 1997 unterzeichnet wurde und am 1. Mai 1999 in Kraft getreten ist, wird das Prinzip der Flexibilität für die erste und dritte Säule der EU (Europäische Gemeinschaft sowie polizeiliche und justitielle Zusammenarbeit in Strafsachen) verallgemeinert und findet nunmehr unter der Bezeichnung „verstärkte Zusammenarbeit“ Eingang in die Verträge (Art. 40, 43 - 45 EU, Art. 11 EG). Durch den Vertrag von Nizza soll zusätzlich auch die Umsetzung gemeinsamer Aktionen und gemeinsamer Standpunkte im Rahmen der GASP einer verstärkten Zusammenarbeit zugänglich gemacht werden [29].

Bereits mit ihrem In-Kraft-Treten fand die neue Regelung erstmalig auf den „Schengen-Prozess“ Anwendung: So ist nun zwar der „Schengen-Besitzstand“

[25] Protokoll Nr. 14 zum Vertrag von Maastricht (EUV), Bull. B'Reg. 12.02.1992, Nr. 16/S. 175 f.

[26] Übereinkommen von Schengen vom 14.06.1985, GMBl. 1986, 79, mit Durchführungsübereinkommen vom 19.06.1990, BGBl. 1993 II, 1013 = Sart. II Nr. 280

[27] Vgl. Art. 121 IV 1 EG.

[28] Die für Griechenland anfangs geltende Ausnahmeregelung wurde zum 1. Januar 2001 durch Entscheidung Nr. 2000/427/EG des Rates vom 19.06.2000 gemäß Art. 122 II EG aufgehoben (ABl.EG vom 7.7.2000, Nr. L 167, S. 19 ff.).

in den Rahmen der Union überführt [30], aber weiterhin behalten sich das Vereinigte Königreich und Irland das Recht vor, an diesem Prozess generell nicht teilzunehmen (sog. "Opt-In"-Regelung) [31], während Dänemark sich jedenfalls an der Fortentwicklung des Schengen-Besitzstands nur bedingt beteiligen wird [32]. Über den Rahmen der Art. 11 EG, Art. 43 - 45 EU hinaus haben sich diese drei Mitgliedstaaten ferner für alle Maßnahmen in den neu vergemeinschafteten Bereichen nach Titel IV EGV n. F. (Visa, Asyl, Einwanderung und andere Politiken betreffend den freien Personenverkehr) ihre Nichtteilnahme ausbedungen [33].

e) Wie schon das Subsidiaritätsprinzip, so sind auch die neu geschaffenen Flexibilitätsklauseln der Gerichtsbarkeit des EuGH unterstellt (Art. 40 IV UAbs. 2 EU und Art. 11 IV EG). Damit sind insbesondere die hier interessierenden Streitfragen zu den Anwendungsvoraussetzungen der differenzierten Integration (dazu unten 3.), einer gerichtlichen Klärung zugänglich. *Thun-Hohenstein* [34] spricht in diesem Zusammenhang von einer „Flexibilitätskontrolle" des EuGH.

f) Der Vollständigkeit halber sei darauf hingewiesen, dass für den Bereich der GASP zusätzlich besondere Formen der Flexibilität bestehen. So beteiligt sich Dänemark grundsätzlich nicht an Maßnahmen im Rahmen der GASP nach Art. 13 I, 17 EU, die verteidigungspolitische Bezüge haben [35]. Für alle Mitgliedstaaten besteht ferner die Möglichkeit der konstruktiven Enthaltung anlässlich von Beschlüssen im Rahmen der GASP (Art. 23 I EU). Eine weitere Sonderform der

[29] Vgl. den vorläufigen Text des Vertragsentwurfs von Nizza vom 12.12.2000, SN 533/00, insbesondere die Klauseln I, J und K, sowie die Klausel D Abs. 1 UAbs. 1 S. 3 a. E.

[30] Vgl. das Protokoll zur Einbeziehung des Schengen-Besitzstands in den Rahmen der Europäischen Union, Bull. B'Reg. 27.11.1997, Nr. 94/S. 1129 f. = Sart. II Nr. 151 (Protokoll Nr. 2 zum EUV / EGV in der Fassung des Vertrags von Amsterdam).

[31] Art. 4 und 5 des Protokolls zur Einbeziehung des Schengen-Besitzstands in den Rahmen der Europäischen Union sowie Protokoll über die Anwendung bestimmter Aspekte des Artikels 14 EG auf das Vereinigte Königreich und auf Irland, Bull. B'Reg. 27.11.1997, Nr. 94/S. 1129 ff. = Sart. II Nr. 151 (Protokolle Nr. 2 und 3 zum EUV / EGV in der Fassung des Vertrags von Amsterdam)

[32] Art. 3 des Protokolls zur Einbeziehung des Schengen-Besitzstands in den Rahmen der Europäischen Union, Bull. B'Reg. 27.11.1997, Nr. 94/S. 1129 f. = Sart. II Nr. 151 (Protokoll Nr. 2 zum EUV / EGV in der Fassung des Vertrags von Amsterdam)

[33] Protokoll über die Position des Vereinigten Königreichs und Irlands sowie Art. 1 bis 5 des Protokolls über die Position Dänemarks, Bull. B'Reg. 27.11.1997, Nr. 94/S. 1131 ff. = Sart. II Nr. 151 (Protokolle Nr. 4, 5 zum EUV / EGV in der Fassung des Vertrags von Amsterdam)

[34] *Thun-Hohenstein*, Der Vertrag von Amsterdam, S. 116

Flexibilität findet sich im Bereich der internationalen Übereinkünfte: Werden vom Rat im Rahmen der GASP (Art. 24 I 1, 2 EU) oder der polizeilichen und justitiellen Zusammenarbeit in Strafsachen (Art. 38, 24 II EU [36]) völkerrechtliche Übereinkünfte mit dritten Staaten oder internationalen Organisationen geschlossen, so tritt für einzelne Mitgliedstaaten unter den Voraussetzungen des Art. 24 I 3 Hs. 1 EU keine Bindung ein, wenn sie auf innerstaatlicher Ebene verfassungsrechtliche Vorschriften einhalten müssen; dessen ungeachtet können die anderen Mitgliedstaaten bestimmen, dass die Übereinkunft dennoch vorläufig gilt (Art. 24 I 3 Hs. 2 EU [37]).

3. Die ausschließlichen Kompetenzen der EG als Anwendungsgrenze von Subsidiarität und Flexibilität

Sowohl das Subsidiaritätsprinzip (im engeren Sinne, Art. 5 II EG) als auch das Flexibilitätsprinzip (Art. 11 EG) haben eine wichtige Gemeinsamkeit: Auf dem Gebiet des Gemeinschaftsrechts ist ihre Anwendung nur in Bereichen eröffnet, die nicht in die *ausschließliche Zuständigkeit* der EG fallen (Art. 5 II [38] und Art. 11 I lit. a [39] EG). Mit anderen Worten: Die ausschließlichen Kompetenzen der EG stellen für beide Grundsätze eine entscheidende Anwendungsgrenze dar. Dieser *Ausschließlichkeitsvorbehalt* wird verständlich, wenn man sich den Sinn und die Funktionsweise der beiden Prinzipien nochmals vor Augen führt:

a) So hat das Subsidiaritätsprinzip im oben [40] beschriebenen Sinne als Kompetenzausübungsschranke nur dort einen Sinn, wo den Mitgliedstaaten überhaupt eigene Kompetenzen verblieben sind und Hoheitsrechte nicht bereits vollständig

---

[35] Art. 6 des Protokolls über die Position Dänemarks, Bull. B'Reg. 27.11.1997, Nr. 94/S. 1133 = Sart. II Nr. 151 (Protokoll Nr. 5 zum EUV / EGV in der Fassung des Vertrags von Amsterdam)

[36] Nach dem vorläufigen Text des Vertrags von Nizza vom 12.12.2000 (SN 533/00) künftig Art. 24 IV EU.

[37] Nach dem vorläufigen Text des Vertrags von Nizza vom 12.12.2000 (SN 533/00) künftig Art. 24 V EU.

[38] Nunmehr bestätigt durch das Protokoll über die Anwendung der Grundsätze der Subsidiarität und der Verhältnismäßigkeit (Protokoll Nr. 30 zum EUV / EGV in der Fassung des Vertrags von Amsterdam, sog. „Subsidiaritätsprotokoll"), Bull. B'Reg. 27.11.1997, Nr. 94/S. 1134 f. = Sart. II Nr. 151, Ziff. 3 S. 2.

[39] Nach dem vorläufigen Text des Vertrags von Nizza soll letzterer Vorbehalt künftig in den EUV überführt werden (vgl. Klausel A lit. d des Entwurfs von Nizza, SN 533/00, vom 12.12.2000).

[40] Vgl. Ziff. 1.

auf die EG übergegangen sind. Denn nur wenn und soweit den Mitgliedstaaten ein eigener Handlungsspielraum verbleibt, kann das Subsidiaritätsprinzip zu ihren Gunsten überhaupt seine Wirkung entfalten. Und nur dann ist auch ein Vergleich von Handlungsmöglichkeiten der Gemeinschaft einerseits und der Mitgliedstaaten andererseits möglich, wie ihn Art. 5 II EG verlangt. Das Subsidiaritätsprinzip ist also geradezu das Korrelat einer Verteilung von Kompetenzen zur nicht-ausschließlichen Ausübung [41]. Hat hingegen die EG in einem bestimmten Sachbereich sämtliche Befugnisse inne, verbleibt den Mitgliedstaaten also keinerlei eigenständiger Handlungsspielraum mehr, so können einem Tätigwerden der EG auch nicht zu Gunsten eines Tätigwerdens auf der nationalen oder gar auf der regionalen Ebene Schranken gesetzt werden. Ein Nachweis der Notwendigkeit gemeinschaftlichen Handelns erübrigt sich. Vielmehr muss die EG in diesem Fall als einziger Akteur uneingeschränkt in der Lage sein, die ihr übertragenen Zuständigkeiten in vollem Umfang wahrzunehmen; dabei bleibt sie allerdings dem Grundsatz der Verhältnismäßigkeit unterworfen (Art. 5 III EG). Aus den vorgenannten Gründen erscheinen auch die vereinzelt erhobenen Forderungen nach einer Streichung des Ausschließlichkeitsvorbehalts aus Art. 5 II EG [42] nicht gerechtfertigt.

b) Auch flexible Integration, d. h. das Voranschreiten eines Teils der Mitgliedstaaten mit einem bestimmten Projekt, macht nur dort einen Sinn, wo nicht ohnehin schon eine Totalintegration eingetreten ist. Haben nämlich alle Mitgliedstaaten ihre Hoheitsrechte für einen bestimmten Sachbereich bereits vollständig der EG übertragen, so ist eine Vertiefung der Integration nur für einen Teil von ihnen unter gleichzeitiger Nichtteilnahme der übrigen Mitgliedstaaten denknotwendig ausgeschlossen. Denn auch die verbleibenden Mitgliedstaaten hätten gar keine eigenständige Kompetenz mehr, den betreffenden Sachverhalt eigenständig und anders zu regeln als die Ersteren. Umgekehrt kann in einem solchen Fall eine gedachte gemeinschaftliche Regelung nur einheitlich für alle Mit-

---

[41] *Hirsch*, Die Auswirkungen des Subsidiaritätsprinzips (...), S. 13

[42] Ausschuss der Regionen, Stellungnahme zur Revision des EUV, 20./21.04.1995, CdR 136/ 95; Bayerische Ziele für die Regierungskonferenz 1996, abgedruckt in EA Nr. 134 (April 1995), Anlage I (Tz. 16, 18); Entschließung des Bundesrates „Forderungen der Länder zur Regierungskonferenz 1996" vom 15.12.1995, BR-Drs. 667/95, Ziff. A.I.1

gliedstaaten gelten und sich nicht lediglich auf einen Teil von ihnen beschränken.

Als Anwendungsgrenze für die beiden grundlegenden gemeinschaftsrechtlichen Prinzipien der Subsidiarität und der Flexibilität kommt somit der Bestimmung der ausschließlichen Zuständigkeiten im System des EG-Vertrags eine für die Praxis entscheidende Bedeutung zu [43].

4. Das Fehlen eines Kompetenzkatalogs im Vertrag

Allerdings wird die Bestimmung der ausschließlichen Kompetenzen und damit der Anwendungsgrenze von Subsidiaritäts- und Flexibilitätsprinzip dadurch erschwert, dass die Verträge diesen „Schlüsselbegriff" [44] nirgends näher präzisieren. Aus dem derzeit gültigen Vertragstext kann allein Art. 106 I 1 EG angeführt werden, der an versteckter Stelle der EZB das ausschließliche Recht einräumt, nach Eintritt in die dritte Stufe der Währungsunion die Ausgabe von Banknoten innerhalb der Gemeinschaft zu genehmigen. Die übrigen vertraglichen Ermächtigungsgrundlagen schweigen zur Ausschließlichkeit oder Nicht-Ausschließlichkeit der jeweiligen Befugnis. Eine dem deutschen Art. 73 GG vergleichbare Auflistung ausschließlicher Kompetenzen der EG existiert in den Verträgen nicht.

Zwar wurde *de lege ferenda* immer wieder die Forderung nach einer Klarstellung der Zuständigkeitsnormen in den Verträgen erhoben. So wies etwa der „Entwurf eines Vertrages zur Gründung der Europäischen Union", den das Europäische Parlament am 14.02.1984 auf der Grundlage des sog. *Spinelli*-Berichts beschlossen hat, jede einzelne geplante Kompetenzzuweisung entweder als ausschließlich oder als konkurrierend aus [45]. Auch der sog. Bericht *Giscard d'Estaing* [46], der ebenfalls aus der Mitte des Parlaments stammt, enthält Ansätze eines Kompetenzkatalogs. Was die deutsche Perspektive betrifft, so verlang-

[43] *Von Borries* FS Deringer S. 22 (28); *Kortenberg* CMLRev. 35 (1998), 833 (848); *Pescatore* FS Everling S. 1071 (1083); Sachs-*Streinz* Art. 23 GG Rn. 39; *Ukrow* ZEuS 1998, 141 (147)

[44] *Calliess* EuZW 1995, 693 ff.

[45] ABl.EG vom 19.03.1984, Nr. C 77, S. 33 ff., dort insbesondere Art. 47 ff.

[46] Zwischenbericht des Institutionellen Ausschusses des Europäischen Parlaments über den Grundsatz der Subsidiarität vom 4.7.1990, EP-Dok. A3 - 163/90, Teil B., Gliederungspunkt II., abgedruckt bei *Merten* (Hrsg.), Die Subsidiarität Europas, S. 99 ff. (insbesondere S. 105 ff.)

te etwa der Bundesrat zur Regierungskonferenz 1996 eine enumerative Aufzählung der ausschließlichen Zuständigkeiten der EG [47]. Ebenso zählt der Freistaat Bayern eine vertragliche Klarstellung in diesem Bereich zu seinen Zielen für die Regierungskonferenzen 1996 und 2000; Vorschläge für einen Kompetenzkatalog hat er bereits unterbreitet [48]. Ähnliche Vorstellungen werden in der Wissenschaft hin und wieder vorgetragen [49].

Allerdings ließen sich derartige Ziele bisher im Rahmen der diversen Regierungskonferenzen nicht realisieren. So führte der Maastrichter Vertrag von 1992 zu keiner klaren Kategorisierung der Zuständigkeiten im EGV, und dies, obwohl die dort enthaltene Bezugnahme auf die ausschließlichen Kompetenzen (Art. 5 II EG = ex-Art. 3b II EGV [50]), zumindest teilweise, den Art. 12 des Vertragsentwurfs des Europäischen Parlaments von 1984 zum Vorbild hat [51]. Auch das dem Amsterdamer Vertrag von 1997 beigefügte Subsidiaritätsprotokoll [52] und der Vertrag von Nizza [53] bringen insoweit keine Klärung [54]. Ob die geplante Regierungskonferenz 2004 das Problem lösen wird, bleibt abzuwarten [55]. Bisher je-

[47] Beschluss des Bundesrates vom 15.12.1995, BR-Drs. 667/95, A.I.2, B.; ähnlich auch die Entschließung des Bundesrates vom 04.02.2000 zur Eröffnung der Regierungskonferenz zu institutionellen Fragen, BR-Drs. 61/00, Ziff. I.2, sowie die Berliner Stellungnahme der Regierungschefs der Länder vom 24./25.03.2000 zur Regierungskonferenz 2000, abgedruckt in EA Nr. 165 (Mai 2000), Ziff. II.2.

[48] Bayerische Ziele für die Regierungskonferenz 1996, abgedruckt in EA Nr. 134 (April 1995), Anlage I; Bayerische Ziele für die Regierungskonferenz 2000, abgedruckt in EA Nr. 160 (Dezember 1999), Ziff. B.IV.1

[49] Vgl. etwa *Everling* in: *Weidenfeld* (Hrsg.), Wie Europa verfaßt sein soll, S. 41 (46 ff.); *Europäische Strukturkommission* in: *Weidenfeld* (Hrsg.), Europa '96, S. 19 ff.; ähnlich *Thun-Hohenstein / Cede* S. 55 ff. und *Fischer / Schley* S. 32 ff.

[50] Nunmehr wiederholt im Protokoll über die Anwendung der Grundsätze der Subsidiarität und der Verhältnismäßigkeit (Protokoll Nr. 30 zum EUV / EGV in der Fassung des Vertrags von Amsterdam, sog. „Subsidiaritätsprotokoll"), Bull. B'Reg. 27.11.1997, Nr. 94/S. 1134 f. = Sart. II Nr. 151, Ziff. 3 S. 2.

[51] *Blanke* ZG 1995, 193 (200); *Schima*, Das Subsidiaritätsprinzip (...), S. 77

[52] Protokoll über die Anwendung der Grundsätze der Subsidiarität und der Verhältnismäßigkeit (Protokoll Nr. 30 zum EUV / EGV in der Fassung des Vertrags von Amsterdam), Bull. B'Reg. 27.11.1997, Nr. 94/S. 1134 f. = Sart. II Nr. 151

[53] Vertrag von Nizza – Von der Regierungskonferenz über die institutionelle Reform vereinbarter vorläufiger Text vom 12.12.2000, SN 533/00.

[54] Vgl. zu Amsterdam: *Ukrow* ZEuS 1998, 141 (157); sehr kritisch *Kenntner* NJW 1998, 2871.

[55] Auftrag dieser Regierungskonferenz ist unter anderem „die Frage, wie eine genauere, dem Subsidiaritätsprinzip entsprechende Abgrenzung der Zuständigkeiten zwischen der Europäischen Union und den Mitgliedstaaten geschaffen und ihre Einhaltung überwacht werden kann", vgl. Ziff. 5 und 7 der *Erklärung zur Zukunft der Union* (Erklärung für die Schlussakte der Konferenz der Vertreter der Regierungen der Mitgliedstaaten, dem vorläufigen Textentwurf des Vertrags von Nizza vom 12.12.2000, SN 533/00, als Anlage IV beigefügt).

denfalls gilt in der Literatur die Frage der ausschließlichen Kompetenzen der EG als weitgehend ungeklärt [56].

5. Gegenstand und Ziel der Untersuchung

Gegenstand und Ziel dieser Untersuchung soll es deshalb sein, durch eine eingehende Analyse des Begriffs der ausschließlichen Kompetenzen im System des EG-Vertrags einen Beitrag für die Rechtspraxis im Gemeinschaftsrecht zu leisten. Hierzu werden zum einen Kriterien entwickelt, welche die Bestimmung der Ausschließlichkeit oder Nicht-Ausschließlichkeit von Zuständigkeiten ermöglichen; zum anderen werden auf der Grundlage dieser Kriterien die einzelnen Vertragsbestimmungen untersucht und zugeordnet.

Zum besseren Verständnis ist es hierbei allerdings unerlässlich, stets das Gesamtsystem der Zuständigkeitsverteilung zwischen der Gemeinschaft und ihren Mitgliedstaaten im Auge zu behalten. Dies umso mehr, als es ein Hauptanliegen dieser Untersuchung sein wird, die wesentlichen im Vertrag enthaltenen Befugnisse auf der Grundlage der entwickelten Kriterien in einem praxistauglichen Katalog zu erfassen, welcher zwischen kompetenzfreien Bereichen, ausschließlichen und nicht-ausschließlichen Kompetenzen der EG, sowie einer Auswahl von Vorbehalts-Aufgaben der Mitgliedstaaten unterscheidet. Somit wird es sich im Laufe dieser Untersuchung an vielen Stellen nicht vermeiden lassen, immer wieder auch einen Blick auf Bereiche zu werfen, die *nicht* zu den ausschließlichen Zuständigkeiten der EG gehören, schon um die ausschließlichen Kompetenzen davon sinnvoll abgrenzen zu können.

Gegenständlich bezieht sich die vorliegende Untersuchung nur auf den EGV und klammert die Bereiche des EAGV und des EGKSV aus. Die beiden letztgenannten Verträge nehmen im Vergleich zum EGV, insbesondere in der hier interessierenden Kompetenzfrage, eine Randstellung ein. Für den EGKSV kommt hinzu, dass er gemäß seinem Art. 97 am 23. Juli 2002 ohnehin außer Kraft tritt.

---

[56] *Constantinesco* RTDE 33 (1997), 751 (760); *H. G. Fischer*, Europarecht, § 5 Rn. 45; *Geiger* FS Gitter S. 267; *Haguenau-Moizard* RMC 1998, 240 (245 f.); *Schima*, Das Subsidiaritätsprinzip (...), S. 77; *Ukrow* ZEuS 1998, 141 (147)

Auf den EUV wird im Rahmen der Darstellung Bezug genommen, soweit dies zum Verständnis der Regelungen des EGV erforderlich scheint. Innerhalb des EGV beschränkt sich die Untersuchung ferner auf die Rechtsetzungskompetenzen der EG, das Gebiet also, auf dem Subsidiarität und Flexibilität ihren Hauptanwendungsbereich finden und auch zu den meisten praktischen Problemen führen. Exekutivkompetenzen der EG, die häufig von den Rechtsetzungskompetenzen nur schwer zu trennen sind – man denke beispielsweise an die zahlreichen von EG-Organen zu erlassenden Durchführungsverordnungen und Entscheidungen –, werden mit einbezogen und schwerpunktmäßig am Beispiel des Wettbewerbsrechts dargestellt. Ausgeklammert wird hingegen die Problematik der ausschließlichen Rechtsprechungskompetenzen der EG, welche unter anderem das kontroverse Verhältnis des EuGH zu den nationalen Verfassungsgerichten berührt; eine umfassende Darstellung von Lösungsansätzen hierzu würde den Rahmen dieser Abhandlung sprengen.

Im Folgenden soll zunächst abstrakt dargestellt werden, welche Arten von Kompetenzen das Gemeinschaftsrecht überhaupt kennt und welche Wirkung den einzelnen Kompetenzkategorien im System des EG-Vertrags zukommt (dazu unten, 1. Kapitel). Sodann soll an Hand von Literatur, Rechtsprechung und Institutionenpraxis der derzeitige Stand der Diskussion um die ausschließlichen Kompetenzen im System des EG-Vertrags dargestellt werden (dazu unten, 2. Kapitel). Kernstück dieser Untersuchung wird jedoch die Entwicklung von Kriterien zur Bestimmung der ausschließlichen Kompetenzen der EG sein (dazu unten, 3. und 4. Kapitel), sowie auf ihrer Grundlage die Einordnung der einzelnen Zuständigkeiten der EG und ihrer Mitgliedstaaten in das System des Vertrages; im Rahmen eines umfassenden Katalogs werden dabei insbesondere die ausschließlichen Kompetenzen der EG den nicht-ausschließlichen gegenüber gestellt (dazu unten, 5. Kapitel).

Stets werden die Begriffe „ausschließliche Zuständigkeit(en)“, „ausschließliche Befugnis(se)“, „ausschließliche Kompetenz(en)“ und „exklusive Kompetenz(en)“ synonym verwendet. Gleiches gilt für „Flexibilität“, „differenzierte Integration“ und „verstärkte Zusammenarbeit“.

1. Kapitel: Die Kompetenzordnung des Vertrages

Bevor im Einzelnen untersucht wird, welche Zuständigkeiten im EG-Vertrag ausschließlicher Natur sind und welchen gemeinsamen Kriterien sie gehorchen (vgl. dazu unten Kapitel 2 bis 5), soll zunächst kurz die Wirkung und die Stellung aufgezeigt werden, die den ausschließlichen Zuständigkeiten im Gesamtsystem des EG-Vertrags zukommt.

In diesem Zusammenhang ist zunächst zu bemerken, dass der Vertrag bestimmte Sachverhalte jeglicher weiter gehenden Regelung, gleichviel ob durch die Gemeinschaft oder durch die Mitgliedstaaten, vollständig entzieht (unten A.). Was die verbleibenden Bereiche angeht, so ist vom Grundsatz der begrenzten Einzelermächtigung auszugehen (unten B.). Auf seiner Grundlage verdienen herkömmliche (unten C.) und alternative (unten D.) Modelle zur Einteilung der EG-Zuständigkeiten gleichermaßen Beachtung.

A. Die kompetenzfreien Bereiche

Das Problem der Verteilung legislativer oder exekutiver Kompetenzen zwischen der EG und ihren Mitgliedstaaten kann sich nur stellen, sofern ein bestimmter Sachverhalt nach dem Vertrag überhaupt einer Regelung zugänglich ist. Als häufig vernachlässigte, aber nichtsdestoweniger entscheidende Vorfrage einer systematischen Darstellung aller im EG-Vertrag vorgesehenen Kompetenzarten sollten deshalb stets vorweg diejenigen Sachverhalte abgeschichtet werden, die bereits kraft Primärrechts jeglicher Regelung entzogen sind [57].

Auf diesen Gebieten, die im Folgenden als *kompetenzfreie Bereiche* bezeichnet werden, stehen seit Ablauf der Übergangszeit (Art. 8 EWGV) weder der Gemeinschaft noch den Mitgliedstaaten Befugnisse zu, weil bereits der Vertrag

[57] *Lenaerts / van Ypersele* CDE 1994, 3 (Tz. 17; Tz. 26 Fn. 55 a. E.); so auch *Simon* Tz. 66; ähnlich *Bieber* in: Bieber / Ress (Hrsg.), S. 283 (302 f.), der von Schranken für den staatlichen Gesetzgeber spricht; *Begg u.a.* in: CEPR (Hrsg.), S. 17, bedienen sich derselben gedanklichen

selbst eine abschließende Regelung trifft. Anschaulich spricht etwa *Simon* [58] in diesem Zusammenhang von „*compétences abolies*", also von „abgeschafften" Kompetenzen. Darunter sind all jene Bestimmungen zu verstehen, durch die der Vertrag unmittelbar wirkende Rechte des Einzelnen schafft und den Mitgliedstaaten unmittelbar wirkende Ge- oder Verbote auferlegt [59].

So sind beispielsweise auf Grund der unmittelbar anwendbaren [60] Art. 25, 28 und 29 EG im innergemeinschaftlichen Handel alle Zölle und alle mengenmäßigen Ein- und Ausfuhrbeschränkungen sowie alle Abgaben bzw. Maßnahmen gleicher Wirkung verboten. Weder ein Gemeinschaftsorgan noch ein Mitgliedstaat darf also in diesem Bereich noch regelnd tätig werden, etwa Zölle oder Abgaben gleicher Wirkung für den innergemeinschaftlichen Güterverkehr erheben.

Diesen und ähnlichen unmittelbar anwendbaren Bestimmungen ist gemeinsam, dass ihre Reichweite und ihr Regelungsgehalt sich direkt aus dem Vertrag ergeben. Eine Umsetzung durch weitere Rechtsakte, seien es Akte des EG-Sekundärrechts oder solche der nationalen Gesetzgebung und Verwaltung, ist nicht erforderlich [61]; sie muss sogar als unzulässig angesehen werden, würde sie doch der unmittelbaren Wirksamkeit dieser Vertragsbestimmungen zuwider laufen.

Den Mitgliedstaaten bleibt lediglich die hiervon strikt zu unterscheidende Möglichkeit, unter Berufung auf die Schranken von Grundfreiheiten nationale Regelungen zu treffen oder beizubehalten, etwa den sog. „*Ordre-Public*-Vorbehalt" der Grundfreiheiten (Art. 30, 39 III, 46 I, 58 I lit. b EG) auszufüllen. Keinesfalls aber wird durch diese Ausnahmeregelungen für die EG oder die Mitgliedstaaten ein Recht begründet, mit Hilfe von (Sekundär-)Rechtsakten die Grundfreiheiten als solche inhaltlich zu definieren.

Konstruktion, wenn sie ausführen, dass in bestimmten Bereichen „member states have been deprived formally of their competences".

[58] *Simon* Tz. 66

[59] Zur unmittelbaren Wirkung vgl. statt vieler: *Ahlt* S. 16; *Geiger* Art. 10 EG Rn. 21 f.; *H. P. Ipsen* § 5 Rn. 49 ff.; *Isaac* S. 173 f.; *Nicolaysen* S. 33 ff.; *Streinz,* Europarecht, Rn. 349, 705.

[60] EuGH 05.02.1963, Rs. 26/62 - *van Gend & Loos* -, Slg. 1963, 1 (Tz. 8 ff.); EuGH 22.03.1977, Rs. 74/76 - *Ianelli & Volpi* -, Slg. 1977, 557 (Tz. 13); EuGH 29.11.1978, Rs. 83/78 - *Pigs Marketing Board* -, Slg. 1978, 2347 (Tz. 66/67)

[61] EuGH 05.02.1963, Rs. 26/62 - *van Gend & Loos* -, Slg. 1963, 1 (Tz. 12 f.)

Folgerichtig kann übrigens auch die Bestimmung des Anwendungsbereichs von Grundfreiheiten nicht dem Subsidiaritäts- oder Flexibilitätsprinzip unterworfen werden [62]. Denn zum einen können beide Grundsätze von vornherein ausschließlich dort Anwendung finden, wo es überhaupt um die Ausübung von Kompetenzen geht, also gerade nicht in kompetenzfreien Bereichen des Gemeinschaftsrechts. Zum anderen muss schon aus Gleichbehandlungsgründen der Inhalt und Umfang von vertraglich gewährten Rechten zwingend für alle Unionsbürger und in allen Mitgliedstaaten derselbe sein. Subsidiaritäts- oder Flexibilitätserwägungen würden aber zwangsläufig dazu führen, dass nationale Behörden und Gerichte den Umfang von Grundfreiheiten und anderen unmittelbar wirkenden Vorschriften unterschiedlich weit definieren könnten. Dementsprechend enthalten etwa die Bestimmungen über die verstärkte Zusammenarbeit insoweit eine ausdrückliche Anwendungsgrenze (Art. 11 I lit. c, e EG [63]).

B. Der Grundsatz der begrenzten Einzelermächtigung

Grundlage für jegliches Tätigwerden der EG, sei es legislativer oder exekutiver Natur, ist das Prinzip der begrenzten Einzelermächtigung (frz.: *principe des compétences d'attribution* bzw. *principe de spécialité*) [64]; denn die Gemeinschaft ist kein souveräner Staat und hat somit nicht das Recht, selbständig neue Zuständigkeiten an sich zu ziehen („Kompetenz-Kompetenz"), sondern sie besitzt nur eine beschränkte Verbandskompetenz [65].

Folgerichtig heißt es in Art. 5 I EG: „Die Gemeinschaft wird innerhalb der Grenzen der ihr in diesem Vertrag zugewiesenen Befugnisse und gesetzten Ziele

---

[62] So auch –bezogen auf das Subsidiaritätsprinzip– EuGH 15.12.1995, Rs. C-415/93 - *Bosman* -, Slg. 1995, I-4921 (Tz. 81); im Ergebnis ebenso *Müller-Graff* ZHR 159 (1995), 34 (73 ff.); anders hingegen die Argumentation der Bundesregierung im *Bosman*-Verfahren (referiert bei Tz. 72 des Urteils).

[63] Nach dem vorläufigen Text des Vertrags von Nizza sollen diese Vorbehalte künftig – teilweise – in den EUV überführt werden (vgl. Klausel A lit. e, f des Entwurfs von Nizza, SN 533/00, vom 12.12.2000).

[64] *Bleckmann*, Europarecht, Rn. 183; *Boulouis*, 5. Auflage, Rn. 203; *Draetta* S. 42, 59; *Herdegen* Rn. 189; *H. P. Ipsen* § 20 Rn. 21 ff.; *Nicolaysen* S. 128; *Schweitzer / Hummer* Rn. 335; *Shaw*, Law of the European Union, S. 78, 80; SH-*Herzog*, Art. 3b EGV, § 3b.02

[65] *Ahlt* S. 40; *Boulouis*, 5. Auflage, Rn. 203; *Kapteyn / VerLoren van Themaat* S. 138; *Streinz*, Europarecht, Rn. 121; BVerfGE 89, 155 (195 ff.) - *Maastricht* -

tätig." Derselbe Gedanke findet sich auch in Bestimmungen wie Art. 7 I UAbs. 2, Art. 11 I lit. d, Art. 189 I Hs. 2, Art. 202 Hs. 1 und Art. 211 EG sowie Art. 2 II, Art. 5 und Art. 43 I lit. f EU [66]. Die europäischen Einrichtungen bedürfen also als Voraussetzung ihres Tätigwerdens einer konkret zugewiesenen Kompetenz.

Eine solche im Einzelfall bestehende Zuständigkeit muss jedoch nicht ausdrücklich im Vertrag niedergelegt sein; es genügt, dass sie sich aus dem Vertrag ableiten lässt. So greift der EuGH etwa im Bereich der Außenbeziehungen in ständiger Rechtsprechung [67] auf die sog. *Implied-Powers*-Doktrin [68] zurück und erkennt damit auch die Existenz ungeschriebener Kompetenzen der Gemeinschaft an.

Unabhängig davon, ob aber diese EG-Zuständigkeiten geschriebener oder ungeschriebener Natur sind, können sie nach ihrer Wirkung im System des EG-Vertrags verschiedenen Kategorien zugeordnet werden:

C. Die herkömmliche Einteilung der Kompetenzen der EG

Die gängige Methode der Kategorisierung von Befugnissen in der Europarechtslehre unterscheidet ausschließliche Zuständigkeiten der Europäischen Gemeinschaft (unten I.) von nicht-ausschließlichen (unten II.), wobei letztere Gruppe zumeist noch weiter unterteilt wird [69].

Auch in der Rechtsprechung des EuGH findet sich die Unterscheidung zwischen ausschließlichen und nicht-ausschließlichen Kompetenzen [70].

---

[66] Nach dem vorläufigen Text des Vertrags von Nizza sollen künftig weitere, vergleichbare Bestimmungen in den EUV und den EGV eingefügt werden (vgl. Art. 220 I EG n. F., sowie für den EUV Klausel A lit. d des Entwurfs von Nizza, SN 533/00, vom 12.12.2000).

[67] Vgl. nur EuGH 31.03.1971, Rs. 22/70 - *A.E.T.R.* -, Slg. 1971, 263 (Tz. 15/19) und EuGH 19.03.1993, Gutachten 2/91 - *IAO* -, Slg. 1993, I - 1061 (Tz. 7).

[68] *Ahlt* S. 40, 45; GH II - *Krenzler* Bd. 2 E.1 Rn. 26; *Schweitzer / Hummer* Rn. 338; vgl. zur *Implied-Powers*-Doktrin auch 2. Kapitel, B.I.2.

[69] Vgl. statt vieler: CR - *Calliess* Art. 5 EG Rn. 20; *Geiger* Art. 10 EG Rn. 8 ff.; *Geiger / Khan* Rn. 329 f.; GH - *von Bogdandy/Nettesheim*, Art. 3b EGV Rn. 11 ff., 28 ff.; *Huber* § 11 I; *Rohde / Lorenzmeier* S. 178; *Schweitzer / Hummer* Rn. 342 ff.

[70] EuGH 19.03.1993, Gutachten 2/91 -*IAO*-, Slg. 1993, I-1061 (Tz. 8 f., 18 ff.); vgl. auch EuGH 18.02.1986, Rs. 174/84 - *Bulk Oil* -, Slg. 1986, 559 (Tz. 29 f.) und CR-*Calliess* Art. 5 EG Rn. 20.

I. Die ausschließlichen Kompetenzen

Wie bereits erwähnt [71], verwendet der EGV den Begriff „ausschließliche Zuständigkeit" lediglich zweimal, nämlich beim Subsidiaritätsprinzip (Art. 5 II EG, Ziff. 3 S. 2 des Subsidiaritätsprotokolls [72]) sowie im Rahmen der verstärkten Zusammenarbeit (Art. 11 I lit. a EG [73]). Hinzu kommt Art. 106 I 1 EG, der vom „ausschließlichen Recht" der EZB spricht, die Ausgabe von Banknoten zu genehmigen. Vorläufer des Begriffs der ausschließlichen Kompetenzen finden sich im Bericht der Kommission über die Europäische Union von 1975 [74] sowie in Art. 12 des EP-Entwurfs eines Vertrages zur Gründung der Europäischen Union (*Spinelli*-Bericht) von 1984 [75].

1. Die Wirkung ausschließlicher Kompetenzen

Im Rahmen der ausschließlichen Kompetenzen sind die Mitgliedstaaten überhaupt nicht mehr eigenständig handlungsbefugt; die Befugnis zum Tätigwerden ist vollständig und endgültig auf die EG übertragen, so dass diese die alleinige Handlungszuständigkeit innehat [76].

Maßnahmen der Mitgliedstaaten sind in diesem Bereich nur noch mit ausdrücklicher Ermächtigung der EG zulässig [77].

---

[71] Einführung, Ziff. 3

[72] Protokoll über die Anwendung der Grundsätze der Subsidiarität und der Verhältnismäßigkeit (Protokoll Nr. 30 zum EUV / EGV in der Fassung des Vertrags von Amsterdam), Bull. B'Reg. 27.11.1997, Nr. 94/S. 1134 f. = Sart. II Nr. 151

[73] Nach dem vorläufigen Text des Vertrags von Nizza soll diese Bezugnahme künftig in den EUV überführt werden (vgl. Klausel A lit. d des Entwurfs von Nizza, SN 533/00, vom 12.12. 2000).

[74] Bull.EG, Beilage 5/1975, S. 10 ff.

[75] ABl.EG vom 19.03.1984, Nr. C 77, S. 33 ff.

[76] EuGH 05.05.1981, Rs. 804/79 - *Kommission / Vereinigtes Königreich* -, Slg. 1981, 1045 (Tz. 17 ff., 27 ff.); *Ahlt* S. 40; CR-*Kahl* Art. 10 EG Rn. 38; *Geiger* FS Gitter S. 267 (273); GH - *von Bogdandy/Nettesheim*, Art. 3b EGV Rn. 7; *Schweitzer* FS Klein S. 85 (88); *Schweitzer / Hummer* Rn. 343; *Tesauro* S. 72

[77] EuGH 15.12.1976, Rs. 41/76 - *Donckerwolcke* -, Slg. 1976, 1921 (Tz. 31/37); EuGH 05.05. 1981, Rs. 804/79 - *Kommission / Vereinigtes Königreich* -, Slg. 1981, 1045 (Tz. 20); *Bieber* in: Bieber / Ress (Hrsg.), S. 283 (301); *Isaac* S. 37; JCE-*Kovar*, fasc. 420, Tz. 70; *Manin* Rn. 145

2. Die Mitgliedstaaten als Sachwalter des gemeinsamen Interesses

Liegt eine ausschließliche Zuständigkeit vor, so ist es unerheblich, ob die EG im konkreten Einzelfall bereits tätig geworden oder noch untätig geblieben ist [78]. Als problematisch erweist sich diese Wirkung der ausschließlichen Kompetenzen dort, wo die EG untätig bleibt, obwohl dringender Handlungsbedarf und womöglich gar eine Verpflichtung der Gemeinschaft zum Tätigwerden bestünde. In derartigen Ausnahmesituationen gestattet der EuGH den Mitgliedstaaten ein Tätigwerden als „Sachwalter des gemeinsamen Interesses" nach vorheriger Konsultation der Kommission und unter Beachtung gemeinschaftsrechtlicher Vorgaben [79].

Entscheidend ist aber, dass auch insoweit keine eigenständige Zuständigkeit der Mitgliedstaaten begründet wird, sondern lediglich eine aus der (nicht ausgeübten) Gemeinschaftskompetenz abgeleitete Notzuständigkeit entsteht, vergleichbar einer Delegation von Befugnissen; die Mitgliedstaaten werden in diesem Ausnahmefall also nicht aus eigenem Recht, sondern in Erfüllung ihrer Gemeinschaftstreuepflicht gemäß Art. 10 EG aus abgeleitetem Recht tätig [80].

II. Die nicht-ausschließlichen Kompetenzen

Was die nicht-ausschließlichen Kompetenzen angeht, so ist die Begriffswahl des Gerichtshofs nicht einheitlich – teils wird von konkurrierender [81], teils von paralleler [82], teils von „geteilter Zuständigkeit" [83] gesprochen.

---

[78] EuGH 5.5.1981, Rs. 804/79 - *Kommission / Vereinigtes Königreich* -, Slg. 1981, 1045 (Tz. 20); *Bribosia* RMUE 4/1992, 165 (174); CR-*Kahl* Art. 10 EG Rn. 38; *H. G. Fischer*, Europarecht, § 5 Rn. 55; *Isaac* S. 36; *Jarass* AöR 121 (1996), 173 (186); *ders.*, Die Kompetenzen (...), S. 25; *Streinz*, Europarecht, Rn. 130

[79] EuGH 5.5.1981, Rs. 804/79 - *Kommission / Vereinigtes Königreich* -, Slg. 1981, 1045 (Tz. 27 ff.); GH - *von Bogdandy/Nettesheim*, Art. 3b EGV Rn. 12; *Jarass* AöR 121 (1996), 173 (186); *Schweitzer / Hummer* Rn. 343

[80] *Jarass* AöR 121 (1996), 173 (186); *Lenaerts / van Ypersele*, CDE 1994, 3 (Tz. 18 ff.); EuGH 5.5.1981, Rs. 804/79 - *Kommission/ Vereinigtes Königreich* -, Slg. 1981, 1045 (Tz. 28); aA *Bieber* in: Bieber / Ress (Hrsg.), S. 283 (302).

[81] EuGH 31.03.1971, Rs. 22/70 - *Kommission / Rat (A.E.T.R.)* -, Slg. 1971, 263 (Tz. 30/31)

[82] EuGH 11.11.1975, Gutachten 1/75 - *Lokale Kosten* -, Slg. 1975, 1355 (1363 f.)

[83] EuGH 19.03.1993, Gutachten 2/91 - *IAO* -, Slg. 1993, I-1061 (Tz. 12); EuGH 15.11.1994, Gutachten 1/94 - *WTO* -, Slg. 1994, I-5267 (Tz. 98, 105)

In der Literatur werden gemeinhin zwei Kategorien nicht-ausschließlicher Zuständigkeiten unterschieden: die konkurrierenden (unten 1.) und die parallelen Kompetenzen (unten 2.).

1. Die konkurrierenden Kompetenzen

Die konkurrierenden Kompetenzen erlauben a priori sowohl der Gemeinschaft als auch den Mitgliedstaaten ein Tätigwerden. Für die Mitgliedstaaten gilt dies jedoch nur, solange und soweit die Gemeinschaft auf einem bestimmten Gebiet nicht aktiv geworden ist [84]. Ist hingegen eine Regelung durch die Gemeinschaft erfolgt, so genießt diese Anwendungsvorrang vor bestehenden nationalen Regelungen [85].

Gegenüber künftigen nationalen Regelungen entfaltet der von der EG erlassene Sekundärrechtsakt in seinem tatbestandlichen Anwendungsbereich eine Sperrwirkung [86]; das jeweilige Sachgebiet ist, mit anderen Worten, von der Gemeinschaft durch die von ihr getroffene Regelung „besetzt". In der englisch- und französischsprachigen Literatur wird diese Gebietsbesetzung [87] häufig mit dem Begriff der *„pre-emption"* bzw. *„préemption"* erklärt [88].

2. Die parallelen oder komplementären Kompetenzen

Wie bereits im Rahmen der konkurrierenden Zuständigkeiten, so können ebenfalls im Anwendungsbereich paralleler Kompetenzen sowohl die Gemeinschaft als auch die Mitgliedstaaten tätig werden. Vereinzelt werden deshalb die paralle-

[84] *Huber* § 11 Rn. 10; *Isaac* S. 35; *Rideau* S. 378; *Schweitzer / Hummer* Rn. 344; *Schweitzer* FS Klein S. 85 (90); *Streinz*, Europarecht, Rn. 132; *Weatherill* in: O'Keefe / Twomey, S. 13 (14); *Zacker / Wernicke* (Frage 95) sprechen deshalb von alternativ-konkurrierenden Kompetenzen.

[85] EuGH 15.07.1964, Rs. 6/64 - *Costa / ENEL* -, Slg. 1964, 1251 (Tz. 12); EuGH 09.03.1978, Rs. 106/77 - *Simmenthal II* -, Slg. 1978, 629 (Tz. 17/18)

[86] EuGH 09.03.1978, Rs. 106/77 - *Simmenthal II* -, Slg. 1978, 629 (Tz. 17/18); *Calliess*, Subsidiaritäts- und Solidaritätsprinzip (...), S. 81; *ders.*, EuZW 1995, 693 (697); *Furrer*, Die Sperrwirkung des sekundären Gemeinschaftsrechts (...); GH - *von Bogdandy/Nettesheim* Art. 3b EGV Rn. 13; *Winter* DÖV 1998, 377 ff.

[87] Vgl. zu diesem Begriff: *Gilsdorf* EuR 1996, 145 (147, 154 ff.); *ders.*, GS Grabitz S. 77 (86 ff.); *Oppermann* Rn. 518.

[88] *Bribosia* RMUE 4/1992, 165 (175 ff.); *Cross*, CMLRev. 29 (1992), 447 (453); *Furrer* S. 20 ff.; *Simon* Tz. 76; *Weatherill* in: O'Keefe / Twomey, S. 13 (14); kritisch *Soares* ELR 23 (1998), 132 ff.

len Kompetenzen nicht einer eigenen, sondern zusammen mit den konkurrierenden Zuständigkeiten einer gemeinsamen Kategorie zugeordnet [89].

Konkurrierenden und parallelen Kompetenzen ist in der Tat gemeinsam, dass die nationale Regelung nicht der gemeinschaftsrechtlichen widersprechen darf; im Falle ihrer Unvereinbarkeit kommt der Anwendungsvorrang des Gemeinschaftsrechts zum Tragen [90].

Entscheidender Unterschied zu den konkurrierenden Zuständigkeiten ist jedoch, dass die parallelen Kompetenzen den Mitgliedstaaten ein Tätigwerden selbst dort noch ermöglichen, wo die Gemeinschaft ihrerseits bereits gehandelt hat. Gemeinschaft und Mitgliedstaaten sind, mit anderen Worten, befugt, nebeneinander aktiv zu werden, ohne dass die ansonsten für konkurrierende Kompetenzen typische Sperrwirkung (*pre-emption*) des Gemeinschaftshandelns eintreten würde.

Dies wird beispielsweise im Wettbewerbsrecht (Nebeneinander von Art. 81 I, II, Art. 82 EG und nationalem Kartellrecht) relevant [91], ferner bei der Entwicklungshilfe (Art. 177 ff. EG) [92]. Wie noch zu zeigen sein wird [93], lassen sich darüber hinaus alle den Binnenmarkt flankierenden Gemeinschaftspolitiken (Art. 98-104, Art. 125-130, Art. 136-181 EG) den parallelen Kompetenzen zuordnen. Insoweit erscheint es auch gerechtfertigt, mit der herrschenden Meinung diese weit verbreitete Art von Befugnissen dogmatisch einer eigenständigen Kategorie zuzuordnen [94].

---

[89] *Bribosia* RMUE 4/1992, 165 (174); *Emmert* § 16 Rn. 14 ff.; GTE-*Zuleeg*, Art. 3b EGV Rn. 6; *Jarass*, AöR 121 (1996), 173 (190); so wohl auch die Europäische Kommission, Mitteilung vom 27.10.1992, SEK (92) 1990 endg., Anhang III = Bull. EG 10/1992, S. 118 (124).

[90] EuGH 13.02.1969, Rs. 14/68 - *Walt Wilhelm* -, Slg. 1969, 1 (Tz. 6); *Geiger* Art. 10 EG Rn. 13; *Pechstein / Koenig* Rn. 158; *Zacker / Wernicke* Frage 95; so auch *Jarass*, AöR 121 (1996), 173 (189) und GTE-*Zuleeg* Art. 3b EGV Rn. 6

[91] EuGH 13.02.1969, Rs. 14/68 - *Walt Wilhelm* -, Slg. 1969, 1 (Tz. 3 ff.); *Streinz*, Europarecht, Rn. 136, 809

[92] EuGH 02.03.1994, Rs. C-316/91 - *EP / Rat* -, Slg. 1994, I-653 (Tz. 26); *Geiger / Khan* Rn. 330

[93] Vgl. 5. Kapitel, B.II.1

[94] Vgl. statt vieler *Huber* § 11 Rn. 13; *Schweitzer / Hummer* Rn. 345; *Streinz*, Europarecht, Rn. 136; dass *Zacker / Wernicke* (Frage 95) von kumulativ-konkurrierenden statt von parallelen Kompetenzen sprechen, ist ein rein terminologischer Unterschied.

D. Alternative Modelle zur Darstellung der Kompetenzen der EG

Neben dieser herkömmlichen Einteilung der Zuständigkeiten der Gemeinschaft werden bisweilen auch alternative Modelle zur Darstellung der Kompetenzen der EG angeboten.

I. Die Leugnung von ausschließlichen Kompetenzen

Vereinzelt wird in der Literatur die Existenz ausschließlicher Kompetenzen völlig in Abrede gestellt.

1. So argumentiert *Stewing* [95], die Gemeinschaftskompetenz sei strukturell stets eine konkurrierende; dem Begriff der ausschließlichen Kompetenz komme beim derzeitigen Stand des Gemeinschaftsrechts keine Bedeutung zu. Er beruft sich dabei auf die fortbestehende Souveränität der Mitgliedstaaten sowie die fehlende Staatsqualität der EG und behält die Kategorie der ausschließlichen Kompetenzen der Zuständigkeitsverteilung in einem Bundesstaat vor.

Gegen diese Auffassung spricht jedoch bereits der klare Wortlaut der Vertragsbestimmungen. Es ist höchst unwahrscheinlich, dass die vertragschließenden Mitgliedstaaten einen Ausschließlichkeitsvorbehalt in Art. 5 II EG (ex-Art. 3b II EGV) einfügen wollten, der von Anfang an leer laufen würde. Vielmehr gingen sie offensichtlich davon aus, dass der EG tatsächlich Kompetenzen übertragen seien, welche Ausschließlichkeit gegenüber den Mitgliedstaaten beanspruchten. Immerhin handelten die Mitgliedstaaten ja bei Abschluss des Maastrichter Vertrages im Jahre 1992 in Kenntnis der Rechtsprechung des EuGH, der zu diesem Zeitpunkt bereits in zahlreichen Urteilen [96] die Ausschließlichkeit von Zuständigkeiten der EG angenommen hatte.

Auch strukturell spricht nichts gegen die Existenz ausschließlicher Kompetenzen der EG. Schließlich verbietet die staatliche Souveränität es den Mitgliedstaaten nicht, die Erledigung bestimmter Aufgaben vollständig auf eine supranationale

---

[95] *Stewing*, Subsidiarität und Föderalismus in der Europäischen Union, S. 105 f.
[96] Vgl. dazu 2. Kapitel, B.

Organisation zu übertragen und auf eigenständiges Handeln insoweit gänzlich zu verzichten. Die Möglichkeit, so zu verfahren, ist vielmehr geradezu Ausdruck der Souveränität eines Staates und entspricht – bezogen auf Deutschland – der Integrationsoffenheit [97] der Verfassungsordnung des Grundgesetzes. Dass die Mitgliedstaaten übrigens auch weiterhin von der Existenz ausschließlicher Kompetenzen ausgehen, wird nunmehr im Amsterdamer Vertrag von 1997 bestätigt, wo der Ausschließlichkeitsvorbehalt des Subsidiaritätspinzips ausdrücklich wiederholt [98] und sogar durch die Bestimmungen über die verstärkte Zusammenarbeit (Art. 11 I lit. a EGV) noch ein weiterer solcher Vorbehalt in den Vertrag aufgenommen wurde [99].

2. Aus einem anderen Blickwinkel betrachtet *Everling* [100] die Diskussion um ausschließliche Kompetenzen im Zusammenhang mit dem Subsidiaritätsprinzip. Er sieht sie als „ein « faux problème » der Verfassungsauslegung" an und schlägt vor, den Ausschließlichkeitsvorbehalt des Art. 5 II EG enger zu verstehen, und zwar als Niederschlag des Vorrangs des Gemeinschaftsrechts und seiner Sperrwirkung gegenüber dem nationalen Recht.

Jedoch wird diese Umdeutung des Ausschließlichkeitsvorbehalts in eine bloße Vorrangklausel der eigentlichen Problemstellung des Subsidiaritätsprinzips nicht hinreichend gerecht: Eine Rangfrage stellt sich schließlich überhaupt nur für solche Bereiche, in denen widerstreitende Regelungen der EG und der Mitgliedstaaten aufeinander treffen können, für Bereiche also, in denen a priori sowohl eine Zuständigkeit der Mitgliedstaaten als auch eine solche der EG besteht. Dies trifft aber nur auf die nicht-ausschließlichen Kompetenzen zu, für die das Subsi-

---

[97] BVerfGE 89, 155 (182 f.) - *Maastricht* -; *Brockmeyer* in Schmidt-Bleibtreu / Klein Art. 20 GG Rn. 13; Dreier-*Pernice* Art. 23 GG Rn. 5; GGK-*Rojahn* Art. 23 GG Rn. 10, 17; *H. P. Ipsen* in Isensee / Kirchhof, § 181 Rn. 7; *Tomuschat* in Isensee / Kirchhof, § 172, insbesondere Rn. 40. *Badura* (Staatsrecht, Rn. D 143) spricht von einer „supranationalen" Öffnung des Grundgesetzes. Auf eine „massive Öffnung nach außen hin zu kontinentalen und globalen Gemeinschaften" weist auch *Di Fabio* hin (Das Recht offener Staaten, S. 94).

[98] Vgl. hierzu Ziff. 3 S. 2 des Subsidiaritätsprotokolls (Protokoll über die Anwendung der Grundsätze der Subsidiarität und der Verhältnismäßigkeit = Protokoll Nr. 30 zum EUV / EGV in der Fassung des Vertrags von Amsterdam), Bull. B'Reg. 27.11.1997, Nr. 94/S. 1134 f. = Sart. II Nr. 151.

[99] Nach dem vorläufigen Text des Vertrags von Nizza soll letzterer Vorbehalt künftig in den EUV überführt werden (vgl. Klausel A lit. d des Entwurfs von Nizza, SN 533/00, vom 12.12.2000).

[100] *Everling* FS Stern S. 1227 ff.

diaritätsprinzip gemäß Art. 5 II EG gerade gelten soll und die nicht etwa von seinem Anwendungsbereich ausgeschlossen sein sollen. Ausschließliche Kompetenzen hingegen, die nur der EG Handlungsbefugnisse einräumen, nicht aber ihren Mitgliedstaaten [101], können von vornherein zu keinem Rangproblem führen. Soweit ein Mitgliedstaat nämlich durch sein selbständiges Tätigwerden eine ausschließliche Zuständigkeit der EG verletzt, stellt dies keinen Rang-, sondern einen Zuständigkeitskonflikt dar. Folglich müsste der Ausschließlichkeitsvorbehalt, verstanden als bloßer Ausdruck des Vorrangprinzips, leer laufen; er könnte seiner Funktion, den Anwendungsbereich des Subsidiaritätsprinzips zu umgrenzen, nicht gerecht werden.

II. Die Leugnung von nicht-ausschließlichen Kompetenzen

Am entgegengesetzten Ende des Meinungsspektrums sind Äußerungen anzusiedeln, die die Existenz nicht-ausschließlicher Kompetenzen verneinen. So argumentiert *Toth* [102], die Gemeinschaftskompetenz sei naturgemäß ausschließlicher Natur und lasse praktisch keinen Raum für konkurrierende Zuständigkeiten der Mitgliedstaaten. Als Begründung führt er an, eine Zuständigkeit könne nur entweder der EG oder den Mitgliedstaaten zufallen, nicht aber beiden [103]. Dem ist jedoch entgegenzuhalten, dass der EGV, insbesondere seit In-Kraft-Treten des Vertrags von Maastricht, zahlreiche Bestimmungen enthält, die der EG lediglich Aufgaben der Koordinierung und Förderung der nationalen Politiken übertragen und nicht die jeweiligen Sachgebiete in ihrer Gesamtheit. Als Beispiele seien die Kulturpolitik (Art. 151 V EG) und die Bildungspolitik (Art. 149 IV EG) genannt, ferner die Wirtschaftspolitik (Art. 99 I, III EG). Auf diesen Gebieten muss den Mitgliedstaaten denknotwendig noch ein eigenständiger Handlungsspielraum verbleiben. Hinzu kommt, dass das Subsidiaritätsprinzip des Art. 5 II EG vollständig leer liefe, würde wenn man alle Kompetenzen der EG als ausschließlich ansehen. Der hervorgehobenen Stellung dieses Prinzips im Grundsatzteil des EGV wird eine derart weit gehende Beschränkung seines Anwen-

[101] Vgl. oben C.I.1.
[102] *Toth* CMLRev. 29 (1992), 1079 (1080 f., 1085); *ders.*, in: O'Keefe / Twomey (Hrsg.), S. 37 (39)
[103] *Toth* CMLRev. 29 (1992), 1079 (1080 ff.)

dungsbereichs nicht gerecht. Gleiches gilt für die neu geschaffenen Bestimmungen über die flexible Integration. Würde man nämlich Gemeinschaftskompetenzen stets als ausschließlich ansehen, so wäre jegliche Form der verstärkten Zusammenarbeit von Mitgliedstaaten durch Art. 11 I lit. a EG [104] vollständig ausgeschlossen. Auch die Auffassung von *Toth* ist demzufolge abzulehnen.

III. Die Einteilung in Primär- und Partialkompetenzen

Einem völlig unkonventionellen Schema der Zuständigkeitsverteilung folgt die *Europäische Strukturkommission* [105]. In einem Vorschlag für die Vertragsrevision anlässlich der Regierungskonferenz 1996 unterscheidet sie sog. Primär- und Partialkompetenzen der EU und der Mitgliedstaaten. Dabei geben Primärkompetenzen den Regelfall der Zuständigkeit für ein Politikfeld an, während die Partialkompetenzen jeweils die speziellen Ausnahmen von den entsprechenden Primärkompetenzen benennen; das Subsidiaritätsprinzip soll ausnahmslos auf alle Kompetenzen anwendbar sein.

Diese Sicht der Kompetenzordnung entspricht ersichtlich nicht dem gegenwärtigen Stand des Gemeinschaftsrechts (vgl. nur Art. 5 II EG) und ist erkennbar als Vorschlag für eine mögliche künftige Gestaltung der europäischen Verträge gedacht. Sie kann deshalb nicht als Grundlage für die hier vorzunehmende Untersuchung dienen, schon weil mit ihrer Hilfe der im Vertrag enthaltene Begriff der ausschließlichen Kompetenzen als Anwendungsgrenze für Subsidiaritäts- und Flexibilitätsprinzip nicht erklärt werden könnte [106].

---

[104] Bzw. durch eine entsprechende Klausel im EUV n. F. (vgl. Klausel A lit. d des vorläufigen Textes des Vertrags von Nizza, SN 533/00, vom 12.12.2000).

[105] *Europäische Strukturkommission*, in: *Weidenfeld* (Hrsg.), Europa '96, S. 14 (19 ff.); darauf aufbauend: *Fischer / Schley* S. 32 ff.

[106] Vgl. dazu Einführung, Ziff. 3.

IV. Die „stufenweise" Kompetenzeinteilung

Die von *Simon* [107] vorgeschlagene „stufenweise" Kompetenzeinteilung (*gradation*) unterteilt die Zuständigkeiten der EG zunächst in interne und externe. Im Rahmen der internen Zuständigkeiten unterscheidet *Simon* sodann, je nach Integrationsgrad, „abgeschaffte" Kompetenzen (*compétences abolies*, gemeint sind vor allem die kompetenzfreien Bereiche [108], in denen Stillstandsverpflichtungen den Mitgliedstaaten die Schaffung neuer Handelshemmnisse verbieten, etwa Art. 25, 28, 31 II und 86 I EG), des Weiteren vollständig der Gemeinschaft übertragene Kompetenzen (*compétences transférées*), gemeinschaftsrechtlich „eingerahmte" Kompetenzen der Mitgliedstaaten (*compétences encadrées*, gemeint ist vor allem der „Rahmen", den Primärrecht und sekundärrechtliche Harmonisierungsmaßnahmen der Gesetzgebung der Mitgliedstaaten vorgeben) und schließlich die den Mitgliedstaaten vorbehaltenen Kompetenzen (*compétences réservées*). Die Aufzählung zeigt, dass diese Kategorien trotz anderer Begriffswahl im Wesentlichen mit den herkömmlichen [109] übereinstimmen. So besteht, abgesehen von einigen Nuancen, eine weit gehende Deckungsgleichheit zwischen *„compétences transférées"* und ausschließlichen EG-Zuständigkeiten, ferner zwischen *„compétences encadrées"* und konkurrierenden Zuständigkeiten. Vor diesem Hintergrund scheint es vorzugswürdig, bei der herkömmlichen Kompetenzeinteilung zu bleiben, die den Vorteil hat, mit dem Wortlaut von Art. 5 II und Art. 11 I lit. a EG übereinzustimmen.

V. Zusätzliche Kategorien nicht-ausschließlicher Kompetenzen

Lediglich eine weitere Verästelung im Rahmen des herkömmlichen Schemas der Kompetenzeinteilung [110] stellt die Hervorhebung von Rahmenkompetenzen (unten 1.), subsidiären Kompetenzen (unten 2.) und ergänzenden Kompetenzen (unten 3.) unter den nicht-ausschließlichen Zuständigkeiten dar.

---

[107] *Simon* Tz. 65 ff.
[108] Vgl. dazu oben A.
[109] Vgl. oben C.
[110] Vgl. dazu oben C.

1. Die Rahmenkompetenzen

Unter Rahmenkompetenzen versteht *Streinz* [111] „Materien, in denen die Verträge selbst allein Koordinations- und Kooperationsbefugnisse vorsehen, die sich in der Aufstellung von Rahmenbestimmungen und Programmen erschöpfen". Dazu zählt er etwa Teilbereiche der Grundfreiheiten (Art. 40 lit. a und Art. 44 I EG) sowie die Forschungspolitik (Art. 163 bis 173 EG). Auch *Lecheler* [112] will mit dem Begriff der Rahmenkompetenzen eine besondere Kategorie von Gemeinschaftszuständigkeiten beschreiben.

Gegen die Annahme einer solchen zusätzlichen Kategorie von Zuständigkeiten bestehen jedoch Bedenken. Denn welche Regelungsdichte eine bestimmte Kompetenznorm der EG erlaubt, ist stets im Einzelfall durch Auslegung der Vertragsbestimmung zu ermitteln; auf Grund der Vielfalt der vertraglichen Zuständigkeitsnormen kann hier nicht verallgemeinernd zwischen solchen Befugnissen unterschieden werden, die der Gemeinschaft lediglich die Schaffung einer Rahmenregelung erlauben, und anderen, die eine detaillierte Regelung des betreffenden Sachverhalts zulassen. Die Abgrenzung zu den konkurrierenden und parallelen Kompetenzen ist vielmehr fließend [113]. Deshalb erscheint es vorzugswürdig, auf eine eigene Subkategorie der Rahmenkompetenzen gänzlich zu verzichten. Dies gilt insbesondere für die hier interessierende Untersuchung der ausschließlichen Kompetenzen, bei der es hauptsächlich auf den Gegensatz zu den nicht-ausschließlichen Kompetenzen und nicht so sehr auf die weitere Unterteilung der letzteren ankommt.

2. Die subsidiären Kompetenzen

Teilweise werden bestimmte nicht-ausschließliche Zuständigkeiten auch unter dem Begriff der subsidiären Kompetenzen zusammengefasst. Ein Teil der Literatur [114] versteht hierunter die Kompetenzabrundungsnorm des Art. 308 EG, ver-

[111] *Streinz*, Europarecht, Rn. 134 f.
[112] *Lecheler*, Das Subsidiaritätsprinzip, S. 102 ff. (103, 105)
[113] Das räumt auch *Streinz* (Europarecht, Rn. 135) ein.
[114] Beispielsweise *Bribosia* RMUE 4/1992, 165 (174); *Dashwood* ELR 21 (1996), 113 (123); *Isaac* S. 31 ff.; *Schima*, Das Subsidiaritätsprinzip (...), S. 100; *Zacker* S. 42

einzelt werden auch die Harmonisierungskompetenzen der Art. 94, 95 EG dazu gerechnet [115].

Die Notwendigkeit einer solchen gesonderten Kompetenzkategorie ist indes zweifelhaft.

So ist etwa kein Unterschied zwischen den Harmonisierungskompetenzen gemäß Art. 94, 95 EG einerseits und gemäß Art. 40, 44, 47 EG andererseits erkennbar, der es rechtfertigen würde, sie verschiedenen Kategorien zuzuordnen. Zwar ist richtig, dass sowohl Art. 308 als auch Art. 94, 95 EG gegenüber anderen, spezielleren Zuständigkeitsbestimmungen subsidiär sind. Diese From der Subsidiarität beschreibt aber allein die Vorgehensweise bei der Wahl der richtigen von mehreren im Vertrag enthaltenen Ermächtigungsgrundlagen, ist also horizontaler Natur. Hingegen kommt es für die hier interessierende Einteilung der Kompetenzgrundlagen auf das vertikale Verhältnis zwischen einem Tätigwerden der EG einerseits und der Mitgliedstaaten andererseits an, also auf die Frage, welche Ebene jeweils zum Handeln befugt ist.

Deshalb wird für den weiteren Fortgang der Untersuchung auf die Berücksichtigung einer gesonderten Kategorie der subsidiären Kompetenzen verzichtet.

3. Die ergänzenden Kompetenzen

Die bayerische Staatsregierung fasst die Zuständigkeiten der EG für Fördermaßnahmen (etwa im Bereich Bildung, Art. 149 IV EG, 1. Gedankenstrich) zu einer besonderen Kategorie der ergänzenden Kompetenzen zusammen, die neben auschließlichen und nicht-ausschließlichen Zuständigkeiten stehen [116].

Eine solche gesonderte Behandlung erscheint jedoch ebenfalls nicht erforderlich. Fördermaßnahmen sind lediglich eine von mehreren Spielarten der nicht-ausschließlichen Zuständigkeiten, durch die ein bestimmtes Sachgebiet einem Tätigwerden der EG zugänglich gemacht, ihr aber nicht vollständig übertragen

---

[115] So zu Art. 94 EG (ex-Art. 100 EGV): *Toth* CMLRev. 29 (1992), 1079 (1095).
[116] Bayerische Ziele zur Regierungskonferenz 1996, abgedruckt in EA Nr. 134 (April 1995), Anlage I, Anhang

wird. Das Verhältnis der EG zu den Mitgliedstaaten stellt sich hier nicht anders dar als bei den beiden herkömmlichen Spielarten der nicht-ausschließlichen Kompetenz. Aus Gründen der Übersichtlichkeit wird deshalb im weiteren Verlauf der Bearbeitung auch diese Kompetenzkategorie nicht verwendet.

E. Zwischenbilanz

Zusammenfassend bleibt festzuhalten:

Jegliches Tätigwerden der EG hat sich am Grundsatz der begrenzten Einzelermächtigung zu orientieren, d. h. eine Befugnis der EG muss jeweils ausdrücklich im Vertrag enthalten oder jedenfalls aus ihm ableitbar sein. Das Gemeinschaftsrecht kennt ausschließliche und nicht-ausschließliche Kompetenzen. Die nichtausschließlichen Kompetenzen lassen sich weiter in konkurrierende und parallele unterteilen.

2. Kapitel: Der Diskussionsstand zur Bestimmung ausschließlicher Kompetenzen

Wie bereits angedeutet, enthält sich der EG-Vertrag, anders als das Grundgesetz (Art. 73 ff. GG), konkreter Aussagen zur Ausschließlichkeit oder Nicht-Ausschließlichkeit der Gemeinschaftszuständigkeiten [117]. Für die nähere Bestimmung der ausschließlichen Kompetenzen kommt es somit wesentlich auf Literatur, Institutionenpraxis und Rechtsprechung an.

Der aktuelle Diskussionsstand hierzu stellt sich wie folgt dar:

A. Der derzeitige Diskussionsstand in Literatur und Institutionenpraxis

Eine Untersuchung der verschiedenen Stellungnahmen aus Wissenschaft und Institutionenpraxis zeigt, dass die Bestimmung der ausschließlichen Kompetenzen der EG bislang mit großen Unsicherheiten behaftet ist.

I. Der Diskussionsstand in der Literatur

Obwohl im europarechtlichen Schrifttum der letzten Jahre zahlreiche Beiträge zum Subsidiaritätsprinzip [118] und zur Flexibilität [119] erschienen sind, wird darin der Begriff der ausschließlichen Kompetenzen als Vorfrage zur Anwendung dieser Grundsätze teils gar nicht behandelt, teils nur gestreift, aber jedenfalls nur selten eingehender dargestellt und argumentativ erörtert.

---

[117] Vgl. Einführung, Ziff. 4.

[118] Vgl. statt vieler: *Calliess*, Subsidiaritäts- und Solidaritätsprinzip (...); *Lecheler*, Das Subsidiaritätsprinzip; *Pieper*, Subsidiarität; *Schima*, Das Subsidiaritätsprinzip (...).

[119] Z. B.: *Becker* EuR Beiheft I/1998, 29 ff.; Bergmann/Lenz - *Hall*, Kapitel 20, (v. a. Rn. 22); *Chaltiel* RMC 1998, 289 ff.; *Duff*, section five; *Ehlermann* RMUE 3/1997, 53 ff. und EuR 1997, 362 ff.; *Gaja* CMLRev. 35 (1998), 855 ff.; *Hofmann* EuR 1999, 713 ff.; *Martenczuk* ZEuS 1998, 447 (465); *Ost* DÖV 1997, 495 (502); *Piepenschneider* S. 42 ff.; *Shaw* ELJ 4 (1998), 63 (73); *Thun-Hohenstein* in: Hummer (Hrsg.), S. 125 ff.; *ders.*, Der Vertrag von Amsterdam, S. 114 ff.

Auf Grund der in diesem Bereich bestehenden Meinungsvielfalt kann eine systematische Übersicht über die verschiedenen Auffassungen nicht ohne einen gewissen Grad an Abstrahierung auskommen. Sieht man einmal von den unzähligen unterschiedlichen Schattierungen und individuell geprägten Lösungsvorschlägen ab, so lassen sich einer Zusammenschau der einzelnen wissenschaftlichen Beiträge vor allem zwei Grundströmungen entnehmen. Es handelt sich dabei um eine enge und um eine weite Auffassung vom Begriff der ausschließlichen Kompetenzen.

1. Die weite Auffassung zu den ausschließlichen Kompetenzen

Eine bedeutende Anzahl von Autoren unterschiedlichster Provenienz steht für einen relativ weiten Begriff der ausschließlichen Kompetenzen. Wichtigstes Unterscheidungsmerkmal dieser weiten Auffassung gegenüber der engeren Auffassung ist die Einordnung der Binnenmarktkompetenzen: die Vertreter der weiten Auffassung sehen den Binnenmarkt als Teil der ausschließlichen Befugnisse der Gemeinschaft an [120]. Dies hat zur Folge, dass nach dieser weiten Auffassung das Subsidiaritätsprinzip und die verstärkte Zusammenarbeit auf Grund des Ausschließlichkeitsvorbehalts in Art. 5 II und Art. 11 I lit. a EG [121] im Binnenmarktbereich nicht zur Anwendung kommen.

Zur weiten Auffassung können ferner in der Regel diejenigen Autoren [122] gezählt werden, die von der Existenz sog. nachträglicher ausschließlicher Kompetenzen ausgehen. Dieser besonderen Facette der ausschließlichen Kompetenzen liegt

---

[120] *Constantinesco* RTDE 33 (1997), 751 (760); *Emiliou* in: O'Keefe / Twomey (Hrsg.), S. 65 (75); Lenz-*Langguth* Art. 5 EG Rn. 19; Mégret-*Durand* (*addendum* zu Bd. 1) Rn. 134; *Micklitz / Reich*, EuZW 1992, 593 (594); *Müller-Graff* ZHR 159 (1995), 34 (70 f., 76 f.); *Schwartz*, AfP 1993, 409 (413-415); *Toth* CMLRev. 29 (1992), 1079 (1094); unklar *Maihofer* in Benda / Maihofer / Vogel § 25 Rn. 152 ff.

[121] Nach dem vorläufigen Text des Vertrags von Nizza soll der Vorbehalt des Art. 11 I lit. a EG künftig in den EUV überführt werden (vgl. Klausel A lit. d des Entwurfs von Nizza, SN 533/00, vom 12.12.2000).

[122] *Bieber* in: Bieber / Ress (Hrsg.), S. 283 (297 f., 303); *Bleckmann,* Europarecht, Rn. 1389; *Bribosia* RMUE 4/1992, 165 (173); *Emiliou* in: O'Keefe / Twomey (Hrsg.), S. 65 (75); *Gilsdorf* GS Grabitz S. 77 (86 ff.); *Isaac* S. 36; *Kinkel* FS Stern S. 1287 (1293); Lenz-*Borchardt* Art. 37 EG Rn. 11; *Manin* Rn. 147 f.; *Müller-Graff* ZHR 159 (1995), 34 (60); *Oppermann* Rn. 1742; *Pieper* S. 263; *Schwartz* AfP 1993, 409 (416); *Shaw*, Law of the European Union, S. 79 f.; *Thun-Hohenstein / Cede* S. 236; *Thun-Hohenstein*, Der Vertrag von Amsterdam, S. 119; *ders.*, in:

die Vorstellung zugrunde, dass der Umfang der ausschließlichen Befugnisse der EG nicht von Beginn an dauerhaft festgeschrieben sei, sondern dass aus ursprünglich konkurrierenden Zuständigkeiten infolge ihrer Ausübung durch die Gemeinschaft im Einzelfall nachträglich ausschließliche Kompetenzen entstehen können [123]. Die Verfechter nachträglicher ausschließlicher Kompetenzen nehmen mit anderen Worten an, die EG könne durch Inanspruchnahme einer ursprünglich nur konkurrierenden Kompetenz auf dem jeweiligen Sachgebiet eine ausschließliche Zuständigkeit erwerben, so dass sich der Umfang ihrer ausschließlichen Kompetenzen im Laufe der Zeit entsprechend verändere.

2. Die enge Auffassung zu den ausschließlichen Kompetenzen

Demgegenüber vertritt vor allem in der deutschsprachigen Literatur ein beträchtlicher Teil der Autoren eine enge Auffassung vom Begriff der ausschließlichen Kompetenzen.

Die Vertreter dieser engen Konzeption sehen den Binnenmarkt durchweg nicht als ausschließliche, sondern als konkurrierende Kompetenz der EG an [124], was zur Folge hat, dass nach ihrer Meinung im Binnenmarktbereich sowohl das Subsidiaritätsprinzip (Art. 5 II EG) als auch die Grundsätze der verstärkten Zusammenarbeit (Art. 11 EG, Art. 43 ff. EU) zur Anwendung kommen können; der Ausschließlichkeitsvorbehalt in Art. 5 II und Art. 11 I lit. a EG [125] greift dann nicht durch.

Hummer (Hrsg.), S. 125 (131); *Toth* in: O'Keeffe / Twomey (Hrsg.), S. 37 (40); *Usher* JCMS 24 (1985), 121 (126 f.); *Weatherill* in: O'Keefe / Twomey (Hrsg.), S. 13 (14)

[123] Vgl. eingehend zu diesem Problem: 4. Kapitel, C.II.

[124] *Ahlt* S. 41; Bergmann/Lenz - *Lehr*, Kapitel 9, Rn. 9; *Calliess*, Subsidiaritäts- und Solidaritätsprinzip (...), S. 83; *ders.*, EuZW 1995, 693 (695); CR-*Calliess* Art. 5 EG Rn. 24; *Geiger* FS Gitter S. 267 (276); GH - *v. Bogdandy/Nettesheim* Art. 3b EGV Rn. 29; *Jarass* AöR 121 (1996), 173 (191); *ders.*, EuGRZ 1994, 209 (210); *ders.*, Grundfragen (...), S. 13 f.; *Kinkel* FS Stern S. 1287 (1293); *Mazan* S. 130; *Ress* DÖV 1992, 944 (948); *Schima* ÖJZ 1997, 761 (763); *ders.*, Das Subsidiaritätsprinzip, S. 97; *Schmidhuber / Hitzler* EuZW 1993, 8 (9 f.); *Schön* ZGR 1995, 1 (20 ff.); *Schwartz*, EG-Kompetenzen für den Binnenmarkt, S. 34; *ders.*, FS Everling S. 1331 (1347); *Schweitzer* in: Kremer (Hrsg.) S. 20 (32 f.); *Stein* in: Merten (Hrsg.) S. 23 (34); *Ukrow* ZEuS 1998, 141 (147); *Winter* EuR 1996, 247 (265)

[125] Nach dem vorläufigen Text des Vertrags von Nizza soll der Vorbehalt des Art. 11 I lit. a EG künftig in den EUV überführt werden (vgl. Klausel A lit. d des Entwurfs von Nizza, SN 533/00, vom 12.12.2000).

Des Weiteren lehnen die Vertreter dieser engen Auffassung, jedenfalls in ihrer Mehrzahl, die Existenz der bereits erwähnten nachträglichen ausschließlichen Zuständigkeiten ab [126]. Aus ihrer Perspektive heraus bleiben konkurrierende Kompetenzen auch nach ihrer Ausübung durch die Gemeinschaft noch konkurrierend und entfalten lediglich eine Sperrwirkung [127] gegenüber etwaiger Rechtsetzung durch die Mitgliedstaaten; keinesfalls aber führen sie zur Neubegründung einer ausschließlichen Zuständigkeit [128].

Mehrheitlich ordnen deshalb die Vertreter der engen Auffassung lediglich folgende Materien den ausschließlichen Kompetenzen zu [129]:

- die Festlegung des Gemeinsamen Zolltarifs (Art. 26 EG),
- die Gemeinsame Handelspolitik (Art. 133 EG),
- die Erhaltungsmaßnahmen im Fischereisektor (zumeist unter Bezugnahme auf Art. 102 der Beitrittsakte von 1972 [130]) sowie
- die Regelung des grenzüberschreitenden Verkehrs und der Dienstleistungsfreiheit im Verkehrssektor (Art. 71 I lit. a, b EG).

Seit 1. Januar 1999 wird zumeist auch die Währungspolitik (Art. 105 ff. EG) als ausschließliche Zuständigkeit der EG angesehen [131].

Uneinigkeit besteht aber bereits hinsichtlich der Einordnung der administrativen Befugnis der Kommission zur Kontrolle staatlicher Beihilfen (Art. 88 I, II UAbs. 1 EG) als ausschließlich oder nicht-ausschließlich [132].

---

[126] *Von Borries* EuR 1994, 263 (274); *Calliess* EuZW 1995, 693 (698 ff.); CR-*Calliess* Art. 5 EG Rn. 31; *Geiger* Art. 5 EG Rn. 7; *Jarass* AöR 121 (1996), 173 (186 ff.); wohl auch *Jung* S. 11 f.; anders beispielsweise aber *Lenaerts / van Ypersele*, CDE 1994, 3 (Tz. 21 ff.) und *Schima* ÖJZ 1997, 761 (763).

[127] Vgl. dazu 1. Kapitel, C.II.1.

[128] CR-*Calliess* Art. 5 EG Rn. 21; *Jarass* AöR 121 (1996), 173 (186 ff.); *von Borries* EuR 1994, 263 (274)

[129] Vgl. etwa *Ahlt* S. 41; *Calliess,* Subsidiaritäts- und Solidaritätsprinzip (...), S. 87; CR-*Calliess* Art. 5 EG Rn. 26; *Huber* § 11 Rn. 6; *Schweitzer* in: Kremer (Hrsg.), S. 20 (31); *Streinz,* Europarecht, Rn. 129.

[130] Beitrittsakte vom 22.01.1972, ABl.EG vom 27.03.1972, Nr. L 73, S. 14 ff.

[131] *Ahlt* S. 41; *Blanke* ZG 1995, 193 (199); CR-*Calliess* Art. 5 EG Rn. 26; GH - *v. Bogdandy / Nettesheim* Art. 3b EGV Rn. 30

II. Die Auffassungen der europäischen Institutionen

Was die an der Rechtsetzung beteiligten Organe der EG sowie den Europäischen Rat betrifft, so finden sich Aussagen zu den ausschließlichen Kompetenzen allenfalls im Zusammenhang mit Stellungnahmen zum Subsidiaritätsprinzip.

1. Die Europäische Kommission

Bisher hat sich unter den EG-Organen nur die Kommission ausführlicher zum Begriff der ausschließlichen Gemeinschaftskompetenzen geäußert, und zwar im Rahmen ihrer Mitteilung an den Rat und das Europäische Parlament zum Subsidiaritätsprinzip [133].

Danach charakterisieren zwei Merkmale eine ausschließliche Zuständigkeit: ein funktionales und ein materielles Element. *Funktional* müsse die EG eine klar aus dem Vertrag ableitbare Handlungsverpflichtung treffen, d. h. ihr müsse die Verpflichtung zukommen, als allein zuständige Instanz bei der Wahrnehmung bestimmter Aufgaben tätig zu werden. *Materiell* müsse ein einseitiges Tätigwerden der Mitgliedstaaten ausgeschlossen sein [134].

Zudem betont die Kommission, dass die Abgrenzung der ausschließlichen Zuständigkeiten ein dynamischer Vorgang sei und zwangsläufig durch die Fortschritte bei der europäischen Integration bestimmt werde [135]. Letztere Formulierung hat nunmehr auch Eingang in das Subsidiaritätsprotokoll [136] des Vertrags von Amsterdam gefunden [137], wo es in Ziff. 3 Satz 4 heißt:

> „Die Subsidiarität ist ein dynamisches Konzept (...)".

---

[132] Vgl. nur die unterschiedliche Einordnung bei *Ahlt* S. 41; *Calliess,* Subsidiaritäts- und Solidaritätsprinzip (...), S. 87 f.; *H. G. Fischer,* Europarecht, § 5 Rn. 45; *Schweitzer* in: Kremer (Hrsg.), S. 20 (35 f.).

[133] Das Subsidiaritätsprinzip – Mitteilung der Kommission an den Rat und das Europäische Parlament vom 27.10.1992, SEK (92) 1990 endg., Anhang II = Bull. EG 10/1992, S. 118 ff.

[134] Ibidem, Ziff. II.1

[135] Ibidem, Ziff. II.2b

[136] Protokoll über die Anwendung der Grundsätze der Subsidiarität und der Verhältnismäßigkeit (Protokoll Nr. 30 zum EUV / EGV in der Fassung des Vertrags von Amsterdam), Bull. B'Reg. 27.11.1997, Nr. 94/S. 1134 f. = Sart. II Nr. 151

[137] So auch *Kenntner* NJW 1998, 2871 (2871, 2874 f.).

Aufgrund dieser Erwägungen ergeben sich aus Sicht der Kommission folgende ausschließlichen Gemeinschaftskompetenzen [138]:

- die Beseitigung von Hindernissen für die Freizügigkeit (Art. 18 EG),
- die Gemeinsame Handelspolitik (Art. 133 EG),
- die allgemeinen Wettbewerbsregeln im Binnenmarkt,
- die gemeinsame Organisation der Agrar- und Fischereimärkte und die Erhaltung der Fischbestände (Art. 102 der Beitrittsakte von 1972 [139]) sowie
- die wesentlichen Elemente der Verkehrspolitik (z. B. Art. 71 I lit. a, b EG).

Auch der Binnenmarkt fällt nach Ansicht der Kommission unter die ausschließlichen Kompetenzen, d. h. er ist vom Anwendungsbereich des Subsidiaritätsprinzips ausgenommen. Dies darf spätestens seit dem Subsidiaritätsbericht der Kommission von 1993 als gesichert gelten. Dort heißt es, das Subsidiaritätsprinzip könne

> „nicht dazu herangezogen werden, um die Zuständigkeiten der Gemeinschaft in bestimmten Bereichen, in denen sie eine genaue und unbestreitbare Verpflichtung zum Handeln hat, *zum Beispiel im Bereich des Binnenmarkts*, in Frage zu stellen“ [140].

Mit anderen Worten soll für den Binnenmarkt nach Auffassung der Kommission das Subsidiaritätsprinzip nicht gelten, weil insoweit der Ausschließlichkeitsvorbehalt des Art. 5 II EG eingreife. (Gleiches muss nunmehr konsequenterweise auch für die Regeln über die verstärkte Zusammenarbeit unterstellt werden, für die ein identischer Vorbehalt nach Art. 11 I lit. a EG [141] besteht.)

Die vorhergehende Mitteilung der Kommission von 1992 war insoweit noch ambivalent, betonte doch die Kommission darin den Ausnahmecharakter des Beg-

---

[138] Mitteilung vom 27.10.1992, SEK (92) 1990 endg., Anhang II = Bull. EG 10/1992, S. 118 (122 f.), Ziff. II.2a

[139] Beitrittsakte vom 22.01.1972, ABl.EG vom 27.03.1972, Nr. L 73, S. 14 ff.

[140] Bericht der Kommission an den Europäischen Rat über die Anpassung der geltenden Rechtsvorschriften an das Subsidiaritätsprinzip, 24.11.1993, KOM (93) 545 endg., Ziff. I.2 (Hervorhebung hinzugefügt).

[141] Nach dem vorläufigen Text des Vertrags von Nizza soll der Vorbehalt des Art. 11 I lit. a EG künftig in den EUV überführt werden (vgl. Klausel A lit. d des Entwurfs von Nizza, SN 533/00, vom 12.12.2000).

riffs der ausschließlichen Zuständigkeiten, der restriktiv auszulegen sei und *nicht alle* Maßnahmen im Zusammenhang mit dem harmonischen Funktionieren des Binnenmarkts umfasse [142]. Diese einschränkende Argumentationslinie findet sich in späteren Stellungnahmen der Kommission wie der von 1993 nicht mehr wieder.

Jüngere Mitteilungen der Kommission zum Subsidiaritätsprinzip, insbesondere ihre jährlichen Berichte „Eine bessere Rechtsetzung“ [143], äußern sich zwar nicht mehr explizit zum Thema der ausschließlichen Kompetenzen. Allerdings zeigen etwa Stellungnahmen in Gerichtsverfahren vor dem EuGH, dass die Kommission an ihrer Rechtsauffassung zur Ausschließlichkeit der Binnenmarktkompetenzen festgehalten hat [144].

Insgesamt hat die Position der Kommission, vor allem in der deutschsprachigen Literatur, zu teils sehr kritischen Einschätzungen geführt. Die EU-Behörde habe ein zu weites Verständnis von den ausschließlichen Zuständigkeiten der Gemeinschaft entwickelt und schränke damit den Anwendungsbereich des Subsidiaritätsprinzips übermäßig ein [145]. *Blanke* spricht gar von einer „kompetenzergreifenden Auslegungsmethode“ der Kommission [146]. Ob diese Kritik im Einzelnen berechtigt ist, muss dem weiteren Lauf der Untersuchung überlassen werden [147].

2. Europäischer Rat, Europäisches Parlament und Rat der EU

Die Äußerungen der übrigen Organe bleiben dagegen vage.

a) So enthält sich der Europäische Rat jeglicher näheren Beschreibung des Bereichs ausschließlicher Kompetenzen. In seinem „Gesamtkonzept für die Anwendung des Subsidiaritätsprinzips und des Artikels 3b des Vertrags über die Europäische Union“ (sic), das durch eine Bezugnahme im Subsidiaritätsprotokoll

[142] Mitteilung vom 27.10.1992, SEK (92) 1990 endg., Anhang II = Bull. EG 10/1992, S. 118 (123), Ziff. II.3
[143] Vgl. nur den Bericht für 1999, KOM (1999), 562 endg., und für 1998, KOM (1998), 715 endg.
[144] So etwa die Stellungnahme in der Rs. C-233/94 - *Deutschland / EP und Rat* -, referiert bei GA *Léger*, 10.12.1996, Schlussanträge, Slg. 1997, I-2411 (Tz. 76).
[145] Vgl. statt vieler *Calliess* EuZW 1995, 693 (695); *Geiger* FS Gitter S. 267 (268).
[146] *Blanke* ZG 1995, 193 (197 f.)
[147] Vgl. dazu unten Kapitel 3 bis 5.

nunmehr auch primärrechtliche Relevanz besitzt [148], wird lediglich ausgeführt: „Je genauer eine Aufgabe durch den Vertrag definiert wird, desto weniger Raum bleibt für die Subsidiarität.“ [149] Auch in den Folgejahren nimmt der Europäische Rat zwar mehrfach zum Subsidiaritätsprinzip Stellung, jedoch jeweils ohne näher auf die Vorfrage der ausschließlichen Zuständigkeiten der Gemeinschaft einzugehen [150].

b) Ebenso wenig hat sich bisher das Europäische Parlament in seinen Stellungnahmen zum Subsidiaritätsprinzip oder zu den Regierungskonferenzen näher mit der Frage der ausschließlichen Kompetenzen beschäftigt. Es beschränkt sich zumeist auf die Feststellung, das Subsidiaritätsprinzip gelte nur für die konkurrierenden Kompetenzen der EG, und betont, das Subsidiaritätsprinzip könne nicht diejenigen Bereiche tangieren, in denen die Gemeinschaft eine Verpflichtung zum Handeln hat [151], ohne jedoch im Einzelnen den Umfang dieser Bereiche zu bestimmen.

Auch zur Einfügung eines Kompetenzkatalogs in den Vertrag äußert sich das Parlament unterschiedlich: Noch 1984 hatte es in seinem Entwurf eines Vertrages zur Gründung der Europäischen Union [152] jede einzelne geplante Kompetenzzuweisung entweder als ausschließlich oder als konkurrierend ausgewiesen. Zwischenzeitlich, im Vorfeld der Regierungskonferenz 1996, hielt es einen Kompetenzkatalog nicht mehr für wünschenswert, weil er zu Unbeweglichkeit führen würde [153]. Hingegen scheint sich das Parlament in einer aktuellen Stellungnahme zur Regierungskonferenz 2000 seiner ursprünglichen Haltung von 1984 jedenfalls wieder anzunähern; es spricht sich nunmehr für einen „konstitutionellen Prozess“ in der EU aus und verlangt im Interesse einer transparenten Zuordnung

---

148 Präambel zum Protokoll über die Anwendung der Grundsätze der Subsidiarität und der Verhältnismäßigkeit (Protokoll Nr. 30 zum EUV / EGV in der Fassung des Vertrags von Amsterdam), Bull. B'Reg. 27.11.1997, Nr. 94/S. 1134 f. = Sart. II Nr. 151

149 Europäischer Rat von Edinburgh, 11.-12.12.1992, Schlussfolgerungen des Vorsitzes, Teil A, Anlage 1, I Ziff. 4 Abs. 6, Bull.EG 12/1992, S. 13 (14)

150 Vgl. beispielhaft: Europäischer Rat von Cardiff, 15.-16.06.1998, Schlussfolgerungen des Vorsitzes (Tz. 61), Bull.EU 6/1998, S. 14, Ziff. I.20 und Europäischer Rat von Wien, 11.-12. 12.1998, Schlussfolgerungen des Vorsitzes (Tz. 80), Bull.EU 12/1998, S. 18, Ziff. I.10.

151 Entschließung des EP vom 20.04.1994, ABl. EG vom 20.04.1994, Nr. C 128, S. 190 (Tz. 2)

152 ABl.EG vom 19.03.1984, Nr. C 77, S. 33 ff.

153 Entschließung des EP vom 17.05.1995, ABl.EG vom 19.06.1995, Nr. C 151, S. 56 (Tz. 12)

politischer Verantwortung „eine klarere Abgrenzung der Zuständigkeiten zwischen der europäischen und der nationalen Ebene" [154].

c) Schließlich geht auch die Interinstitutionelle Vereinbarung über Demokratie, Transparenz und Subsidiarität, die zwischen Europäischem Parlament, Rat und Kommission am 25.10.1993 geschlossen wurde [155], nicht näher auf das Rechtsproblem der Ausschließlichkeit von Gemeinschaftskompetenzen ein.

d) Lediglich hinsichtlich der Binnenmarktkompetenzen des Vertrages kann neuerdings den Stellungnahmen des Parlaments und des Rates vor dem EuGH eine eindeutige Rechtsauffassung entnommen werden: Zuständigkeiten der EG zur Rechtsangleichung oder -koordinierung, namentlich Art. 47 II und Art. 95 EG, gehören nach ihrer übereinstimmenden Ansicht zu den ausschließlichen Befugnissen, die nicht dem Subsidiaritätsprinzip unterworfen sind [156].

Damit vertreten auch Parlament und Rat eine eher weite Auffassung vom Begriff der ausschließlichen Kompetenzen. Frühere Stellungnahmen beider Organe hatten noch das Gegenteil vermuten lassen [157].

III. Die Auffassungen der institutionellen Akteure in Deutschland

Unter den institutionellen Akteuren in der Bundesrepublik Deutschland sind die Äußerungen des Deutschen Bundestages (unten 1.), der Standpunkt der Bundesregierung (unten 2.) sowie die Stellungnahmen der deutschen Länder (unten 3.) hervorzuheben.

---

[154] Entschließung des EP vom 13.04.2000 mit seinen Vorschlägen für die Regierungskonferenz (14094/1999 - C5-0341/99 - 1999/0825(CNS)), Abschnitt II, insbesondere Tz. 32.

[155] Bull.EG 10/1993 S. 124 ff.

[156] Stellungnahmen in der Rs. C-376/98 - *Deutschland / EP und Rat* -, referiert bei GA *Fennelly*, 15.06.2000, Schlussanträge (Tz. 47; noch nicht in der amtlichen Sammlung abgedruckt)

[157] Stellungnahmen in der Rs. C-233/94 - *Deutschland / EP und Rat* -, referiert bei GA *Léger*, 10.12.1996, Schlussanträge, Slg. 1997, I-2411 (Tz. 77); allerdings sah bereits der vom Parlament erarbeitete Entwurf eines Vertrages zur Gründung der Europäischen Union vom 14.02.1984 (ABl.EG vom 19.03. 1984, Nr. C 77, S. 33 ff.) die Ausschließlichkeit der Binnenmarktkompetenzen vor (vgl. dort insbesondere Art. 47).

1. Der Deutsche Bundestag

Der Deutsche Bundestag hat mehrfach die Bedeutung des Subsidiaritätsprinzips unterstrichen; bisher gibt es aber keine spezifische Aussage des Parlaments zur Problematik der ausschließlichen Kompetenzen als Vorfrage der Anwendung von Subsidiaritäts- und Flexibilitätsgrundsatz [158].

Allerdings wird im Bundestag die Kompetenzverteilung in den europäischen Verträgen zunehmend kontrovers erörtert. So ist aus Anlass der Regierungskonferenz 2000 von Mitgliedern des Bundestags die Ansicht geäußert worden, eine Klärung der Frage der europäischen Kompetenzordnung dulde keinen weiteren Aufschub [159]. Diese Position fand zwar bisher keine Mehrheit, so dass sie sich noch nicht auf die aktuelle Beschlusslage des Parlaments ausgewirkt hat; auch die Bundestagsmehrheit fordert aber nunmehr, das Thema der Kompetenzabgrenzung als verbindlichen Arbeitsauftrag für die nächste Regierungskonferenz festzulegen [160].

2. Die Bundesregierung

Die Bundesregierung äußert sich traditionell zurückhaltend zur Frage der ausschließlichen Kompetenzen. So bezeichnet beispielsweise das von ihr entwickelte sog. *Prüfraster für die Subsidiaritätsprüfung durch die Bundesressorts* [161] zwar die Ausschließlichkeit einer Gemeinschaftskompetenz als Vorfrage der Subsidiaritätsprüfung (vgl. dort Ziff. I.3), enthält aber keine näheren Angaben zur Ermittlung solcher ausschließlicher Kompetenzen.

---

[158] Vgl. etwa Abs. 9 (10. Gedankenstrich) und Abs. 16 der Feierlichen Erklärung vom 02.12. 1992 für ein bürgernahes, starkes und handlungsfähiges Europa, BT-Drs. 12/3905, ferner den Beschluss des Bundestages vom 06.12.1995, BT-Drs. 13/3247, Ziff. 1.

[159] So etwa im Entschließungsantrag der CDU/CSU-Fraktion vom 16.05.2000, BT-Drs. 14/3377 (1. Gedankenstrich) und in den Redebeiträgen der Abgeordneten Merz, Glos und Hintze vom 08.06.2000, Plenarprotokoll 14/108, S. 10117 (10118 ff.), S. 10130 (10131) und S. 10143 f.; vgl. dazu auch SZ vom 06.06.2000, S. 6: „Union droht mit Nein zu EU-Vertrag", sowie SZ vom 09.06.2000, S. 6: „Schlagabtausch im Bundestag über die Europapolitik".

[160] Vgl. die Entschließung des Bundestags vom 08.06.2000 zum Europäischen Rat von Santa Maria da Feira, „Europa entschlossen voranbringen", BT-Drs. 14/3514, Ziff. 1, Punkt 7.

[161] Anlage 9 zu § 85a der Gemeinsamen Geschäftsordnung der Bundesministerien, Teil II (GGO II) in der Fassung vom 07.07.1999, abgedruckt als Anlage zu BT-Drs. 14/1512

Einzelnen Mitteilungen der Bundesregierung lässt sich allerdings entnehmen, dass sie einer eher engen Konzeption zuneigt [162]. Insbesondere unterwirft sie den Binnenmarkt dem Subsidiaritätsprinzip, ordnet ihn also den nicht-ausschließlichen Kompetenzen zu. Dies folgt explizit aus einigen neueren Stellungnahmen der Bundesregierung [163], es wird aber auch bereits in ihrem Memorandum vom September 1992 angedeutet [164].

In neuerer Zeit lag diese Rechtsauffassung beispielsweise auch den Klagen der Bundesrepublik Deutschland gegen das Tabak-Werbeverbot [165] und gegen die Richtlinie über Einlagensicherungssysteme [166] zugrunde. Diese Klagen wurden nämlich unter anderem mit dem Argument geführt, die auf Art. 95 bzw. Art. 47 EG (ex-Art. 100a und Art. 57 EGV) gestützten Richtlinien seien mit dem Subsidiaritätsprinzip nicht vereinbar [167]; dies setzt logisch voraus, dass die Binnenmarktkompetenzen zu den nicht-ausschließlichen Zuständigkeiten der EG gezählt werden, weil nur dann das Subsidiaritätsprinzip überhaupt Anwendung finden kann (Art. 5 II EG).

Was eine klarere Kompetenzabgrenzung zwischen der EU und ihren Mitgliedstaaten betrifft, insbesondere die Schaffung eines Katalogs ausschließlicher Kompetenzen, so hat die Bundesregierung dieses Thema bei den Regierungskonferenzen 1996 und 2000 nicht zum Verhandlungsgegenstand gemacht [168]. Erst seit Neuestem fordert auch die Bundesregierung die Einberufung einer ge-

---

[162] Vgl. zur engen Auffassung von den ausschließlichen Kompetenzen: oben A.I.2.

[163] Vgl. beispielhaft: Bericht der Bundesregierung vom 06.08.1999 über die Anwendung des Subsidiaritätsprinzips im Jahr 1998, BT-Drs. 14/1512 (Ziff. III.2.b.bb und III.3.b); ferner 59. Bericht der Bundesregierung über die Integration der Bundesrepublik Deutschland in die Europäische Union vom 31.03.1999, BT-Drs. 14/711 (Tz. 32).

[164] Memorandum der Regierung der Bundesrepublik Deutschland zum Subsidiaritätsprinzip, abgedruckt in *Merten, Detlef* (Hrsg.), Die Subsidiarität Europas, 1993, S. 130 ff., dort Ziff. II.2

[165] Richtlinie 98/43/EG des Europäischen Parlaments und des Rates vom 06.07.1998 zur Angleichung der Rechts- und Verwaltungsvorschriften der Mitgliedstaaten über Werbung und Sponsoring zugunsten von Tabakerzeugnissen (ABl.EG vom 30.07.1998, Nr. L 213, S. 9)

[166] Richtlinie 94/19/EG des Europäischen Parlaments und des Rates vom 30.05.1994 über Einlagensicherungssysteme (ABl.EG vom 31.05.1994, Nr. L 135, S. 5 ff.)

[167] So die deutsche Rechtsauffassung in der Rs. C-233/94 - *Deutschland / EP und Rat* -, referiert bei GA *Léger*, 10.12.1996, Schlussanträge, Slg. 1997, I-2411 (Tz. 78), sowie in der Rs. C-376/98 - *Deutschland / EP und Rat* - (Klage zusammengefasst in ABl.EG vom 05.12. 1998, Nr. C 378, S. 12), referiert bei GA *Fennelly*, 15.06.2000, Schlussanträge (Tz. 46; noch nicht in der amtlichen Sammlung abgedruckt).

sonderten Regierungskonferenz bis zum Jahr 2004, welche sich schwerpunktmäßig mit der Frage der Kompetenzabgrenzung beschäftigen solle [169]. Auf dem Europäischen Rat von Nizza (7.-11. Dezember 2000) hat sie sich mit dieser Forderung durchgesetzt [170].

3. Die deutschen Länder

Eine besonders prononcierte Haltung zum Subsidiaritätsprinzip, und in diesem Zusammenhang auch zu den ausschließlichen Kompetenzen der EG, nimmt seit jeher der Freistaat Bayern ein. Mit seinen Stellungnahmen hat der Freistaat maßgeblich Einfluss auf Beschlüsse des Bundesrates und der Konferenz der Regierungschefs der Länder genommen. Insoweit erscheint es gerechtfertigt, die bayerische Auffassung unter den Positionen der deutschen Länder besonders hervorzuheben, wobei insbesondere zwei Aspekte zu unterstreichen sind:

Zum einen vertritt die bayerische Staatsregierung mit Nachdruck die Forderung nach Schaffung eines Kompetenzkatalogs, in dem primärrechtlich definiert werden soll, welche Zuständigkeiten der EG ausschließlicher Natur sind und welche nicht [171]. Zum anderen setzt sich die bayerische Staatsregierung besonders vehement für die strikte Einhaltung und Handhabung des Subsidiaritätsprinzips ein. Damit geht folgerichtig ihr Bestreben einher, den Bereich der ausschließlichen Kompetenzen der EG möglichst eng zu definieren, um auf diese Weise einen möglichst weiten Anwendungsbereich für die Subsidiaritätsprüfung zu gewährleisten [172].

---

[168] So auch – für die Regierungskonferenz 1996 – *W. Fischer* in: Borkenhagen (Hrsg.), S. 9 (18); *ders.*, ZParl 1998, 46 (56).

[169] SZ vom 23.06.2000, S. 6: „Berlin wünscht EU-Konferenz – Regierung will Kompetenzverteilung in der Union regeln".

[170] Vgl. Ziff. 5 und 7 der *Erklärung zur Zukunft der Union* (Erklärung für die Schlussakte der Konferenz der Vertreter der Regierungen der Mitgliedstaaten, dem vorläufigen Textentwurf des Vertrags von Nizza vom 12.12.2000, SN 533/00, als Anlage IV beigefügt).

[171] Bayerische Ziele für die Regierungskonferenz 2000, abgedruckt in EA Nr. 160 (Dezember 1999), Ziff. B.IV.1; Bayerische Ziele für die Regierungskonferenz 1996, abgedruckt in EA Nr. 134 (April 1995), Anlage I, Ziff. III

[172] Vgl. den engen Katalogvorschlag ausschließlicher Kompetenzen in: Bayerische Ziele für die Regierungskonferenz 1996, abgedruckt in EA Nr. 134 (April 1995), Anlage I, Anhang, A.

Der Bundesrat hat sich die bayerischen Forderungen im Wesentlichen zu Eigen gemacht. In ihren Entschließungen zu den beiden Regierungskonferenzen 1996 und 2000 fordert auch die Länderkammer eine klarere Kompetenzabgrenzung zwischen der EG und ihren Mitgliedstaaten sowie eine enumerative Aufzählung der ausschließlichen Kompetenzen der EG [173]. Gleiches gilt für die Konferenz der Regierungschefs der Länder. Ihre Berliner Stellungnahme zur Regierungskonferenz 2000 gibt den aktuellen Stand der Vorschläge der deutschen Länder für einen Katalog ausschließlicher Zuständigkeiten der EG wieder; danach kommen als ausschließliche Kompetenzen aus Sicht der deutschen Länder in Betracht [174]:

- die Zölle, einschließlich des gemeinsamen Außenzolls, das Zollrecht und das für eine einheitliche Erhebung der Zölle erforderliche Verfahren (Art. 26 f. EG),
- die Gemeinsame Handelspolitik mit Ausnahme von internationalen Verhandlungen und Übereinkünften über Dienstleistungen und Rechte des geistigen Eigentums (Art. 131 ff. EG),
- die Geld- und Währungspolitik einschließlich ihrer Außenbeziehungen,
- die Fischereipolitik einschließlich ihrer Außenbeziehungen (Art. 3 I lit. e EG und Art. 32 ff. EG),
- die Agrarmarkt- und -preispolitik,
- die Beihilfenkontrolle und
- die Rechtsverhältnisse der im Dienst der Europäischen Union stehenden Personen (Art. 283 EG)

In auffälligem Widerspruch zu dieser Forderung der Länder nach einem Katalog ausschließlicher Kompetenzen steht allerdings ihr zur Regierungskonferenz 1996 geäußerter Wunsch nach Streichung jeglicher Bezugnahme auf die ausschließlichen Zuständigkeiten aus der Bestimmung des Art. 5 II EG [175]. Wird nämlich der

[173] Entschließung des Bundesrates vom 31.03.1995, BR-Drs. 169/95, Ziff. II.2; Entschließung des Bundesrates „Forderungen der Länder zur Regierungskonferenz 1996" vom 15.12.1995, BR-Drs. 667/95, Ziff. A.I.2 und B.; Entschließung des Bundesrates vom 04.02.2000 zur Eröffnung der Regierungskonferenz zu institutionellen Fragen, BR-Drs. 61/00, Ziff. I.2

[174] Ziff. II.2 der Stellungnahme der Regierungschefs der deutschen Länder zur Regierungskonferenz 2000, beschlossen in Berlin am 24./25.03.2000, abgedruckt in EA Nr. 165 (Mai 2000) S. 29 ff. (34); vgl. dazu auch SZ vom 26.05.2000, S. 5: „Bundesländer fordern klare Aufgaben-Verteilung in der EU".

[175] Vgl. insoweit die Formulierungsvorschläge in der Entschließung des Bundesrates „Forderungen der Länder zur Regierungskonferenz 1996" vom 15.12.1995, BR-Drs. 667/95, Ziff. A.I.1, sowie in den Bayerischen Zielen für die Regierungskonferenz 1996, abgedruckt in EA Nr. 134 (April

Ausschließlichkeitsvorbehalt aus Art. 5 II EG ersatzlos gestrichen, so sind sämtliche Gemeinschaftskompetenzen unterschiedslos dem Subsidiaritätsprinzip unterworfen. Für das von den Ländern primär erstrebte Ziel, den Anwendungsbereich des Subsidiaritätsprinzips präziser zu fassen, hat eine enumerative Aufzählung der ausschließlichen Kompetenzen dann keinen praktischen Wert mehr.

Im Übrigen würde eine Streichung des Ausschließlichkeitsvorbehalts aus Art. 5 II EG auch dem Wesen des Subsidiaritätsprinzips widersprechen; Subsidiaritätserwägungen machen überhaupt nur dort Sinn, wo a priori ein Tätigwerden auf verschiedenen Ebenen denkbar ist, d. h. allein im Bereich der nicht-ausschließlichen Kompetenzen der EG [176]. Auch im deutschen Verfassungsrecht bezieht sich schließlich Art. 72 II GG nur auf die konkurrierenden, nicht aber auf die ausschließlichen Gesetzgebungskompetenzen des Bundes.

B. Die Rechtsprechung des Europäischen Gerichtshofs

Der EuGH hat bisher keine Gelegenheit gehabt, umfassend zum Begriff der ausschließlichen Kompetenzen Stellung zu beziehen. Vielmehr hat er nur punktuell, in Einzelfällen, bestimmte Befugnisse der EG als ausschließlich beurteilt.

Seine wichtigsten Entscheidungen hierzu stammen allerdings noch aus der Zeit vor In-Kraft-Treten des Vertrags von Maastricht [177] und damit auch vor Einfügung des Begriffs der ausschließlichen Zuständigkeit in Art. 5 II EG (ex-Art. 3b II EGV). Spätere EuGH-Urteile haben sich zumeist auf Sachverhalte aus der Zeit vor dem Vertrag von Maastricht bezogen und deshalb nur ergeben, dass Art. 5 II EG keine Rückwirkung entfaltet [178]; insoweit kam es noch zu keiner Klärung des Bereichs der ausschließlichen Kompetenzen als Anwendungsgrenze des Subsidiaritätsprinzips sowie der verstärkten Zusammenarbeit.

1995), Anlage I (Tz. 16, 18); ob die Länder diese Forderung auch zur Regierungskonferenz 2000 aufrecht erhalten, ist unklar.

[176] Ausführlich dazu: Einführung Ziff. 3.a; vgl. auch *Schwarze* DVBl. 1995, 1265 (1266).

[177] Der Vertrag von Maastricht ist am 1. November 1993 in Kraft getreten.

[178] So etwa EuGH 22.10.1998, Rs. C-36 u. C-37/97 - *Kellinghusen* -, Slg. 1998, I-6337 (Tz. 35); EuG 21.02.1995, Rs. T-29/92 - *SPO* -, Slg. 1995, II-289 (Tz. 331).

I. Die Außenbeziehungen der EG

Die wohl bekanntesten Entscheidungen des EuGH zur Ausschließlichkeit von Gemeinschaftskompetenzen betreffen Fragen der Außenbeziehungen der EG. Bei der Darstellung dieser Rechtsprechung sind vor allem die Zuständigkeit für die Gemeinsame Handelspolitik (Art. 133 EG; dazu unten 1.) und die ungeschriebenen Außenkompetenzen der EG (dazu unten 2.) hervorzuheben.

1. Die Rechtsprechung zur Gemeinsamen Handelspolitik

Nach ständiger Rechtsprechung des Gerichtshofs [179] fällt die Gemeinsame Handelspolitik (Art. 133 EG) in den Bereich der ausschließlichen Kompetenzen der EG [180]. Der EuGH begründet diese Ausschließlichkeit im Wesentlichen mit dem Schutz des Gesamtinteresses der Gemeinschaft sowie mit der Sicherung der Funktionsfähigkeit des Gemeinsamen Marktes und des institutionellen Zusammenspiels. Wettbewerbsverzerrungen zwischen Marktteilnehmern, die bei unterschiedlichen nationalen Außenhandelspolitiken auftreten könnten, will der EuGH durch eine exklusive Gemeinschaftszuständigkeit verhindern; Partikularinteressen der Mitgliedstaaten müssten hinter diese Ziele zurücktreten [181].

Vor dem Hintergrund dieser eindeutigen und gefestigten Rechtsprechung des EuGH ist in der Gerichtspraxis weniger die Ausschließlichkeit der Gemeinsamen Handelspolitik als solche, sondern vielmehr der sachliche Anwendungsbereich dieser Politik von Belang, d. h. die Frage, welche Materien im Einzelnen zur Handelspolitik gehören und damit von der Ausschließlichkeitswirkung des Art. 133 EG erfasst werden. Prominentestes Beispiel aus der neueren EuGH-Rechtspre-

---

[179] EuGH 11.11.1975, Gutachten 1/75 - *Lokale Kosten* -, Slg. 1975, 1355 (1363 f.); EuGH 15.12.1976, Rs. 41/76 - *Donckerwolcke* -, Slg. 1976, 1921 (Tz. 31/37); EuGH 18.02.1986, Rs. 174/84 - *Bulk Oil* -, Slg. 1986, 559 (Tz. 29 ff.); EuGH 15.11.1994, Gutachten 1/94 - *WTO* -, Slg. 1994, I-5267 (Tz. 22)

[180] *Von Bogdandy / Nettesheim* EuZW 1993, 465; CR-*Hahn* Art. 133 EG Rn. 2 ff.; *Geiger* Art. 133 EG Rn. 7; GH-*Vedder* Art. 113 EGV Rn. 3; GH II - *Krenzler* Bd. 2 E.1 Rn.31; *Gilsdorf* EuR 1996, 145 (149); GTE-*Bourgeois* Art. 113 EGV Rn. 28; *Hilf* ZfV 1997, 293 (294); *Kapteyn / Ver-Loren van Themaat* S. 139; Lenz / *Müller-Ibold* Art. 133 EG Rn. 1; *Rideau* S. 377; *Zijlmans* MJ 2 (1995), 405 ff.

[181] EuGH 11.11.1975, Gutachten 1/75 - *Lokale Kosten* -, Slg. 1975, 1355 (1363 f.); EuGH 18.02.1986, Rs. 174/84 - *Bulk Oil* -, Slg. 1986, 559 (Tz. 30)

chung ist in diesem Zusammenhang das *WTO-Gutachten* [182] des Gerichtshofs. In ähnlicher Weise zeugen die im Vertrag von Nizza [183] geplanten Änderungen des Art. 133 EG, welche den Umfang dieser Vorschrift verdoppeln und ihren Inhalt unnötig kompliziert gestalten werden, von den Bestrebungen der Mitgliedstaaten, den Anwendungsbereich der Gemeinsamen Handelspolitik sachlich zu begrenzen und sich dadurch für bestimmte Materien auf Dauer ein Mitspracherecht zu sichern.

2. Die Rechtsprechung zu den sonstigen, ungeschriebenen Außenkompetenzen der EG

Die Außenkompetenzen der EG beschränken sich jedoch nicht auf die Gemeinsame Handelspolitik und einige wenige weitere geschriebene Zuständigkeitsnormen (vgl. Art. 111, 153 III, 170, 174 IV, 181, 310 EG [184]). Vielmehr besitzt die Gemeinschaft darüber hinaus nach ständiger Rechtsprechung des EuGH auch sonstige, ungeschriebene (implizite) Außenkompetenzen, für die sich die Bezeichnung *implied powers* eingebürgert hat [185] (dazu unten a.). Auch diese können unter bestimmten Voraussetzungen ausschließlicher Natur sein (dazu unten b.):

a) Ausgangspunkt der Rechtsprechung zu den impliziten Außenkompetenzen ist die sog. *A.E.T.R.-Doktrin*; danach geht der EuGH von einer Parallelität von Innen- und Außenkompetenz aus [186]. Eine Außenkompetenz der Gemeinschaft kann sich demzufolge nicht nur aus solchen Vertragsbestimmungen ergeben, die ausdrücklich Außenbeziehungen der EG regeln, sondern „auch aus anderen Ver-

---

[182] EuGH 15.11.1994, Gutachten 1/94 - *WTO* -, Slg. 1994, I-5267

[183] Von der Regierungskonferenz über die institutionelle Reform vereinbarter vorläufiger Text, 12.12.2000, SN 533/00

[184] Durch den Vertrag von Nizza (vorläufiger Text, 12.12.2000, SN 533/00) soll in einem neuen Art. 181a EG eine zusätzliche Gemeinschaftskompetenz für Maßnahmen der wirtschaftlichen, finanziellen und technischen Zusammenarbeit mit Drittländern geschaffen werden.

[185] *Ahlt* S. 40, 45; CR-*Calliess* Art. 5 EG Rn. 13; *Dashwood* ELR 21 (1996), 113 (124 ff.); *Dörr* EuZW 1996, 39 (40); GH II - *Krenzler* Bd. 2 E.1 Rn. 26; GH - *von Bogdandy/Nettesheim* Art. 3b EGV Rn. 9 f.; *Schweitzer / Hummer* Rn. 338; *Streinz,* Europarecht, Rn. 594

[186] *Ahlt* S. 45 f.; *Bribosia* RMUE 4/1992, 165 (171); *Dutheil de la Rochère* RMC 1995, 461 (466 f.); *Schweitzer / Hummer* Rn. 653 ff.; *Streinz,* Europarecht, Rn. 594; *Thun-Hohenstein / Cede* S. 236; kritisch zur „Parallelismus-These" *Dörr* EuZW 1996, 39 (42).

tragsbestimmungen und aus in ihrem Rahmen ergangenen Rechtsakten" [187]. Dabei ist insbesondere an die Bestimmungen über den Binnenmarkt zu denken, welcher stets auch vor dem Hintergrund seiner Außenwirkungen [188] betrachtet werden muss.

Ziel dieser Rechtsprechung zu den impliziten Außenkompetenzen ist die Absicherung der im Vertrag vorgesehenen internen Gemeinschaftspolitiken (Art. 23 ff. EG) gegen etwaige Beeinträchtigungen, die bei einem selbständigen, von der Gemeinschaft unabhängigen Tätigwerden der Mitgliedstaaten auftreten könnten. Solche Beeinträchtigungen können insbesondere dadurch verursacht werden, dass einzelne Mitgliedstaaten sich durch Verträge gegenüber Drittstaaten binden und Verpflichtungen eingehen, durch die sie die einheitliche Anwendung des Gemeinschaftsrechts, insbesondere eine bereits erfolgte Harmonisierung durch EG-Sekundärrecht, unterlaufen [189]. Letztlich geht es also um einen Effizienzgedanken; bezweckt wird die Sicherung der Funktionsfähigkeit der Gemeinschaft bei der Umsetzung der ihr vertraglich übertragenen Politiken [190].

b) Allerdings hat der EuGH die *A.E.T.R.-Doktrin* in neuerer Zeit in zweierlei Hinsicht präzisiert:

Zum einen ergeben sich *implied powers* nicht schon aus dem bloßen Vorhandensein einer Innenkompetenz. Vielmehr besteht eine implizite Außenkompetenz überhaupt nur insoweit, als der Gemeinschaftsgesetzgeber bereits im Innern von seiner Handlungsbefugnis Gebrauch gemacht hat, also Maßnahmen zur Harmonisierung eines bestimmten Sachgebiets getroffen hat [191]:

---

187 EuGH 31.03.1971, Rs. 22/70 - *Kommission / Rat (A.E.T.R.)* -, Slg. 1971, 263 (Tz. 15/19), bestätigt durch EuGH 14.07.1976, verb. Rs. 3, 4 und 6/76 - *Kramer* -, Slg. 1976, 1279 (Tz. 19/20) und EuGH 26.04.1977, Gutachten 1/76 - *Stilllegungsfonds* -, Slg. 1977, 741 (Tz. 3 f.)

188 GH II - *Krenzler* Bd. 2 E.1 Rn. 16; GH II - *Tietje* Bd. 2 E.25

189 EuGH 31.03.1971, Rs. 22/70 - *Kommission / Rat (A.E.T.R.)* -, Slg. 1971, 263 (Tz. 15-31); EuGH 19.03.1993, Gutachten 2/91 - *IAO* -, Slg. 1993, I-1061 (Tz. 9); EuGH 15.11.1994, Gutachten 1/94 - *WTO* -, Slg. 1994, I-5267 (Tz. 77); EuGH 24.03.1995, Gutachten 2/92 -*OECD* -, Slg. 1995, I-521 (Tz. 31)

190 *Geiger* JZ 1995, 973 (976); *Gilsdorf* EuR 1996, 145 (147)

191 *Dutheil de la Rochère* RMC 1995, 461 (468 f.); *Geiger* JZ 1995, 973 (979); GH II - *Krenzler* Bd. 2 E.1 Rn. 48

> „Nach dem AETR-Urteil verlieren die Mitgliedstaaten, ob einzeln oder gemeinsam handelnd, das Recht zum Eingehen von Verpflichtungen nur in dem Maße, wie gemeinsame Rechtsnormen erlassen werden, die durch diese Verpflichtung beeinträchtigt werden könnten.“ [192]

Zum anderen – und dies ist entscheidend für den hier zu untersuchenden Problemkreis – haben die *implied powers* der EG für den Außenbereich nur dort *ausschließlichen* Charakter, wo die Gemeinschaft von ihrer Innenkompetenz bereits umfassend Gebrauch gemacht hat, also eine bestimmte Materie vollständig harmonisiert hat [193]. *Gilsdorf* spricht in diesem Zusammenhang von „Gebietsbesetzung“ [194]. Ausnahmen von diesem Erfordernis der vorherigen internen Gebietsbesetzung werden allenfalls dann gemacht, wenn die interne Kompetenz wirksam nur zusammen mit der externen ausgeübt werden kann, wenn sich also Ziele des Vertrages durch eine rein interne Regelung gar nicht erreichen lassen, sondern unmittelbar des Abschlusses einer völkerrechtlichen Verpflichtung durch die Gemeinschaft bedürfen [195]. Dies ist folgerichtig, wenn man sich nochmals vor Augen hält, dass Sinn und Zweck der *Implied-Powers*-Doktrin in erster Linie der Schutz der internen Gemeinschaftspolitiken gegen Beeinträchtigungen ist.

II. Der organisations-interne Bereich

Auch im organisations-internen Bereich hat der Gerichtshof bereits, wenn auch nur indirekt, zur Ausschließlichkeit von Gemeinschaftskompetenzen Stellung genommen.

Was nämlich die interne Organisationsgewalt des Europäischen Parlaments betrifft, so spricht der EuGH zwar nicht ausdrücklich von einer exklusiven Kompetenz der Gemeinschaft; doch betont er, dass in diesem Zusammenhang nur Gemeinschaftsrecht und keinesfalls nationale Rechtsvorschriften zur Anwendung

---

[192] EuGH 24.03.1995, Gutachten 2/92 - *OECD* -, Slg. 1995, I-521 (Tz. 31)

[193] EuGH 15.11.1994, Gutachten 1/94 - *WTO* -, Slg. 1994, I-5267 (Tz. 77, 88, 95 f.); EuGH 24.03.1995, Gutachten 2/92 - *OECD* -, Slg. 1995, I-521 (Tz. 33)

[194] *Gilsdorf* EuR 1996, 145 (147, 154 ff.); *ders.*, GS Grabitz S. 77 (86 ff.); ähnlich *Oppermann* Rn. 518; *Emiliou* in: O'Keefe / Twomey (Hrsg.), S. 65 (75)

[195] EuGH 15.11.1994, Gutachten 1/94 - *WTO* -, Slg. 1994, I-5267 (Tz. 85); EuGH 24.03.1995, Gutachten 2/92 - *OECD* -, Slg. 1995, I-521 (Tz. 32)

kommen könnten [196]. Daraus kann gefolgert werden, dass die innere Organisation eines Gemeinschaftsorgans der Regelungsgewalt der Mitgliedstaaten entzogen ist und ausschließlich in den Zuständigkeitsbereich der Gemeinschaft fällt.

III. Die Harmonisierungskompetenzen des Vertrages

Zur Ausschließlichkeit bzw. Nicht-Ausschließlichkeit der Harmonisierungskompetenzen des Vertrages hat sich der EuGH noch nicht eindeutig geäußert. Seine bisher ergangenen Entscheidungen lassen aber erkennen, dass der Gerichtshof dazu tendiert, die Ausübung dieser Zuständigkeiten dem Subsidiaritätsprinzip zu unterwerfen und sie folglich als nicht-ausschließlich zu behandeln. Jedenfalls hat er in seinen Urteilen zur Arbeitszeit-Richtlinie [197] und zur Einlagensicherungs-Richtlinie [198] die von den klagenden Mitgliedstaaten vorgebrachten Subsidiaritäts-Rügen nicht von vornherein unter Berufung auf den Ausschließlichkeitsvorbehalt des Art. 5 II EG (ex-Art. 3b II EGV) zurückgewiesen [199].

Zu einem ähnlichen Ergebnis kommt das *WTO-Gutachten* des EuGH, welches (allerdings bezogen auf die Außenwirkungen von Binnenmarktzuständigkeiten) aus der Harmonisierungskompetenz des Art. 95 EG nicht von vornherein eine ausschließliche Zuständigkeit ableitet, sondern dies im Einzelfall jeweils von einem vorherigen Gebrauch der Kompetenz durch die EG für einen bestimmten Sachbereich abhängig macht [200].

Es bleibt abzuwarten, ob sich der Gerichtshof in künftigen Entscheidungen detaillierter zur Ausschließlichkeitsfrage im Bereich der Harmonisierungskompetenzen äußert. In seinem Urteil zur Klage der Bundesrepublik Deutschland gegen das

[196] EuGH 10.07.1986, Rs. 149/85 - *Wybot / Faure* -, Slg. 1986, 2391 (Tz. 12 f.)

[197] EuGH 15.11.1996, Rs. C-84/94 - *Vereinigtes Königreich / Rat* -, Slg. 1996, I-5755 (Tz. 46); Gegenstand des Verfahrens war die Richtlinie 93/104/EG des Rates vom 23.11.1993 über bestimmte Aspekte der Arbeitszeitgestaltung (ABl.EG 1993, Nr. L 307, S. 18 ff.).

[198] EuGH 13.05.1997, Rs. C-233/94 - *Deutschland / EP und Rat* -, Slg. 1997, I-2405 (Tz. 24, 28); Gegenstand des Verfahrens war die Richtlinie 94/19/EG des Europäischen Parlaments und des Rates vom 30.05.1994 über Einlagensicherungssysteme (ABl.EG vom 31.05.1994, Nr. L 135, S. 5 ff.).

[199] So auch *Everling* ZHR 162 (1998), 403 (413); *Roth* ZBB 1997, 373 (375); *ders.*, Urteilsbesprechung zur Rs. C-233/94 - *Deutschland / EP und Rat* - in CMLRev. 35 (1998), 459 (463).

[200] EuGH 15.11.1994, Gutachten 1/94 - *WTO* -, Slg. 1994, I-5267 (Tz. 88)

Tabak-Werbeverbot hat er jedenfalls – anders als Generalanwalt *Fennelly* – eine Stellungnahme hierzu vermieden [201].

IV. Die nachträglichen ausschließlichen Kompetenzen

Schließlich hat der EuGH, vor allem in den Bereichen Landwirtschaft und Fischerei, immer wieder entschieden, dass der Gemeinschaft im Einzelfall durch Inanspruchnahme einer vormals konkurrierenden Zuständigkeit eine ausschließliche Kompetenz zuwachsen kann; dies gilt für die Außenbeziehungen und den gemeinschaftsinternen Bereich gleichermaßen [202].

Folglich findet sich auch in der Rechtsprechung des Gerichtshofs das Konzept der nachträglichen ausschließlichen Kompetenzen [203], das bereits im Zusammenhang mit den beiden in der Literatur vertretenen Ansichten zur Ausschließlichkeit kurz erörtert wurde [204].

1. Die Erhaltungsmaßnahmen im Bereich der Seefischerei

Einen besonders bekannten Anwendungsfall der nachträglichen ausschließlichen Kompetenzen stellen in der EuGH-Rechtsprechung die Befugnisse der EG für Erhaltungsmaßnahmen im Bereich der Seefischerei dar.

a) Die Gemeinsame Fischereipolitik ist Teil der Gemeinsamen Landwirtschaftspolitik, auf deren Rechtsgrundlage sie betrieben wird (Art. 3 I lit. e, Art. 32 ff. EG in Verbindung mit Anhang I, Kapitel 3 des Vertrages [205]). Hinzu kommen Übergangsbestimmungen nach Maßgabe von Artikel 98 bis 103 der Akte über den Beitritt des Vereinigten Königreichs, Irlands und Dänemarks [206].

---

[201] EuGH 05.10.2000, Rs. C-376/98 - *Deutschland / EP und Rat* -, EuZW 2000, 694 ff. Gegenstand der Klage war die Richtlinie 98/43/EG des Europäischen Parlaments und des Rates vom 06.07.1998 zur Angleichung der Rechts- und Verwaltungsvorschriften der Mitgliedstaaten über Werbung und Sponsoring zugunsten von Tabakerzeugnissen (ABl.EG vom 30.07. 1998, Nr. L 213, S. 9 ff.). Das Urteil sowie die Schlussanträge von GA *Fennelly* (vgl. dort insbesondere Tz. 135 ff.) sind noch nicht in der amtlichen Sammlung abgedruckt.

[202] EuGH 19.03.1993, Gutachten 2/91 - *IAO* -, Slg. 1993, I-1061 (Tz. 8 a. E.)

[203] So auch *Geiger* JZ 1995, 973 (976); *Schima* ÖJZ 1997, 761 (762 f.).

[204] Vgl. oben A.I; ausführlich zu diesem Komplex: 4. Kapitel, C.II.

[205] Ehemals Art. 3 lit. d, Art. 38 ff. EWGV in Verbindung mit Anhang II des Vertrages.

[206] Beitrittsakte vom 22.01.1972, ABl.EG vom 27.03.1972, Nr. L 73, S. 14 ff.

In Art. 102 dieser Beitrittsakte heißt es:

> „Spätestens ab dem sechsten Jahr nach dem Beitritt legt der Rat auf Vorschlag der Kommission die Voraussetzungen für die Ausübung des Fischfangs im Hinblick auf den Schutz der Fischbestände und die Erhaltung der biologischen Schätze des Meeres fest."

Daraufhin wurde der Rat 1976 für den Fall einer Gefährdung der Fischbestände durch allzu intensive Ausbeutung in Art. 4 der Verordnung (EWG) Nr. 101/76 [207] zum Erlass von sog. *Erhaltungsmaßnahmen* ermächtigt; diese Maßnahmen umfassen insbesondere Beschränkungen des Fischfangs.

b) Vor diesem rechtlichen Hintergrund war in der Folgezeit in verschiedenen Verfahren streitig, ob einzelne Mitgliedstaaten, insbesondere das Vereinigte Königreich und Irland, noch zum Erlass nationaler Erhaltungsmaßnahmen für die Seefischerei zuständig seien. Der EuGH hat in einer Serie von Urteilen jeweils danach differenziert, ob die Gemeinschaft ihre Zuständigkeit gemäß Art. 32 ff. EG zum Erlass von Erhaltungsmaßnahmen bereits ausgeübt hatte oder nicht.

Demzufolge hat der Gerichtshof für die Zeit *vor* Erlass der Verordnung (EWG) Nr. 101/76 eine Zuständigkeit der Mitgliedstaaten bejaht. Gleichzeitig hat er jedoch betont, dass diese nationale Zuständigkeit lediglich Übergangscharakter habe, bis die Gemeinschaft ihre Zuständigkeit gemäß Art. 32 ff. EG ausgeübt habe, wofür Art. 102 der Beitrittsakte eine Übergangszeit von maximal sechs Jahren vorgibt [208].

Für die Zeit *nach* Erlass der Verordnung (EWG) Nr. 101/76 hat der EuGH hingegen eine Zuständigkeit der Mitgliedstaaten verneint und betont, dass nationale

---

[207] Verordnung (EWG) Nr. 101/76 des Rates vom 19.01.1976 über die Einführung einer gemeinsamen Strukturpolitik für die Fischwirtschaft, ABl.EG vom 28.01.1976, Nr. L 20 S. 19 ff., zwischenzeitlich mehrfach geändert und ersetzt, vgl. zur aktuellen Rechtslage den Fundstellennachweis des geltenden Gemeinschaftsrechts, Bd. I, Stand 1. Dezember 1999, Ziff. 04.10.30.

[208] EuGH 14.07.1976, verb. Rs. 3, 4 und 6/76 - *Kramer* -, Slg. 1976, 1279 (Tz. 39 ff.); EuGH 16.02.1978, Rs. 61/77 - *Kommission / Irland* -, Slg. 1978, 417 (Tz. 63/68); EuGH 10.07. 1980, Rs. 32/79 - *Kommission / Vereinigtes Königreich* -, Slg. 1980, 2403 (Tz. 10)

Maßnahmen ausgeschlossen seien, soweit die Gemeinschaft ihre Kompetenz ausgeübt habe [209].

Bis hierher ließe sich die Rechtsprechung des EuGH noch problemlos mit der im Rahmen von konkurrierenden Kompetenzen auftretenden Sperrwirkung [210] erklären. Doch zieht der Gerichtshof eine zusätzliche Schlussfolgerung, die weit über die Wirkung konkurrierender Kompetenzen hinausgeht. Er betont nämlich, bei den Erhaltungsmaßnahmen handle es sich nunmehr um ein der Zuständigkeit der Gemeinschaft vorbehaltenes Gebiet, auf dem die Mitgliedstaaten fortan nur noch als Sachwalter des gemeinsamen Interesses tätig werden könnten [211]; ein Wiederaufleben der nationalen Befugnisse wird explizit ausgeschlossen, und zwar auch für den Fall, dass eine EG-Verordnung ausläuft und vom Rat nicht rechtzeitig verlängert wird [212].

Mit dieser Schlussfolgerung bedient sich der Gerichtshof einer Terminologie, wie sie nur für ausschließliche Kompetenzen üblich ist; dies zeigt sich auch, wenn er weiter davon spricht, dass die Zuständigkeit für Erhaltungsmaßnahmen im Fischereisektor durch die gemeinschaftsrechtliche Regelung „vollständig und endgültig" auf die EG übergegangen sei. Somit ist nach der Rechtsprechung des EuGH für den Bereich der Erhaltungsmaßnahmen in der Seefischerei nachträglich eine ausschließliche Kompetenz der EG entstanden [213].

c) Nicht überzeugen kann vor diesem Hintergrund die in der Literatur teilweise – allerdings regelmäßig ohne nähere Begründung – vorgenommene Einordnung der EuGH-Rechtsprechung, wonach die Ausschließlichkeit der EG-Kompetenzen

[209] EuGH 16.02.1978, Rs. 61/77 - *Kommission / Irland* -, Slg. 1978, 417 (Tz. 63/68); EuGH 10. 07.1980, Rs. 32/79 - *Kommission / Vereinigtes Königreich* -, Slg. 1980, 2403 (Tz. 10)
[210] Vgl. 1. Kapitel, C.II.1
[211] EuGH 05.05.1981, Rs. 804/79 - *Kommission / Vereinigtes Königreich* -, Slg. 1981, 1045 (Tz. 30); vgl. dazu 1. Kapitel, C.I.2.
[212] EuGH 10.07.1980, Rs. 32/79 - *Kommission / Vereinigtes Königreich* -, Slg. 1980, 2403 (Tz. 15); EuGH 05.05.1981, Rs. 804/79 - *Kommission / Vereinigtes Königreich* -, Slg. 1981, 1045 (Tz. 20)
[213] EuGH 05.05.1981, Rs. 804/79 - *Kommission / Vereinigtes Königreich* -, Slg. 1981, 1045 (Tz. 20, 27)

für Erhaltungsmaßnahmen im Fischereisektor originär aus Art. 102 der Beitrittsakte von 1972 und damit aus dem Primärrecht herzuleiten sei [214].

Richtigerweise stellt nämlich Art. 102 der Beitrittsakte eine bloße Übergangsvorschrift dar, welche der EG keine neuen Befugnisse einräumt, geschweige denn deren Ausschließlichkeit anordnet; vielmehr räumt Art. 102 den Mitgliedstaaten nur als befristete Ausnahme nach der ersten EWG-Erweiterung die Möglichkeit ein, vorübergehend nationale Erhaltungsmaßnahmen im Fischereisektor einzuführen oder beizubehalten [215].

Dafür sprechen sowohl systematische Stellung als auch Sinn und Zweck der Vorschrift. Denn diese Regelung befindet sich inmitten von beitrittsbedingten Übergangsbestimmungen für den Fischereisektor (Art. 98 ff. der Beitrittsakte); sie sagt nichts über etwaige Kompetenzen aus, sondern setzt diese voraus. Wäre eine generelle und dauerhafte Neubestimmung der Fischerei-Zuständigkeiten der Gemeinschaft bezweckt gewesen, so hätte man diese schon aus Gründen der Übersichtlichkeit sinnvollerweise durch eine Änderung der Vorschriften des EWG-Vertrags selbst vornehmen können, wie dies auch in anderen Bereichen geschehen ist.

2. Weitere Entscheidungen

Neben seiner Rechtsprechung zur Fischerei hat der EuGH bereits frühzeitig in mehreren weiteren Fällen, zumeist im Rahmen von gemeinsamen Marktorganisationen für Agrarprodukte, entschieden, dass die Gemeinschaft auf Grund des Erlasses eines Sekundärrechtsaktes auf einem bestimmten Gebiet eine ausschließliche Rechtsetzungsbefugnis erworben habe [216]. Auch für bestimmte Au-

---

[214] So etwa *Bieber* in: Bieber / Ress (Hrsg.), S. 283 (301); *Calliess*, Subsidiaritäts- und Solidaritätsprinzip (...), S. 87; CR-*Calliess* Art. 5 EG Rn. 26; *Geiger* FS Gitter S. 267 (275 f.); *ders.*, JZ 1995, 973 (976); GH - *von Bogdandy/Nettesheim* Art. 3b EGV Rn. 28; GTE-*Zuleeg* Art. 3b EGV Rn. 5; *Manin* Rn. 146; *Schima* ÖJZ 1997, 761 (763); *Schweitzer* in: Kremer (Hrsg.) S. 20 (31); *Thun-Hohenstein / Cede* S. 236; *Zacker / Wernicke* Frage 95; wie hier hingegen *Jarass*, Die Kompetenzen (...), S. 25 Fn. 81; *ders.*, AöR 121 (1996), 173 (186, Fn. 80), allerdings ohne sodann eine nachträgliche ausschließliche Kompetenz zu schlussfolgern.

[215] So auch GA *Reischl*, 12.02.1981, Schlussanträge zu Rs. 804/79 - *Kommission / Vereinigtes Königreich* -, Slg. 1981, 1081 (1084 ff.).

[216] So besonders deutlich: EuGH 16.01.1979, Rs. 151/78 - *Sukkerfabriken Nykøbing* -, Slg. 1979, 1 (Tz. 17); vgl. ferner: EuGH 18.02.1970, Rs. 40/69 - *Bollmann* -, Slg. 1970, 69 (Tz. 4); EuGH

ßenwirkungen der Verkehrspolitik kommt der EuGH in der bereits erörterten *A.E.T.R.*-Rechtsprechung zu diesem Ergebnis [217].

Bestätigt und zusammengefasst wird diese ständige Rechtsprechung auch im sog. *IAO-Gutachten* des EuGH, das Fragen des Arbeitsschutzes betrifft [218]:

> „Ob die Zuständigkeit der Gemeinschaft ausschließlich ist, bestimmt sich nicht nur nach dem EWG-Vertrag, sondern auch danach, in welchem Umfang die Gemeinschaftsorgane zur Durchführung des EWG-Vertrags Maßnahmen getroffen haben; aufgrund solcher Maßnahmen können die Mitgliedstaaten Zuständigkeiten verlieren, die sie zuvor übergangsweise ausüben konnten."

C. Zwischenbilanz: Eindeutige Fälle und Streitfragen

Zusammenfassend gilt:

Ein enger Kernbereich der ausschließlichen Zuständigkeiten, wie er in der Rechtsprechung des EuGH zum Ausdruck kommt, steht im Wesentlichen außer Streit. Dies betrifft insbesondere die Zollunion und die Gemeinsame Handelspolitik, die auch nach der engen Auffassung in der Literatur [219] unter die ausschließlichen Kompetenzen fallen.

Ein umso heftigerer Meinungsstreit entzündet sich jedoch vor allem an zwei Fragen: Zum einen ist umstritten, ob die Kompetenzen der EG zur Verwirklichung des Binnenmarkts ausschließlicher oder konkurrierender Natur sind. Zum anderen dreht sich die Diskussion um die Existenz von nachträglichen ausschließlichen Kompetenzen. Diesen zwei zentralen Streitpunkten soll im Fortlauf der Untersuchung besonderes Augenmerk geschenkt werden [220].

30.01.1974, Rs. 159/73 - *Hannoversche Zucker* -, Slg. 1974, 121 (Tz. 4); EuGH 18.09.1986, Rs. 48/85 - *Kommission / Deutschland* -, Slg. 1986, 2549 (Tz. 12); EuGH 4.2.1988, Rs. 255/86 - *Kommission / Belgien* -, Slg. 1988, 693 (Tz. 8 ff.); EuGH 07.04.1992, Rs. C-61/90 - *Kommission / Griechenland* -, Slg. 1992, I-2407 (Tz. 22); vgl. auch *Jarass*, Grundfragen (...) S. 14; *ders.*, AöR 121 (1996), 173 (187); Lenz-*Borchardt* Art. 37 EG Rn. 11.

[217] EuGH 31.03.1971, Rs. 22/70 - Kommission / *Rat (A.E.T.R.)* -, Slg. 1971, 263 (Tz. 23/29); vgl. dazu auch oben I.2.

[218] EuGH 19.03.1993, Gutachten 2/91 - *IAO* -, Slg. 1993, I-1061 (Tz. 9)

[219] Vgl. oben A.I.2.

[220] Vgl. unten, 4. Kapitel, B.III und C.II.

3. Kapitel: Die Auslegung von Kompetenznormen

Nach dieser zusammenfassenden Darstellung des derzeitigen Diskussionsstandes in Literatur, Rechtsprechung und Praxis soll nunmehr eingehend untersucht werden, welche Regeln für die Bestimmung ausschließlicher Kompetenzen der EG maßgeblich sind.

Wie bereits ausgeführt [221], enthalten die Verträge keinen dem Art. 73 GG vergleichbaren Katalog, aus dem kraft Primärrechts konkret zu entnehmen wäre, welche Gemeinschaftskompetenzen ausschließlicher Natur sind und welche nicht. Die einzige Stelle, an der der Vertrag der EG eine ausschließliche Zuständigkeit ausdrücklich zuweist, ist Art. 106 I 1 EG. Nach dieser Vorschrift hat die EG, genauer gesagt die EZB als Organ der EG (Art. 8 EG), das ausschließliche Recht, die Ausgabe von Banknoten innerhalb der Gemeinschaft zu genehmigen, und zwar mit Eintritt in die dritte Stufe der Währungsunion (Art. 116 III UAbs. 2 EG). Nun kann aber aus der Existenz dieser einen Vorschrift nicht im Umkehrschluss gefolgert werden, alle anderen Kompetenzen der EG seien nicht-ausschließlicher Natur. Denn die Ausgabe von Banknoten ist selbst nur ein eng umgrenzter Teilbereich der Währungspolitik, welche aber in ihrer Gesamtheit mit Beginn der dritten Stufe für das Gebiet der teilnehmenden Mitgliedstaaten auf die Gemeinschaft übertragen wurde. Die Währungspolitik stellt, wie noch zu zeigen sein wird [222], auch über den Teilbereich der Ausgabe von Banknoten hinaus eine ausschließliche Kompetenz der EG dar. Man denke nur an die Ausgabe von Münzen (Art. 106 II 1 EG) oder, allgemeiner, an die Festlegung der Geld- und Wechselkurspolitik der EG (Art. 105 II, 1. Gedankenstrich; Art. 111 EG). Wenn aber nicht einmal für den Bereich der Währungsunion eine umfassende und systematische Festschreibung der Ausschließlichkeit von Gemeinschaftskompetenzen im Vertrag enthalten ist, so können hieraus erst recht keine Rückschlüsse für andere Bereiche des EGV gezogen werden. Somit kann nur im Wege der Ausle-

[221] Vgl. Einführung, Ziff. 4.
[222] Vgl. 5. Kapitel, C.III.1.

gung der jeweiligen vertraglichen Kompetenznormen ermittelt werden, ob diese der EG ausschließliche oder nicht-ausschließliche Zuständigkeiten einräumen.

Nach einer kurzen Darstellung der Besonderheiten der EG-Rechtsordnung (unten A.) soll deshalb im Folgenden aufgezeigt werden, welche Auslegungsmaßstäbe im Allgemeinen an Vertragsbestimmungen anzulegen sind (unten B.) und welche Schlussfolgerungen daraus insbesondere für die Auslegung von vertraglichen Kompetenznormen zu ziehen sind (unten C.).

A. Die Besonderheiten der EG-Rechtsordnung

Zwei grundlegende Besonderheiten des Gemeinschaftsrechts seien hier gleich eingangs hervorgehoben: der Grundsatz der autonomen Interpretation (vgl. unten I.) und die Dynamik des Gemeinschaftsrechts (vgl. unten II.).

I. Der Grundsatz der autonomen Interpretation des Gemeinschaftsrechts

Das Gemeinschaftsrecht ist eine autonome, aus einer eigenständigen Rechtsquelle fließende Rechtsordnung [223] und beruht auf der Grundkonzeption der EG als Rechtsgemeinschaft [224] eigener Art. Die Funktionsfähigkeit dieser Rechtsgemeinschaft ist jedoch nur bei einheitlicher Auslegung und Anwendung des Gemeinschaftsrechts gewährleistet [225]. Die Bestimmung des Sinngehalts gemeinschaftsrechtlicher Begriffe kann nicht den verschiedenen einzelstaatlichen Rechtsordnungen überlassen werden, weil es sonst jeder Mitgliedstaat letztlich in der Hand hätte, den Inhalt des Gemeinschaftsrechts auf seinem Territorium

[223] Vgl. dazu grundlegend EuGH 15.7.1964, Rs. 6/64 - *Costa / ENEL* -, Slg. 1964, 1141 (Tz. 8); EuGH 13.2.1969, Rs. 14/68 - *Walt Wilhelm* -, Slg. 1969, 1 (Tz. 6); EuGH 17.12.1970, Rs. 11/70 - *Internationale Handelsgesellschaft* -, Slg. 1970, 1125 (Tz. 3); *Herdegen* Rn. 80; *H. P. Ipsen* § 5 Rn. 2; *Mertens de Wilmars* CDE 1986, 5 (8, 18); *Schweitzer / Hummer* Rn. 76.

[224] EuGH 23.04.1986, Rs. 294/83 - *Les Verts / EP* -, Slg. 1986, 1339 (Tz. 23); EuGH 14.12.1991, Gutachten 1/91 - *EWR* -, Slg. 1991, I-6079 (Tz. 21); CR-*Calliess* Art. 1 EU Rn. 21, 25; *Di Fabio*, Das Recht offener Staaten, S. 140, Ziff. 1; *Kirchhof* EuZW 1999, 353; *Oppermann* Rn. 50 f., 469 f., 677; *Zacker* S. 6; *Zuleeg* NJW 1994, 545 ff.

[225] Zu diesem Erfordernis vgl. beispielsweise: EuGH 17.12.1980, Rs. 149/79 - *Kommission / Belgien* -, Slg. 1980, 3381 (Tz. 19); EuGH 26.10.1999, Rs. C-273/97 - *Sirdar* -, Slg. 1999, I-7043 (Tz. 16); *Ahlt* S. 39; *Degan* RTDE 2 (1966), 189 (199 ff.); *Mertens de Wilmars* CDE 1986, 5 (18); *Rodriguez Iglesias*, CDE 1999, 275 (276); *ders.*, EuGRZ 1996, 125 (128).

selbst zu regeln. Dann bestünde die Gefahr, dass etwa die im Vertrag begründeten Rechte der Unionsbürger sich je nach Mitgliedstaat unterschieden, so dass ein Diskriminierungseffekt eintreten würde.

Aus diesem Grund wird die Auslegung des Gemeinschaftsrechts vom Grundsatz der selbständigen oder autonomen Interpretation geprägt, d. h. das Gemeinschaftsrecht ist aus sich heraus auszulegen [226]. Insbesondere unterliegt seine Auslegung nicht dem Einfluss der verschiedenen nationalen Rechtsordnungen der Mitgliedstaaten; Begrifflichkeiten aus dem nationalen Recht können nicht ohne weiteres auf das Gemeinschaftsrecht übertragen werden. So betont auch der EuGH in ständiger Rechtsprechung die Notwendigkeit einer eigenständigen, gemeinschaftsrechtlichen Begriffsbildung; dies gilt insbesondere für die Bestimmung des Anwendungsbereichs und der Schranken grundlegender gemeinschaftsrechtlicher Vorschriften [227]. Beispielhaft seien hier nur aus dem Bereich der Grundfreiheiten die Begriffe des Arbeitnehmers (Art. 39 I EG) [228], der öffentlichen Verwaltung (Art. 39 IV EG) [229] und der öffentlichen Sicherheit und Ordnung (Art. 30, 39 III, 46 I, 58 I lit. b EG) [230] erwähnt, die sich deutlich von gleich lautenden Begriffen etwa des deutschen Rechts unterscheiden.

Übertragen auf die hier zu untersuchende Frage bedeutet dies, dass auch das Verständnis der ausschließlichen Kompetenzen im Gemeinschaftsrecht sich nicht zwingend mit dem nationalen Recht der Mitgliedstaaten, etwa mit den Begrifflichkeiten des deutschen Verfassungsrechts (Art. 71, Art. 73 GG), decken muss. Denn auch der Begriff der ausschließlichen Kompetenzen definiert, wie bereits ausgeführt [231], den Anwendungsbereich von zwei zentralen gemeinschaftsrechtlichen Grundsätzen, Subsidiaritätsprinzip und Flexibilitätsprinzip, und muss schon aus diesem Grunde autonom bestimmt werden.

---

[226] *Bleckmann*, Europarecht, Rn. 557; *Geiger* Art. 220 EG Rn. 12; Mégret-*Waelbroeck* (Bd. 10) Art. 164 EGV Rn. 23; *Nicolaysen* S. 48 f.

[227] Z. B. EuGH 04.12.1974, Rs. 41/74 - *Van Duyn* -, Slg. 1974, 1337 (Tz. 18/19); EuGH 28.10. 1975, Rs. 36/75 - *Rutili* -, Slg. 1975, 1219 (Tz. 26/28); Lenz-*Borchardt* Art. 220 EG Rn. 17

[228] EuGH 23.03.1982, Rs. 53/81 - *Levin* -, Slg. 1982, 1035 (Tz. 11)

[229] EuGH 03.07.1986, Rs. 66/85 - *Lawrie-Blum* -, Slg. 1986, 2121 (Tz. 26, 27); EuGH 02.07. 1996, Rs. C-473/93 - *Kommission / Luxemburg* -, Slg. 1996, I-3207 (Tz. 26 ff.)

[230] EuGH 04.12.1974, Rs. 41/74 - *Van Duyn* -, Slg. 1974, 1337 (Tz. 18/19); EuGH 26.10.1999, Rs. C-273/97 - *Sirdar* -, Slg. 1999, I-7043 (Tz. 16)

II. Die Dynamik des Gemeinschaftsrechts

Neben dem Grundsatz der autonomen Interpretation ist bei der Auslegung von Vertragsbestimmungen auch stets die besondere Dynamik [232] des Integrationsprozesses zu beachten, welche der vertraglichen Kompetenzordnung eine besondere Eigenart verleiht:

Das Gemeinschaftsrecht wird von seiner Entwicklungsoffenheit [233] geprägt, welche „die eigentliche Besonderheit des europarechtlichen Umgangs mit Normen" ausmacht [234]. Die Verträge beschreiben keinen statischen Ist-Zustand, sondern gehen von einem fortschreitenden Integrationsprozess aus [235]; dabei wird als ausdrückliches Ziel eine „immer engere Union der Völker Europas" vorgegeben (Art. 1 II EU; vgl. auch die Präambel des EGV, 1. Erwägungsgrund). Wesentliches Mittel dieser Integration ist das Recht, weshalb auch die EG entscheidend von ihrem Charakter als Rechtsgemeinschaft geprägt wird [236]. So gleichen die Verträge mit ihren Übergangsfristen und Zeitstufen (vgl. nur Art. 14 I und Art. 61, 62 EG sowie Art. 8 EWGV) einer „Planverfassung" [237]; sie benennen eine Reihe von Integrationszielen (vgl. insbesondere Art. 2 - 4 EG), die von den europäischen Einrichtungen mit Hilfe der ihnen übertragenen Zuständigkeiten (vgl. insbesondere Art. 23 - 181 EG) schrittweise zu verwirklichen sind, in aller Regel durch die Annahme von Rechtsakten im Sinne des Art. 249 EG.

Dementsprechend ist auch der Charakter der meisten Kompetenzen, die der EG zur Verwirklichung ihrer Integrationsaufgaben eingeräumt sind, nicht gegenstandsbezogen, sondern zielorientiert [238] und somit geradezu Ausdruck der Dy-

---

[231] Vgl. Einführung, Ziff. 3.

[232] *Bengoetxea* S. 251 ff.; CR-*Calliess* Art. 1 EU Rn. 6 ff.; GH - *von Bogdanday/Nettesheim* Art. 3b EGV Rn. 7; *Everling* FS Stern S. 1227 (1229); *Mertens de Wilmars* CDE 1986, 5 (16 f.); *Pernice* CMLRev. 36 (1999), 703 (729); *Piris* ELR 24 (1999), 557 (572); *ders.*, RTDE 35 (1999), 599 (618)

[233] GH - *Nettesheim* Art. 4 EGV Rn. 44; *Mertens de Wilmars* CDE 1986, 5 (18)

[234] *Di Fabio* AfP 1998, 564 (565)

[235] *Simon* Tz. 63 f.; so auch BVerfGE 22, 293 (296).

[236] Vgl. dazu oben I.

[237] *Bleckmann*, Europarecht, Rn. 556; so sinngemäß auch *Lecheler* S. 99.

[238] GA *Fennelly*, 15.06.2000, Schlussanträge zu Rs. C-376/98 - *Deutschland / EP und Rat* - (Tz. 62; noch nicht in der amtlichen Sammlung abgedruckt); *Blanke* ZG 1995, 193 (215); *Constantinesco* in: Manin (Hrsg.), S. 15 (21); *Ehlermann* RMUE 4/1992, 215 (216, 218); *Everling* FS Stern S. 1227 (1230); *Gohlke* in: Borkenhagen (Hrsg.), S. 129 (133 f.); *Jarass*, Die Kompe-

namik des Gemeinschaftsrechts. Anders als auf nationaler Ebene (vgl. etwa Art. 70 ff. GG) handelt es sich bei den klassischen Gemeinschaftskompetenzen – etwa den Binnenmarktkompetenzen der Art. 40, 42, 44, 46 II, 47, 52, 93, 94, 95 und 96 EG – im Wesentlichen um funktionelle Zuständigkeiten, durch die keine strikte Zuordnung einzelner Sachgebiete und Gesetzgebungsbereiche vorgenommen wird [239]. Damit lässt sich auch nicht abschließend im Voraus bestimmen, welche Materien im Einzelnen unter die eingeräumten Befugnisse fallen können. Vielmehr hängt dies vom jeweiligen Entwicklungsstand der Gemeinschaft sowie von den wandelbaren äußeren Bedingungen ab, etwa von den wirtschaftlichen Gegebenheiten. Man denke nur an die rasante Entwicklung der letzten Jahre im Bereich der Telekommunikation und Informationstechnologie. Die Verwendung elektronischer Signaturen [240] oder gar das Entstehen eines elektronischen Geschäftsverkehrs [241] (sog. *e-commerce*) waren bei In-Kraft-Treten der Römischen Verträge sicherlich noch nicht vorhersehbar; veränderte wirtschaftliche Umstände haben jedoch dazu geführt, dass nunmehr auch solche Materien Teil der Binnenmarktgesetzgebung geworden sind.

Dieser dynamische Charakter der vertraglichen Kompetenzordnung wird auch von den Mitgliedstaaten unterstrichen, zuletzt im Subsidiaritätsprotokoll zum Amsterdamer Vertrag [242]. Indirekt betont ihn auch der EuGH, der in seinen Entscheidungen immer wieder auf den „gegenwärtigen Stand des Gemeinschaftsrechts" abstellt [243] und so zugleich von künftigen Veränderungen ausgeht.

---

tenzen (...), S. 12 ff.; *Lecheler* S. 99; Lenz-*Langguth* Art. 5 EG Rn. 2; *Müller-Graff* in: Dauses (Hrsg.), A.I Rn. 142; *Schima,* Das Subsidiaritätsprinzip (...), S. 13 f.; *Simon* Tz. 63 f.; *Steinberger* FS Helmrich S. 427 (429); *Tizzano*, DUE 1997, 229 (231)

[239] Lenz-*Langguth* Art. 5 EG Rn. 2

[240] Vgl. dazu nunmehr die Richtlinie 1999/93/EG des Europäischen Parlaments und des Rates vom 13.12.1999 über gemeinschaftliche Rahmenbedingungen für elektronische Signaturen, ABl.EG vom 19.01.2000, Nr. L 13, S. 12 ff.

[241] Vgl. dazu nunmehr die Richtlinie 2000/31/EG des Europäischen Parlaments und des Rates vom 08.06.2000 über bestimmte rechtliche Aspekte der Dienste der Informationsgesellschaft, insbesondere des elektronischen Geschäftsverkehrs, im Binnenmarkt, ABl.EG vom 17.07.2000, Nr. L 178, S. 1 ff. („Richtlinie über den elektronischen Geschäftsverkehr").

[242] Ziffer 3, Sätze 4, 5 des Protokolls über die Anwendung der Grundsätze der Subsidiarität und der Verhältnismäßigkeit (Protokoll Nr. 30 zum EUV/EGV in der Fassung des Vertrags von Amsterdam), Bull. B'Reg. 27.11.1997, Nr. 94/S. 1134 f. = Sart. II Nr. 151; ebenso bereits: Europäischer Rat von Edinburgh, Schlussfolgerungen des Vorsitzes, 11./12.12.1992, Teil A, Anlage 1 I Ziff.4 Abs.3, abgedruckt bei *Merten* S. 136 (139) = Bull.EG 12/1992, S. 13 (14).

[243] Vgl. nur EuGH 17.02.1998, Rs. C-249/96 - *Grant* -, Slg. 1998, I-636 (Tz. 35, 47); EuGH 04.03.1999, Rs. C-87/97 - *Gorgonzola* -, Slg. 1999, I-1301 (Tz. 43); EuGH 09.09.1999, Rs. C-

Die Dynamik des Gemeinschaftsrechts hat auch Einfluss auf die Auslegung des Primärrechts [244]. Somit wird auch dieser Aspekt im weiteren Verlauf der Untersuchung zu berücksichtigen sein, wenn es darum geht, Kriterien für die Bestimmung der Ausschließlichkeit von Gemeinschaftszuständigkeiten zu ermitteln.

Ihre äußersten Schranken findet die dynamische Auslegung allerdings im Grundsatz der begrenzten Einzelermächtigung (Art. 5 I EG) [245]. Mit den Mitteln der Auslegung darf nämlich die Grenze zur Vertragsänderung (Art. 48 EU) nicht überschritten werden, d. h. es dürfen nur bestehende Kompetenzen zielorientiert ausgelegt, nicht aber neue im Wege der Vertragsinterpretation begründet werden. Dies betont beispielsweise das BVerfG in seinem Urteil zum Unionsvertrag von Maastricht [246]. Auch der EuGH unterstreicht das in einigen neueren Entscheidungen [247].

B. Die Auslegungsgrundsätze im Gemeinschaftsrecht

Vor dem Hintergrund dieser beiden Besonderheiten der EG-Rechtsordnung kommen nun auch im Gemeinschaftsrecht die herkömmlichen, aus dem nationalen Recht bekannten Auslegungsgrundsätze zur Anwendung, jedoch mit unterschiedlicher Gewichtigkeit [248].

I. Die grammatikalische Auslegung

Ausgangspunkt jeder Auslegung muss zunächst der Wortlaut der betreffenden Vertragsbestimmung sein [249] (grammatikalische Auslegung).

281/97 - *Krüger* -, Slg. 1999, I-5127 (Tz. 28); vgl. bereits EuGH 27.09.1988, Rs. 81/87 - *Daily Mail* -, Slg. 1988, 5483 (Tz. 25).

[244] *Di Fabio* AfP 1998,564 (565); GTE-*Krück*, Art.164 EGV Rn. 53; *H.P. Ipsen* § 5 Rn.72; *Meyer* Jura 1994, 455 (457); *Nicolaysen* S.49; zurückhaltender *Bleckmann*, Europarecht, Rn. 555 f.

[245] Vgl. dazu 1. Kapitel, B.

[246] BVerfGE 89, 155 (209 f.) - *Maastricht* -

[247] Vgl. beispielhaft EuGH 28.03.1996, Gutachten 2/94 - *EMRK-Beitritt* -, Slg. 1996, I-1759 (Tz. 23 ff., 30); EuGH 17.02.1998, Rs. C-249/96 - *Grant* -, Slg. 1998, I-636 (Tz. 35, 47).

[248] CR-*Wegener* Art. 220 EG Rn. 7; GH-*Pernice* Art. 164 EGV Rn. 23; GTE-*Krück*, Art. 164 EGV Rn. 53; Lenz-*Borchardt*, Art. 220 EG Rn. 13; Mégret-*Waelbroeck* (Bd. 10) Art. 164 EGV Rn. 10; Mertens de Wilmars CDE 1986, 5 (9 f.); *Oppermann* Rn. 681; *Streinz*, Europarecht, Rn. 498; *Zacker / Wernicke*, Frage 304

[249] *Ahlt* S. 38; *Bleckmann*, Europarecht, Rn. 539; *Huber* § 8 Rn. 2; *Meyer* Jura 1994, 455 (456); *Monaco*, Auslegungsgrundsätze, S. 177 (182); *Thun-Hohenstein / Cede* S. 88

Allerdings ist der Wortlaut von Vertragsbestimmungen, wie auch von Bestimmungen in nationalen Rechtsvorschriften, selten eindeutig. Hinzu kommt, dass sich hinter der Formulierung einzelner Vertragsbestimmungen häufig verhandlungstaktische Formelkompromisse verbergen [250], deren wahrer Sinngehalt sich aus dem letztlich festgeschriebenen Wortlaut nur unzureichend erschließt. Außerdem wird die Wortlautauslegung im Gemeinschaftsrecht, wie auch häufig im Völkerrecht, dadurch kompliziert, dass die Verträge in zwölf verschiedenen Sprachen abgefasst sind [251], wobei jeder Wortlaut gleichermaßen verbindlich ist (Art. 53 EU, Art. 314 EG). Auch aus diesem Grund kann dem Wortlaut, jedenfalls bei voneinander abweichenden sprachlichen Fassungen, keine entscheidende Bedeutung für die Auslegung zukommen. Vielmehr ist der Wortlaut allenfalls ein erster Anhaltspunkt für ein bestimmtes Verständnis der Vertragsbestimmungen. Ein gesichertes Auslegungsergebnis kann jedoch nur unter Zuhilfenahme weiterer Auslegungskriterien erzielt werden.

Was speziell die hier interessierende Ausschließlichkeit von Kompetenzen der EG betrifft, so ist ohnehin bereits festgestellt worden, dass der Wortlaut des Vertrages hierzu schweigt, von Art. 106 I 1 EG einmal abgesehen [252]. Die grammatikalische Auslegung führt somit bei der Beurteilung der Ausschließlichkeit oder Nicht-Ausschließlichkeit vertraglicher Kompetenzzuweisungen in der Regel zu keinem zufrieden stellenden Ergebnis.

Nun könnte man daran denken, sonstige Formulierungen im näheren Umfeld der Kompetenzproblematik für die Abgrenzung der ausschließlichen Zuständigkeiten von den nicht-ausschließlichen nutzbar zu machen. Dabei geht es um Formulierungen wie etwa den Begriff des „Bereiches" in Art. 5 II EG und Art. 11 I lit. a EG oder den Hinweis auf eine „Gemeinsame Politik" (etwa in Art. 133 I Hs. 1 und Art. 70 EG sowie in Art. 11 I EU).

---

[250] *Furrer* S. 249; *Kinkel* FS Stern S. 1287 (1292); Lenz-*Borchardt*, Art. 220 EG Rn. 14; *Zacker / Wernicke*, Frage 304

[251] Vgl. dazu EuGH 06.10.1982, Rs. 283/81 - *C.I.L.F.I.T.* -, Slg. 1982, 3415 (Tz. 18); *Huber* § 8 Rn. 2; *Marletta* RDE 1985, 224 ff.; Mégret-*Waelbroeck* (Bd. 10) Art. 164 EGV Rn. 12, 20; *Mertens de Wilmars* CDE 1985, 5 (11 ff.).

[252] Vgl. soeben, vor A., ferner Einführung Ziff. 4.

So argumentiert beispielsweise *Schima*, der Binnenmarkt sei schon gar kein „Bereich" im Sinne der Art. 5 II und 11 I lit. a EG und könne bereits deshalb keine ausschließliche Kompetenz der EG darstellen [253]. Die Trennschärfe dieses Wortlautkriteriums muss indes bezweifelt werden. Denn ein solches grammatikalisches Unterscheidungsmerkmal würde nur Sinn machen, wenn mit seiner Hilfe klar und verlässlich zwischen ausschließlichen und nicht-ausschließlichen Zuständigkeiten abgegrenzt werden könnte. Zwar ist zuzugeben, dass die Harmonisierungskompetenzen für den Binnenmarkt (namentlich Art. 40, 44, 47, 52, 94 und 95 EG) sich in aller Regel nicht auf eine bestimmte Sachmaterie (einen „Bereich") beziehen, sondern im Wesentlichen zielorientiert angelegt sind [254]; sie dienen der Verwirklichung des Binnenmarkts im Allgemeinen. Indes können auch echte Sachmaterien („Bereiche") wie das Gesundheitswesen, der Verbraucherschutz, die Industriepolitik oder die Handelspolitik nicht zwingend allesamt den ausschließlichen oder den nicht-ausschließlichen Kompetenzen zugeordnet werden. Vielmehr fallen die drei erstgenannten Beispiele, wie zu zeigen sein wird, unter die Kategorie der nicht-ausschließlichen Kompetenzen der EG [255], wohingegen die Gemeinsame Handelspolitik eine Kompetenz ausschließlicher Natur ist [256].

Ähnlich liegt es mit den im Vertrag enthaltenen „Gemeinsamen Politiken" oder „Politiken der Gemeinschaft". Auch dieses Wortlautkriterium ist kein sicheres Unterscheidungsmerkmal. Schon die Untergliederung des EGV zeigt, dass der Begriff der „Politiken der Gemeinschaft" nicht geeignet ist, zwischen ausschließlichen und nicht-ausschließlichen Zuständigkeiten abzugrenzen, werden doch nahezu alle wesentlichen materiellen Kompetenznormen des EGV (Art. 23-181 EG), also Vorschriften mit unterschiedlichstem Inhalt, unter dieser gemeinsamen Überschrift im Dritten Teil des Vertrages zusammengefasst: „Die Politiken der Gemeinschaft". Der Eindruck verfestigt sich noch bei näherem Vergleich einzelner dieser „Politiken", beispielsweise der Gemeinsamen Handelspolitik (Art. 133 I Hs.

---

[253] *Schima*, Das Subsidiaritätsprinzip (...), S. 97; *ders.*, ÖJZ 1997, 761 (763); ähnlich auch GH - *von Bogdandy/Nettesheim* Art. 3b EGV Rn. 29.
[254] Vgl. dazu oben A.II.
[255] Vgl. 5. Kapitel, B.II.1.c, d und e.
[256] Vgl. 5. Kapitel, C.II.1.

1 EG) und der Gemeinsamen Verkehrspolitik (Art. 70 EG). Denn obwohl in beiden genannten Beispielsfällen der Begriff der „Gemeinsamen Politik" im Vertragstext verwendet wird, handelt es sich im ersten Fall (Art. 133 I EG) um eine ausschließliche [257], im zweiten Fall aber um eine nicht-ausschließliche Kompetenz [258] der EG. Noch deutlicher tritt die Unschärfe des Begriffs der „Gemeinsamen Politik" zu Tage, wenn man den Blick auf die Außen- und Sicherheitspolitik der EU richtet (Art. 11 I EU), bei der keinerlei Vergemeinschaftung, sondern lediglich eine intergouvernementale Zusammenarbeit [259] stattfindet. Hinter der Einführung einer „Gemeinsamen Politik" können sich somit, je nach der weiteren Ausgestaltung der zugehörigen Kompetenzzuweisungen, völlig verschiedene Integrationsdichten verbergen, von der bloßen Koordinierung und Förderung mitgliedstaatlicher Politiken durch die EG / EU (Koordinationsbereiche) bis hin zur Schaffung einer wahrhaft gemeinschaftlichen Tätigkeit (Integrationsbereiche), neben der für ein eigenständiges Handeln der Mitgliedstaaten kein Raum mehr verbleibt [260].

Auch der EuGH macht demzufolge die Ausschließlichkeit einer Kompetenz nicht davon abhängig, ob eine Gemeinsame Politik betroffen ist [261].

II. Die historische Auslegung

Die historische Auslegungsmethode nimmt Bezug auf die Entstehungsgeschichte einer Norm und hat zwei Spielarten. Während die subjektiv-historische Auslegung sich am Willen des historischen Gesetzgebers, d. h. der vertragschließenden Mitgliedstaaten, orientiert, stellt die objektiv-historische Auslegung auf die Funktion einer Norm zum Zeitpunkt ihres Erlasses ab [262].

Auch die historische Interpretation spielt im Gemeinschaftsrecht, jedenfalls für den hier allein interessierenden Bereich des Primärrechts, keine wesentliche Rol-

---

[257] Vgl. 5. Kapitel, C.II.1.
[258] Vgl. 5. Kapitel, B.I.2.
[259] Vgl. statt vieler: *Oppermann* Rn. 304.
[260] Zum Begriffspaar Koordinationsbereich – Integrationsbereich: *Thun-Hohenstein / Cede* S. 42; ähnlich CR-*Hahn* Art. 133 EG Rn. 2.
[261] EuGH 19.03.1993, Gutachten 2/91 - *IAO* -, Slg. 1993, I-1061 (Tz. 10 f.)

le [263]. Vom EuGH wird sie zur Auslegung des Primärrechts in aller Regel nicht herangezogen [264].

Was die subjektive Variante der historischen Auslegung betrifft, so hängt ihr geringer Stellenwert maßgeblich mit dem schon erwähnten Kompromiss- und Verhandlungscharakter zusammen, der der Entstehung gemeinschaftsrechtlicher Normen anhaftet [265]. Schon die Ermittlung des Willens einzelner beteiligter Regierungen und seiner Verwirklichung in der letztlich beschlossenen Fassung eines Vertragstextes würde sich schwierig gestalten. Denn es liegt in der Natur von Regierungskonferenzen, dass die Verhandlungspositionen der Mitgliedstaaten nicht in jedem Detail an die Öffentlichkeit getragen werden.

Im Übrigen würde das Abstellen auf die Verhandlungspositionen einzelner Mitgliedstaaten dem Charakter des Gemeinschaftsrechts als eigenständiger Rechtsordnung sowie dem Grundsatz der autonomen Interpretation der Vertragsbestimmungen [266] zuwiderlaufen. Hinzu kommt schließlich, dass die Materialien (frz. *travaux préparatoires*) zu den Verträgen nicht veröffentlicht wurden; es würde aber der Rechtssicherheit und der Rechtsstaatlichkeit sowie dem Gebot der Transparenz (Art. 6 I, Art. 1 II EU) widersprechen, die Auslegung des Europarechts auf nicht veröffentlichte Dokumente zu stützen. Aus demselben Grunde sieht auch der EuGH nicht veröffentlichte Protokollerklärungen der Mitgliedstaaten als für die Auslegung des EG-Rechts unbeachtlich an [267].

Auch der Stellenwert der objektiv-historischen Auslegung, d. h. der Bezugnahme auf die Funktion einer Norm zum Zeitpunkt ihres Erlasses, ist für das vertragsbe-

---

[262] *Buck* S. 143 ff.; *Meyer* Jura 1994, 455

[263] BBPS-*Streil* S. 247; *Bleckmann / Pieper* in: Dauses (Hrsg.), B I Rn. 41; *Buck* S. 146 f.; CR-*Wegener* Art. 220 EG Rn. 8; *Furrer* S. 248; GH-*Nettesheim* Art. 4 EGV Rn. 53; Handkomm.-*Hailbronner* Art. 164 EGV Rn. 11; *Meyer* Jura 1994, 455 f.; *Nicolaysen* S. 49

[264] Vgl. beispielhaft EuGH 05.02.1963, Rs. 26/62 - *van Gend & Loos* -, Slg. 1963, 1 (Tz. 8 f.); EuGH 21.02.1973, Rs. 6/72 - *Continental Can* -, Slg. 1973, 215 (Tz. 25 f.); EuGH 08.04. 1976, Rs. 43/75 - *Defrenne* -, Slg. 1976, 455 (Tz. 7); EuGH 17.02.1998, Rs. C-249/96 - *Grant* -, Slg. 1998, I-636 (Tz. 47).

[265] BBPS-*Streil* S. 247; *Buck* S. 145; CR-*Wegener* Art. 220 EG Rn. 8; *Mertens de Wilmars* CDE 1986, 5 (14)

[266] Vgl. dazu oben A.I.

[267] EuGH 26.02.1991, Rs. C-292/89 - *Antonissen* -, Slg. 1991, I-745 (Tz. 18); EuGH 17.10. 1996, verb. Rs. C-283/94, C-291/94 u. C-292/94 - *Denkavit* u.a. -, Slg. 1996, I-5063 (Tz. 29); EuGH 29.05.1997, Rs. C-329/95 - *VAG Sverige* -, Slg. 1997, I-2675 (Tz. 23)

gründete Gemeinschaftsrecht gering [268]. Denn zum einen überschneidet sich die historische Auslegungsmethode insoweit mit der teleologischen und systematischen Interpretation, deren Gegenstand es gerade ist, die Funktion von Vertragsnormen unter Rückgriff auf ihren Sinn und Zweck sowie auf ihren Gesamtzusammenhang zu ermitteln. Zum anderen hängt die Bedeutungslosigkeit der objektiv-historischen Auslegung aber vor allem mit der Dynamik zusammen, die den Verträgen von Beginn an zugrunde lag [269]. Einem solchen auf Integrationsfortschritte ausgerichteten Verständnis der EG-Rechtsordnung würde eine Auslegungsmethode widersprechen, welche in rein statischer Weise allein auf die ursprüngliche Funktion von Vertragsbestimmungen Rücksicht nimmt [270]. Oder anders ausgedrückt: auch und gerade die Vertragsgründer setzten sich die Errichtung einer dynamischen, auf funktionelle Integration ausgerichteten Gemeinschaft zum Ziel [271]. Jede objektiv-historische Auslegung müsste sich folglich, wollte sie dieser von Beginn an bestehenden Eigenart der Verträge gerecht werden, am dynamischen Charakter der EG-Rechtsordnung orientieren und würde somit zwangsläufig zu denselben Ergebnissen führen wie eine teleologische und eine systematische Interpretation.

III. Die systematische Auslegung

Erhebliches Gewicht kommt hingegen in der Rechtsprechung des EuGH der systematischen Interpretationsmethode zu [272]. Normen des Gemeinschaftsrechts sind unter Berücksichtigung des rechtlichen Zusammenhangs, in dem sie stehen, insbesondere des Gesamtzusammenhangs der Verträge, auszulegen [273] (frz.: *économie générale des traités*).

---

[268] *Buck* S. 146 f.; *Meyer* Jura 1994, 455 f.

[269] Vgl. hierzu oben A.II.

[270] Mégret-*Waelbroeck* (Bd. 10) Art. 164 EGV Rn. 13, 20; *Thun-Hohenstein / Cede* S. 89

[271] CR-*Calliess* Art. 1 EU Rn. 6

[272] Vgl. beispielhaft EuGH 05.02.1963, Rs. 26/62 - *van Gend & Loos* -, Slg. 1963, 1 (Tz. 8); EuGH 31.03.1971, Rs. 22/70 - *Kommission / Rat (A.E.T.R.)* -, Slg. 1971, 263 (Tz. 15/19); EuGH 17.02.1998, Rs. C-249/96 - *Grant* -, Slg. 1998, I-636 (Tz. 47).

[273] EuGH 17.02.1998, Rs. C-249/96 - *Grant* -, Slg. 1998, I-636 (Tz. 47); *Bleckmann*, Europarecht, Rn. 542 ff.; *Bleckmann / Pieper* in: Dauses (Hrsg.), B.I Rn. 28 ff.; *Chevallier* CMLRev. 2 (1964), 21 (26 ff.); Mégret-*Waelbroeck* (Bd. 10) Art. 164 EGV Rn. 17; *Monaco*, Auslegungsgrundsätze, S. 177 (182 f.)

Eine wichtige Rolle spielen bei der systematischen Auslegung vor allem die allgemeinen Regelungen und Zielbestimmungen, wie sie in der Präambel und im Grundsatzteil der Verträge niedergelegt sind [274] (vgl. Art. 1 - 6 EU und Art. 2 - 4 EG). Zur Auslegung des EGV sind zusätzlich die Gemeinsamen Bestimmungen aus Titel I, VII und VIII EUV heranzuziehen, die gleichsam „vor der Klammer stehen“ und somit für das gesamte EU-Recht Geltung beanspruchen.

Für die hier interessierende Kompetenzfrage ist die systematische Auslegungsmethode insbesondere deshalb von Bedeutung, weil bei der Ermittlung der Ausschließlichkeit oder Nicht-Ausschließlichkeit von Befugnissen der EG widerstreitende Prinzipien aufeinander treffen. Hierbei handelt es sich einerseits um die Integrationsziele, etwa das Binnenmarktziel (Art. 3 I lit. c, h EG), ferner um die Verpflichtung zur Wahrung des gemeinschaftlichen Besitzstandes (frz.: *acquis communautaire*, vgl. Art. 2 I EU, 5. Gedankenstrich, und Ziff. 2 Hs. 1 des Subsidiaritätsprotokolls [275]), um die Effizienz des Handelns der Organe (6. Erwägungsgrund der Präambel des EUV) sowie um die Dynamik des Integrationsprozesses (Art. 1 II EU; 1. Erwägungsgrund der Präambel des EGV; Ziff. 3 S. 4 des Subsidiaritätsprotokolls) [276].

Mit ihnen sind andererseits die schon mehrfach erwähnten, fundamentalen Grundsätze der Subsidiarität (Art. 1 II, 2 II EU; Art. 5 II EG) und der Flexibilität (Art. 40, 43 ff. EU; Art. 11 EG) in Einklang zu bringen. Diese widerstreitenden Prinzipien, die allesamt den Verträgen zugrunde liegen, müssen systematisch so gehandhabt werden, dass sie zu einem möglichst schonenden Ausgleich kommen und jedes von ihnen sich möglichst optimal entfalten kann.

---

[274] Vgl. beispielhaft EuGH 21.02.1973, Rs. 6/72 - *Continental Can* -, Slg. 1973, 215 (Tz. 25 f.); EuGH 06.10.1981, Rs. 246/80 - *Broekmeulen* -, Slg. 1981, 2311 (Tz. 20) ; EuGH 11.04. 2000, verb. Rs. C-51/96 u. C-191/97 - *Deliège* -, Slg. 2000, I-2549 (Tz. 41 ff.).

[275] Protokoll über die Anwendung der Grundsätze der Subsidiarität und der Verhältnismäßigkeit (Protokoll Nr. 30 zum EUV / EGV in der Fassung des Vertrags von Amsterdam), Bull. B'Reg. 27.11.1997, Nr. 94/S. 1134 f. = Sart. II Nr. 151

[276] Vgl. dazu oben A.II.

IV. Die teleologische (finale) Auslegung

Von herausragender Bedeutung ist im Gemeinschaftsrecht neben der systematischen Interpretation die teleologische oder finale Auslegung von Vertragsbestimmungen nach ihrem Sinn und Zweck [277]. Sie wird allgemein als das dominierende europarechtliche Auslegungskriterium angesehen. Der Gerichtshof zieht in zahlreichen seiner Urteile teleologische Argumente zur Begründung seiner Rechtsprechung heran [278]. Zum Teil spricht der EuGH in diesem Zusammenhang auch vom „Geist“ (frz.: *esprit*) der Verträge, der bei der Auslegung zu berücksichtigen sei [279].

Lediglich eine besondere Spielart der teleologischen Auslegung stellt die Argumentation mit der praktischen Wirksamkeit (frz.: *effet utile*) von Vertragsbestimmungen dar [280], die dem EuGH – zumindest partiell – als Fundament für einige bahnbrechende Entscheidungen diente, beispielsweise für seine Rechtsprechung zur vertikalen Direktwirkung von Richtlinien [281] und zur gemeinschaftsrechtlich begründeten Haftung der Mitgliedstaaten im Falle der Nichtumsetzung von Richtlinien [282].

Ausdruck der teleologischen Methode ist ferner die vom EuGH regelmäßig praktizierte weite Auslegung von Grundsatzbestimmungen des Vertrages, gepaart mit einer engen Auslegung von Ausnahmen zu diesen Grundsätzen [283]. Besonders

---

[277] GH - *Nettesheim* Art. 4 EGV Rn. 55; Mégret-*Waelbroeck* (Bd. 10) Art. 164 EGV Rn. 17; *Mertens de Wilmars* CDE 1986, 5 (16 f.); *Meyer* Jura 1994, 455 (456); *Smit / Herzog* Art. 164 EGV Tz. 164.11

[278] Vgl. beispielhaft EuGH 05.02.1963, Rs. 26/62 - *van Gend & Loos* -, Slg. 1963, 1 (Tz. 8 f.); EuGH 08.04.1976, Rs. 43/75 - *Defrenne* -, Slg. 1976, 455 (Tz. 7); EuGH 17.02.1998, Rs. C-249/96 - *Grant* -, Slg. 1998, I-636 (Tz. 47).

[279] EuGH 05.02.1963, Rs. 26/62 - *van Gend & Loos* -, Slg. 1963, 1 (Tz. 8 f.); EuGH 15.07.1964, Rs. 6/64 - *Costa / ENEL* -, Slg. 1964, 1141 (Tz. 9); EuGH 21.02.1973, Rs. 6/72 - *Continental Can* -, Slg. 1973, 215 (Tz. 22); dazu auch GH - *Nettesheim* Art. 4 EGV Rn. 47

[280] GH-*Pernice* Art. 164 EGV Rn. 27; Mégret-*Waelbroeck* (Bd. 10) Art. 164 EGV Rn. 21; *Meyer* Jura 1994, 455 (456); *Monaco*, Auslegungsgrundsätze, S. 177 (183 f.); *Thun-Hohenstein / Cede* S. 88 f.

[281] EuGH 04.12.1974, Rs. 41/74 - *van Duyn* -, Slg. 1974, 1337 (Tz. 12); EuGH 19.01.1982, Rs. 8/81 - *Becker* -, Slg. 1982, 53 (Tz. 23, 29)

[282] EuGH 19.11.1991, verb. Rs. C-6/90 u. C-9/90 - *Francovich u.a.*-, Slg. 1991, I-5357 (Tz.32 ff.)

[283] *Ahlt* S. 38; *Bengoetxea* S. 233; GH-*Pernice* Art. 164 EGV Rn. 26; *Meyer* Jura 1994, 455 (458); vgl. etwa zur Gleichbehandlung von Mann und Frau: EuGH 11.01.2000, Rs. C-285/98 - *Kreil* -, Slg. 2000, I-69 (Tz. 23); zur Dienstleistungsfreiheit: EuGH 11.04.2000, verb. Rs. C-51/96 u. C-

deutlich wird dies bei der Bestimmung des Anwendungsbereiches von Grundfreiheiten einerseits und ihrer Schranken andererseits [284]. Auch die Sorge des EuGH um die Funktionsfähigkeit der Gemeinschaften ist letztlich nur eine Ausprägung der teleologischen Auslegungsmethode [285].

Hintergrund dieser besonderen Betonung der teleologischen Auslegungsmethode ist der dynamische Charakter des Gemeinschaftsrechts [286]. Auf Grund seiner Dynamik weicht das Gemeinschaftsrecht auch entscheidend von der im klassischen Völkerrecht üblichen, souveränitätsschonenden Auslegung von Kompetenzen („*in dubio mitius*") [287] ab [288]. Im Gegenteil wird speziell dem EuGH teilweise nachgesagt, er entscheide „*in dubio pro communitate*" [289].

Systematische und teleologische Interpretationsansätze überschneiden sich dort, wo Zielbestimmungen ausdrücklich Eingang in das Primärrecht gefunden haben, wo sich also Sinn und Zweck einer Regelung auch im Wege systematischer Auslegung ermitteln lassen. Dies gilt insbesondere für die Bestimmungen im Grundsatzteil der Verträge (Art. 1-6 EU und Art. 2-4 EG). Diesem Umstand trägt auch der EuGH Rechnung, der in seiner Rechtsprechung die systematische Auslegung häufig mit der teleologischen kombiniert [290], wofür im Schrifttum der Begriff der „systematisch-teleologischen Auslegung" geprägt wurde [291].

191/97 - *Deliège* -, Slg. 2000, I-2549 (Tz. 52); zum Beihilfenverbot: EuG 15.12. 1999, verb. Rs. T-132/96 u. T-143/96 - *Freistaat Sachsen und Volkswagen AG* -, Slg. 1999, II-3663 (Tz. 132).

284 Vgl. beispielhaft EuGH 21.06.1974, Rs. 2/74 - *Reyners* -, Slg. 1974, 631 (Tz. 42/43); EuGH 28.10.1975, Rs. 36/75 - *Rutili* -, Slg. 1975, 1219 (Tz. 26/28); EuGH 17.12.1980, Rs. 149/79 - *Kommission / Belgien* -, Slg. 1980, 3881 (Tz. 11).

285 *Zacker / Wernicke* Frage 304; vgl. auch EuGH 11.11.1975, Gutachten 1/75 - *Lokale Kosten* -, Slg. 1975, 1355 (1363 f.); EuGH 18.02.1986, Rs. 174/84 - *Bulk Oil* -, Slg. 1986, 559 (Tz. 30)

286 *Mertens de Wilmars* CDE 1986, 5 (16 f.); *Oppermann* Rn. 685; vgl. dazu auch oben A.II.

287 Dazu *Verdross / Simma* § 780 Ziff. 2.

288 *Chevallier* CMLRev. 2 (1964), 21 (23, 34); Mégret-*Waelbroeck* (Bd. 10) Art. 164 EGV Rn. 10; *Meyer* Jura 1994, 455 (458)

289 *Bleckmann* NJW 1982, 1177 (1180); *H. P. Ipsen* § 5 Rn. 73; *Meyer* Jura 1994, 455 (457)

290 Vgl. beispielhaft EuGH 05.02.1963, Rs. 26/62 - *van Gend & Loos* -, Slg. 1963, 1 (Tz. 8 f.); EuGH 21.02.1973, Rs. 6/72 - *Continental Can* -, Slg. 1973, 215 (Tz. 25 f.); EuGH 08.04.1976, Rs. 43/75 - *Defrenne* -, Slg. 1976, 455 (Tz. 7); EuGH 17.02.1998, Rs. C-249/96 - *Grant* -, Slg. 1998, I-636 (Tz. 47); EuG 15.12.1999, verb. Rs. T-132/96 u. T-143/96 - *Freistaat Sachsen und Volkswagen AG* -, Slg. 1999, II-3663 (Tz. 133).

291 Lenz-*Borchardt* Art. 220 EG Rn. 16; *Schweitzer / Hummer* Rn. 453; *Zacker / Wernicke* Frage 304; *Bengoetxea* (S. 250) spricht von „teleo-systemic criteria".

V. Weitere Überlegungen zur Auslegung des Gemeinschaftsrechts

Über die genannten klassischen Methoden hinaus wird teilweise die Berücksichtigung weiterer Aspekte bei der Auslegung von Gemeinschaftsrecht diskutiert. Dabei geht es zum einen um den wirtschaftlichen Charakter der Vertragsnormen (unten 1.), zum anderen um die Frage, inwieweit die nachträgliche Praxis der Mitgliedstaaten bei der Auslegung zu berücksichtigen sei (unten 2.).

1. Zur Berücksichtigung wirtschaftlicher Gesichtspunkte

Häufig wird in der Literatur bei der Darstellung von Auslegungsregeln zum Gemeinschaftsrecht der wirtschaftliche Charakter der Vertragsbestimmungen diskutiert [292]. Tatsächlich betont der EuGH beispielsweise unter Berufung auf Art. 2 EG in ständiger Rechtsprechung, dass die Grundfreiheiten nur Tätigkeiten schützen, welche als Teil des Wirtschaftslebens in der Gemeinschaft aufgefasst werden können [293]. Es erscheint jedoch nicht erforderlich, in diesem Aspekt der EuGH-Rechtsprechung den Ausdruck einer gesonderten, von den oben genannten Methoden zu unterscheidenden Auslegungsregel zu sehen. Vielmehr ist die Betonung des wirtschaftlichen Charakters des Gemeinschaftsrechts lediglich ein besonders anschaulicher Anwendungsfall der systematisch-teleologischen Auslegung [294].

Im Übrigen hat ohnehin, spätestens seit In-Kraft-Treten des Unionsvertrags von Maastricht, die wirtschaftliche Dimension des Gemeinschaftsrechts einen Teil ihrer Bedeutung verloren. So ist beispielsweise die Bezugnahme auf das Wirtschaftliche aus dem Namen der Gemeinschaft verschwunden (Art. 1 EG). Damit geht in materieller Hinsicht die Einführung zahlreicher nicht-wirtschaftlicher Politikbereiche einher, etwa der Kulturpolitik (Art. 151 EG). Noch bedeutungsvoller ist jedoch die gleichzeitige Einführung der Unionsbürgerschaft (Art. 17 ff. EG), die eine Rechtstellung des Individuums über seine wirtschaftliche Betätigung hinaus

---

[292] Vgl. statt vieler *Bleckmann*, Europarecht, Rn. 550; *Degan* RTDE 2 (1966), 189 (220 ff.); *Monaco*, Auslegungsgrundsätze, S. 177 (185).

[293] Vgl. beispielhaft EuGH 12.12.1974, Rs. 36/74 - *Walrave u. Koch* -, Slg. 1974, 1405 (Tz. 4/10); EuGH 05.10.1988, Rs. 196/87 - *Steymann* -, Slg. 1988, 6159 (Tz. 9 ff.); EuGH 15.12.1995, Rs. C-415/93 - *Bosman* -, Slg. 1995, I-4921 (Tz. 73).

begründet. Einige Fälle mit Bezug zur Unionsbürgerschaft, die den Gerichtshof kürzlich beschäftigten, lassen diese Tendenz bereits erkennen und deuten auf einen gewissen Bedeutungsverlust der rein wirtschaftlichen Betrachtungsweise des Gemeinschaftsrechts hin [295].

Eine Berücksichtigung wirtschaftlicher Gesichtspunkte über die systematisch-teleologische Interpretation hinaus erscheint deshalb bei der Auslegung nicht angezeigt.

2. Zur Berücksichtigung der späteren Praxis der Mitgliedstaaten

Vereinzelt wird außerdem diskutiert, ob die spätere Praxis der Mitgliedstaaten Einfluss auf die Interpretation der Verträge haben könne [296]. Dabei ist allerdings zu beachten, dass die Berücksichtigung der späteren Übung der Parteien bei der Anwendung von Verträgen eine dem Völkerrecht entstammende Auslegungsmethode ist [297] (vgl. Art. 31 III lit. b des Wiener Übereinkommens über das Recht der Verträge vom 23.05.1969 [298]). Ihr liegt der Gedanke zugrunde, dass die nachfolgende Praxis, aus der eine Übereinstimmung der Vertragsparteien über die Auslegung des Vertrages hervorgeht, ihrerseits einem konkludenten, nachträglichen (Änderungs-)Vertrag zwischen den betroffenen Staaten vergleichbar ist [299]; dies zeigt auch der Zusammenhang mit Art. 31 III lit. a des Wiener Übereinkommens, der seinerseits auf ausdrückliche spätere Übereinkünfte zwischen den Vertragsparteien Bezug nimmt.

Eine Übertragung derartiger völkerrechtlicher Interpretationskriterien auf europarechtliche Verträge ist wegen des besonderen Charakters des Gemeinschafts-

---

[294] Vgl. dazu oben IV.

[295] Vgl. GA *Colomer*, 26.11.1996, Schlussanträge zu verb. Rs. C-65 und 111/95 - *Mann Singh Shingara u. Abbas Radiom* -, Slg. 1997, I-3345 (Tz. 34); GA La Pergola, 01.07.1997, Schlussanträge zu Rs. C-85/96 - *Martínez Sala* -, Slg. 1998, I-2691 (Tz. 14 f., 21, 23); GA *Jacobs*, 19.03.1998, Schlussanträge zu Rs. C-274/96 - *Bickel u. Franz* -, Slg. 1998, I-7637 (Tz. 23); zurückhaltender in letzterem Verfahren der EuGH (Urteil vom 12.05.1998, Tz.59 ff.).

[296] Vgl. dazu die diversen Stellungnahmen in *Bieber / Ress* (Hrsg.), Die Dynamik des Europäischen Gemeinschaftsrechts; ferner Handkomm.-*Hailbronner* Art. 164 EGV Rn. 12; *Bleckmann* NJW 1982, 1177 (1179); *ders.*, EuR 1979, 239 (242).

[297] Vgl. statt vieler: *K. Ipsen* § 11 Rn. 14.

[298] Abgedruckt in Sart. II Nr. 320.

[299] *Bleckmann* EuR 1979, 239 (241)

rechts als autonomer, aus einer eigenständigen Rechtsquelle fließender Rechtsordnung [300] abzulehnen [301]. Insofern gilt es vor allem folgende Gesichtspunkte zu berücksichtigen:

Zum einen besteht in der EG, im Unterschied zu den meisten Verträgen des klassischen Völkerrechts, eine obligatorische Gerichtsbarkeit mit Auslegungskompetenz. So setzt der Vertrag in den Art. 220 ff. EG ein Gemeinschaftsorgan ein, den Gerichtshof, dessen Aufgabe es ist, bei der Auslegung und Anwendung des Vertrages die Wahrung des Rechts zu sichern (Art. 220 EG). Ferner obliegt es dem EuGH, etwaige Vertragsverletzungen der Mitgliedstaaten festzustellen (Art. 226 ff. EG); dazu gehören auch Verstöße infolge einer vertragswidrigen Praxis der Mitgliedstaaten. Mit anderen Worten: es entspricht der vertraglich vorgesehenen Funktion des EuGH, dass er die Staatenpraxis am Gemeinschaftsrecht misst, nicht aber umgekehrt gerade das Gemeinschaftsrecht an Hand dieser Staatenpraxis auslegt.

Zum anderen bestimmt Art. 48 EU abschließend, in welchem Verfahren die Verträge geändert werden können; insbesondere bedürfen Vertragsänderungen eines ausdrücklichen, von allen Mitgliedstaaten zu ratifizierenden Rechtsaktes (Art. 48 III EU). Diese Bestimmung müsste leer laufen, ließe man auch konkludente Vertragsänderungen oder den Vertrag verbindlich auslegende Ergänzungen im Wege übereinstimmender Staatenpraxis zu.

Nichts anderes gilt übrigens für die nachträgliche Praxis der EU-Institutionen, insbesondere das Verhalten der an der Rechtsetzung beteiligten Organe Parlament, Rat und Kommission [302]. Zum einen sind diese Organe dem Prinzip der

[300] Vgl. dazu grundlegend EuGH 15.07.1964, Rs. 6/64 - *Costa / ENEL* -, Slg. 1964, 1141 (Tz. 8); EuGH 13.02.1969, Rs. 14/68 - *Walt Wilhelm* -, Slg. 1969, 1 (Tz. 6); EuGH 17.12.1970, Rs. 11/70 - *Internationale Handelsgesellschaft* -, Slg. 1970, 1125 (Tz. 3); *H. P. Ipsen* § 5 Rn. 2; *Schweitzer / Hummer* Rn. 76; *Mertens de Wilmars* CDE 1986, 5 (8, 18); vgl. auch oben A.I.

[301] Das ist nicht unstreitig. Wie hier: GH - *Pernice* Art. 164 EGV Rn. 33; *Slynn* in: Bieber / Ress (Hrsg.), S. 137 ff.; zurückhaltender beispielsweise *Bleckmann* EuR 1979, 239 (242, 258). Dass die nachfolgende Übung nicht ungeachtet der Bestimmungen des jeweiligen Vertrags herangezogen werden kann, betont für das Völkerrecht auch *K. Ipsen*, § 11 Rn. 14.

[302] So auch – zur Unbeachtlichkeit einer bloßen Praxis des Rates – EuGH 23.02.1988, Rs. 68/86 - *Vereinigtes Königreich / Rat* -, Slg. 1988, 855 (Tz. 24); EuGH 15.11.1994, Gutachten 1/94 - *WTO* -, Slg. 1994, I-5267 (Tz. 52); zum Verhalten der Kommission: EuGH 15.12.1995, Rs. C-415/93 - *Bosman* -, Slg. 1995, I-4921 (Tz. 136).

begrenzten Einzelermächtigung unterworfen (Art. 5 I EG); somit ist ihnen zumindest eine kompetenzerweiternde Institutionenpraxis von vornherein verwehrt. Aber auch hinsichtlich der bloßen Auslegung bestehender Kompetenzen gilt: die Organe sind bei ihrer Tätigkeit an das Primärrecht gebunden und stehen dabei unter der Kontrolle des Gerichshofs. Deshalb können sie nicht etwa selbst durch ihre Institutionenpraxis die Auslegung der EG-Kompetenzen verbindlich vorprägen. Sie können allenfalls ihre – den EuGH nicht bindende – Rechtsauffassung äußern [303].

Dementsprechend wird die nachfolgende Praxis der Mitgliedstaaten oder Institutionen der EU vom Gerichtshof nicht als verbindlich berücksichtigt, jedenfalls, soweit das hier allein interessierende Primärrecht betroffen ist [304].

C. Schlussfolgerung für die Auslegung von Kompetenznormen

Die vorstehende Darstellung der verschiedenen Auslegungsmethoden hat ergeben, dass im EG-Primärrecht der historischen Interpretation keine entscheidende Bedeutung zukommt [305]. Auch der Wortlaut des Vertrages ist im Hinblick auf die Ausschließlichkeit oder Nicht-Ausschließlichkeit von Gemeinschaftszuständigkeiten in der Regel nicht ergiebig; dort, wo der Vertragstext überhaupt Rückschlüsse zulässt, kann sein Wortlaut allenfalls Ausgangspunkt für die Auslegung einer Kompetenznorm sein [306]. Ebenso wenig spielen wirtschaftliche Gesichtspunkte oder die Praxis der Mitgliedstaaten bzw. der EG-Institutionen bei der Kompetenzauslegung eine entscheidende Rolle [307].

Maßgeblich für die Auslegung der Gemeinschaftskompetenzen ist deshalb eine Zusammenschau systematischer und teleologischer Argumente, die sog. syste-

[303] Vgl. etwa die diversen Stellungnahmen der Organe und ihre interinstitutionelle Vereinbarung zum Subsidiaritätsprinzip (2. Kapitel, A.II).
[304] EuGH 31.03.1971, Rs. 22/70 - *Kommission / Rat (A.E.T.R.)* -, Slg. 1971, 263 (Tz. 15/19 und 20/22); EuGH 08.04.1976, Rs. 43/75 - *Defrenne* -, Slg. 1976, 455 (Tz. 14, 56-60)
[305] Vgl. oben B.II.
[306] Vgl. oben B.I.
[307] Vgl. oben B.V.

matisch-teleologische Interpretation [308]. Diese Kombination macht auch der Gerichtshof in zahlreichen Entscheidungen zum Ausgangspunkt seiner Urteilsbegründung [309].

I. Die maßgeblichen systematischen und teleologischen Erwägungen

Auf der Grundlage der bisher gewonnenen Erkenntnisse sind für die Beurteilung von EG-Zuständigkeiten und für die Ermittlung ihrer Ausschließlichkeit vor allem die folgenden, zum Teil widerstreitenden Gesichtspunkte bedeutsam, die teils für, teils gegen die Annahme der Ausschließlichkeit von Kompetenzen sprechen. Im Sinne der systematisch-teleologischen Auslegungsmethode müssen sie zu einem schonenden Ausgleich gebracht werden [310], so dass jeder einzelne Aspekt möglichst weit gehende Beachtung finden kann. Im Schrifttum wird für diesen notwendigen Ausgleich verschiedenartiger Prinzipien bei der Beurteilung des Kompetenzgefüges bisweilen der Begriff der „föderalen Balance" oder des „föderalen Gleichgewichts" geprägt [311].

1. Ausgangspunkt: Der Grundsatz der begrenzten Einzelermächtigung

Das Gemeinschaftsrecht beruht auf dem Prinzip der begrenzten Einzelermächtigung (Art. 5 I EG) [312]. Zuständigkeiten der Gemeinschaft sind entsprechend der Systematik der Kompetenzverteilung im Vertrag die Ausnahme, solche der Mitgliedstaaten hingegen der Regelfall; hieraus folgt in Zweifelsfällen eine Ver-

---

[308] Vgl. oben B.III und B.IV; so auch (allerdings teilweise unter Hinzunahme des Wortlautkriteriums) *Bieber* in: Bieber / Ress (Hrsg.), S. 283 (293); *Calliess* EuZW 1995, 693 (696); *ders.*, Subsidiaritäts- und Solidaritätsprinzip (...), S. 86; CR-*Calliess* Art. 5 EG Rn. 25; *Geiger* FS Gitter S. 267 (274); *Müller-Graff* ZHR 159 (1995), 34 (59); *Schima* ÖJZ 1997, 761 (763); *Schwartz* AfP 1993, 409 (413).

[309] Vgl. nur EuGH 05.02.1963, Rs. 26/62 - *van Gend & Loos* -, Slg. 1963, 1 (Tz. 8 f.); EuGH 21.02.1973, Rs. 6/72 - *Continental Can* -, Slg. 1973, 215 (Tz. 25 f.); EuGH 08.04.1976, Rs. 43/75 - *Defrenne* -, Slg. 1976, 455 (Tz. 7); EuGH 17.02.1998, Rs. C-249/96 - *Grant* -, Slg. 1998, I-636 (Tz. 47).

[310] So auch – zum Verhältnis von Binnenmarktziel und Subsidiaritätsprinzip – *Rohe* RabelsZ 61 (1997), 1 (37).

[311] *Arbeitsgruppe „Europäische Verfassung"* in: *Weidenfeld* (Hrsg.), Wie Europa verfaßt sein soll, S. 19 ff.; *Europäische Strukturkommission,* in: *Weidenfeld* (Hrsg.), Europa '96, S.14 ff.; *Schwarze* DVBl. 1995, 1265 ff.; ähnliche Erwägungen finden sich bei *Maihofer* in: *Weidenfeld* (Hrsg.), Reform der EU, S. 61 (67 ff.)

[312] Vgl. dazu 1. Kapitel, B.

mutung für die Zuständigkeit der Mitgliedstaaten [313]. Diese Vermutung kann auch für die Frage der Ausschließlichkeit von Kompetenzen nutzbar gemacht werden: Wenn schon die Zuständigkeit der Gemeinschaft als solche den Ausnahmefall darstellt, so muss dies erst recht für ihre Ausschließlichkeit gelten. Im Zweifel sind der EG nur nicht-ausschließliche (konkurrierende oder parallele) Befugnisse übertragen [314], die Annahme der Exklusivität einer Kompetenz bedarf hingegen stets einer gesonderten Rechtfertigung. Denn konkurrierende und parallele Kompetenzzuweisungen wirken sich regelmäßig schonender auf die Handlungsspielräume und die nationale Identität der Mitgliedstaaten (Art. 6 III EU) aus als ausschließliche EG-Zuständigkeiten.

2. Die Gründe für die Annahme von Ausschließlichkeit

Innerhalb dieser Grenzen, die der Grundsatz der begrenzten Einzelermächtigung der Gemeinschaft zieht, können insbesondere zwei Gründe für die Annahme der Ausschließlichkeit von Kompetenzen sprechen:

a) Die Sicherung der Funktionsfähigkeit der Gemeinschaft und ihrer Politiken

Zum einen darf die Funktionsfähigkeit der Gemeinschaft und der von ihr gemäß dem Vertrag durchzuführenden Politiken nicht beeinträchtigt werden [315].

Der Vertrag gibt der Gemeinschaft bestimmte Integrationsziele vor (Art. 2 - 4 EG), zu deren Umsetzung gemeinsame Politiken durchgeführt werden (Art. 23 ff. EG). Zentrale Bedeutung im System des EGV kommt insbesondere der Marktintegration zu [316], die mittels Schaffung eines funktionsfähigen Gemeinsamen

---

[313] Europäischer Rat von Edinburgh, 11.-12.12.1992, Schlussfolgerungen des Vorsitzes, Teil A, Anlage 1, I Ziff. 2 (i), Bull.EG 12/1992, S. 13; *von Borries* FS Deringer S. 22 (28); CR-*Calliess* Art. 5 EG Rn. 12; *Konow* DÖV 1993, 405 (407); *Schmidhuber* DVBl. 1993, 417 (419)

[314] Europäische Kommission, Mitteilung vom 27.10.1992, SEK (92) 1990 endg., Anhang II, 3 = Bull. EG 10/1992, S. 118 (123); *Geiger* FS Gitter S. 267 (274); *Lecheler* S. 104; *Streinz*, Europarecht, Rn. 132

[315] So auch *Geiger* FS Gitter S. 267 (274); vgl. dazu EuGH 31.03.1971, Rs. 22/70 - *Kommission / Rat (A.E.T.R.)* -, Slg. 1971, 263 (Tz. 15-31); EuGH 11.11.1975, Gutachten 1/75 - *Lokale Kosten* -, Slg. 1975, 1355 (1363 f.); EuGH 18.02.1986, Rs. 174/84 - *Bulk Oil* -, Slg. 1986, 559 (Tz. 30); EuGH 19.03.1993, Gutachten 2/91 - *IAO* -, Slg. 1993, I-1061 (Tz. 9); EuGH 15.11.1994, Gutachten 1/94 - *WTO* -, Slg. 1994, I-5267 (Tz. 77); EuGH 24.03.1995, Gutachten 2/92 - *OECD* -, Slg. 1995, I-521 (Tz. 31).

[316] *Basedow* FS Everling S. 49 (68); *Schwartz* AfP 1998, 553 (561)

Marktes in einem System unverfälschten Wettbewerbs verwirklicht wird. Maßgeblich sind insoweit die Aufgabenstellungen in Art. 2 sowie in Art. 3 I lit. a-c, g und h EG; abgerundet wird der Aufbau des Gemeinsamen Marktes seit Neuestem durch die Schaffung einer einheitlichen Währung im Rahmen der Währungsunion (Art. 4 II EG).

Neben der wirtschaftlichen Integration gewinnen – spätestens seit In-Kraft-Treten des Vertrags von Maastricht – auch nichtwirtschaftliche Integrationsziele zunehmend an Bedeutung. So sieht der EGV etwa eine Unionsbürgerschaft (Art. 17 ff. EG) vor, die alle Staatsangehörigen der Mitgliedstaaten mit einer bestimmten Anzahl von gleichen Rechten ausstattet. Und durch eine Politik des wirtschaftlichen und sozialen Zusammenhalts (Art. 3 I lit. k EG) sollen bestehende Unterschiede in der Leistungsfähigkeit der einzelnen Mitgliedstaaten abgemildert werden.

Dementsprechend hat die Auslegung der vertraglichen Kompetenzzuweisungen so zu erfolgen, dass die Erreichung dieser Integrationsziele nicht vereitelt wird. Im Einzelfall kann dieses Erfordernis bis hin zur Annahme der Ausschließlichkeit einer Zuständigkeit der EG führen, falls nämlich der Verbleib von Befugnissen bei den Mitgliedstaaten die Verwirklichung der Integrationsziele des Vertrages beeinträchtigen würde [317].

b) Die Dynamik des Gemeinschaftsrechts

Zum anderen werden sowohl der Vertrag in seiner Gesamtheit als auch die wichtigsten darin enthaltenen Kompetenznormen von der besonderen Dynamik und Zielorientierung des Gemeinschaftsrechts geprägt; Integrationsfortschritte erreicht die EG nach der Systematik und dem Telos des EGV im Wesentlichen

---

[317] So auch EuGH 31.03.1971, Rs. 22/70 - *Kommission / Rat (A.E.T.R.)* -, Slg. 1971, 263 (Tz. 15-31); EuGH 11.11.1975, Gutachten 1/75 - *Lokale Kosten* -, Slg. 1975, 1355 (1363 f.); EuGH 18.02.1986, Rs. 174/84 - *Bulk Oil* -, Slg. 1986, 559 (Tz. 30); EuGH 15.11.1994, Gutachten 1/94 - *WTO* -, Slg. 1994, I-5267 (Tz. 77); EuGH 24.03.1995, Gutachten 2/92 - *OECD* -, Slg. 1995, I-521 (Tz. 31).

durch die Ausübung zielgerichteter Kompetenzen, wie etwa der Harmonisierungskompetenzen für den Binnenmarkt [318].

Hat die EG insoweit ein Gebiet durch umfassende Ausübung ihrer Zuständigkeiten „besetzt", kann dies zu einer Verschiebung der Zuständigkeiten bis hin zur Entstehung einer ausschließlichen Gemeinschaftskompetenz führen [319]. Zutreffend betont etwa *Schima* [320], die Ausschließlichkeit von Zuständigkeiten sei das Produkt einer dynamischen Entwicklung.

Bei der Beurteilung der Ausschließlichkeit von EG-Kompetenzen wird demzufolge auch der Aspekt der Dynamik des Gemeinschaftsrechts besonders zu würdigen sein.

3. Die Gründe gegen die Annahme von Ausschließlichkeit

Diese für die Ausschließlichkeit sprechenden Gesichtspunkte finden ihren Gegenpol im Subsidiaritätsprinzip (Art. 2 II EU, Art. 5 II EG; dazu unten a.) und im Flexibilitätsprinzip (Art. 43 ff. EU, Art. 11 EG; dazu unten b.), welche jedoch ihrerseits unter dem Vorbehalt der Wahrung des gemeinschaftlichen Besitzstandes stehen (dazu unten c.):

a) Das Subsidiaritätsprinzip

Das Subsidiaritätsprinzip, das in der Literatur bisweilen gar als Garant einer föderalen Balance zwischen der Gemeinschaft und ihren Mitgliedstaaten angesehen wird [321], wirkt der Dynamik des Gemeinschaftsrechts entgegen. Denn obwohl die Subsidiarität selbst als ein „dynamisches Konzept" bezeichnet wird (Ziff. 3 S. 4 des Subsidiaritätsprotokolls [322]), besteht ihre Funktion gerade darin, der Ausübung von Kompetenzen durch die EG Schranken zu setzen [323].

---

[318] Vgl. oben A.II
[319] So auch *Gilsdorf*, GS Grabitz S. 77 (87); vgl. ausführlich hierzu: 4. Kapitel, C.II.
[320] *Schima*, Das Subsidiaritätsprinzip (...), S. 14
[321] *Everling* FS Stern S. 1227 (1232)
[322] Protokoll über die Anwendung der Grundsätze der Subsidiarität und der Verhältnismäßigkeit (Protokoll Nr. 30 zum EUV / EGV in der Fassung des Vertrags von Amsterdam), Bull. B'Reg. 27.11.1997, Nr. 94/S. 1134 f. = Sart. II Nr. 151
[323] Vgl. dazu bereits Einführung Ziff. 1.b.

Zwangsläufig muss dies zu einem gewissen Bremseffekt für die dynamische Entwicklung der Gemeinschaft führen. Diese begrenzende Funktion kann der Subsidiaritätsgrundsatz jedoch seinerseits nur erfüllen, sofern ihm ein angemessener, seinem Standort im Grundsatzteil der Verträge entsprechender Anwendungsbereich zugestanden wird [324]. Das setzt voraus, dass der Ausschließlichkeitsvorbehalt in Art. 5 II EG nicht weiter als nötig gefasst wird. Aus systematischer Sicht darf deshalb der Stellenwert der Subsidiarität auch bei der Kompetenzauslegung und der Bestimmung des Umfangs der ausschließlichen Kompetenzen nicht verkannt werden.

b) Das Flexibilitätsprinzip

Neben dem Subsidiaritätsgrundsatz kommt seit dem Vertrag von Amsterdam auch dem Flexibilitätsprinzip eine herausragende Rolle zu. Dies wird bereits durch die Einfügung eines speziellen Titels VII in den EUV deutlich, der die Bestimmungen zur verstärkten Zusammenarbeit zusammenfasst; für den Bereich des Gemeinschaftsrechts hat die Flexibilität mit Art. 11 EG ebenfalls eine Regelung an prominenter Stelle im Grundsatzteil des Vertrages erfahren. Ziel des Flexibilitätsprinzips ist es, den Integrationsprozess auch in einer erweiterten EU gegen Blockadeanfälligkeit zu wappnen [325]. Seiner Aufgabe kann es jedoch nur gerecht werden, wenn sein Anwendungsbereich nicht übermäßig eingeengt wird, d. h. wenn der Ausschließlichkeitsvorbehalt in Art. 11 I lit. a EG [326] nicht zu weit interpretiert wird. Denn die Mitgliedstaaten haben ein Recht auf verstärkte Zusammenarbeit [327]. Auch diese Erwägung wird bei der Bestimmung des Umfangs der ausschließlichen Kompetenzen der EG zu beachten sein.

c) Ausnahme: Die Wahrung des gemeinschaftlichen Besitzstandes

Subsidiarität und Flexibilität finden allerdings ihrerseits eine Schranke in der Verpflichtung der Gemeinschaft zur Wahrung des gemeinschaftlichen Besitzstandes

---

[324] *Schön* ZGR 1995, 1 (22) spricht insoweit vom „effet utile" des (ex-)Art. 3b II EGV.
[325] Vgl. im Einzelnen: Einführung Ziff. 2.
[326] Nach dem vorläufigen Text des Vertrags von Nizza (Klausel A lit. d des Entwurfs vom 12.12. 2000, SN 533/00) wird der Vorbehalt des Art. 11 I lit. a EG künftig in den EUV überführt.
[327] *Thun-Hohenstein*, Der Vertrag von Amsterdam, S. 115

(frz.: *acquis communautaire*). Weder die Anwendung des Subsidiaritätsprinzips noch der Rückgriff auf die Grundsätze der verstärkten Zusammenarbeit dürfen zu einer Beeinträchtigung des *acquis communautaire* führen. Grundlegend ist insoweit die Bestimmung des Art. 2 I EU, 5. Gedankenstrich; für das Subsidiaritätsprinzip folgt dies neuerdings zusätzlich aus Ziff. 2 Hs. 1 des Subsidiaritätsprotokolls [328].

Mit der dem Subsidiaritätsprinzip zugedachten Aufgabenstellung ist dieser *Acquis*-Vorbehalt uneingeschränkt vereinbar; schließlich wurde das Subsidiaritätsprinzip als Kompetenzausübungsregel für die Zukunft und nicht etwa als Hebel zur Neuverteilung bestehender Kompetenzen in den EG-Vertrag eingefügt [329]. Auch was die verstärkte Zusammenarbeit angeht, so hat die Pflicht zur Wahrung des *acquis communautaire* in Art. 43 I lit. e EU und in Art. 11 I lit. b EG ihren besonderen Niederschlag gefunden. Denn im Wege der flexiblen Integration sollen einzelne Mitgliedstaaten nicht den bereits erreichten Integrationsstand unterlaufen dürfen, indem sie eine Neuregelung schaffen, welche hinter geltendem Gemeinschaftsrecht zurück bleibt.

Bei der Untersuchung der Ausschließlichkeit von Gemeinschaftskompetenzen wird auch dem Gesichtspunkt der Wahrung des *acquis communautaire* hinreichend Rechnung zu tragen sein.

II. Die Notwendigkeit der Festlegung konkretisierender Leitlinien

Die genannten systematischen und teleologischen Erwägungen lassen allerdings für sich genommen bei der Auslegung von Befugnisnormen noch keine hinreichend genauen Aussagen über die Ausschließlichkeit oder Nicht-Ausschließlichkeit einzelner Zuständigkeiten der EG zu. Unsicherheiten folgen nämlich aus der zwangsläufig allgemein gehaltenen Formulierung der relevanten vertraglichen Zielbestimmungen (vgl. insbesondere Art. 1 und 2 EU; Art. 2 - 4 EG) und

[328] Protokoll über die Anwendung der Grundsätze der Subsidiarität und der Verhältnismäßigkeit (Protokoll Nr. 30 zum EUV / EGV in der Fassung des Vertrags von Amsterdam), Bull. B'Reg. 27.11.1997, Nr. 94/S. 1134 f. = Sart. II Nr. 151

[329] Vgl. Einführung, Ziff. 1.b.

der grundlegenden Prinzipien des Gemeinschaftsrechts (Subsidiarität und Flexibilität), mit denen diese Ziele in Einklang gebracht werden müssen. Sachgerechte Ergebnisse bei der Kompetenzauslegung lassen sich folglich auch mit Hilfe der systematisch-teleologischen Auslegungsmethode erst dann erzielen, wenn die gewonnenen Erkenntnisse durch Leitlinien in Form von Fallgruppen konkretisiert werden, an denen sodann die einzelnen Kompetenzen gemessen werden können.

III. Die Notwendigkeit einer Rangfolge innerhalb der Leitlinien

Auch die Entwicklung von Leitlinien in Form von Fallgruppen ist jedoch als solche noch keine Garantie für sachgerechte Auslegungsergebnisse. Um der Gefahr einer Beliebigkeit der Auslegungsergebnisse vorzubeugen, ist eine klare Rangfolge innerhalb der Leitlinien unerlässlich.

1. Die Gefahr widersprüchlicher Auslegungsergebnisse

Es ist nämlich durchaus denkbar, dass sich bei Auslegung ein und derselben Befugnisnorm verschiedene Gesichtspunkte ergeben, die teils für, teils gegen die Ausschließlichkeit der jeweiligen Kompetenz sprechen.

Man denke nur an die aus der Entscheidungspraxis des EuGH bekannte Problematik des Dienstleistungsverkehrs mit Drittstaaten sowie der Rechte des geistigen Eigentums [330]: Im Rahmen der Verhandlungen zum Abschluss des WTO-Abkommens stellte sich die Frage, ob der EG für die Bereiche des internationalen Dienstleistungsverkehrs und der Rechte des geistigen Eigentums (sog. GATS- und TRIPs-Bestimmungen) die alleinige Vertragsschließungskompetenz zukomme, oder ob ein gemischtes Abkommen unter Beteiligung der Mitgliedstaaten erforderlich sein würde.

Zu Gunsten einer umfassenden ausschließlichen Kompetenz der EG lässt sich argumentieren, dass es sich bei Außenhandelsabkommen um eine externe Kom-

[330] Vgl. dazu EuGH 15.11.1994, Gutachten 1/94 - *WTO* -, Slg. 1994, I-5267 (insbesondere Tz. 41 ff., 54 ff.).

ponente des Binnenmarktes handelt. Ein geschlossenes Auftreten der EG gegenüber Drittstaaten lässt eine exklusive Gemeinschaftskompetenz nicht nur für den internationalen Warenverkehr, sondern auch für die anderen angesprochenen Bereiche als wünschenswert erscheinen; andernfalls droht eine Schwächung der Verhandlungsposition der EG und folglich die Beeinträchtigung europäischer Außenwirtschaftsinteressen [331].

Gegen diese generelle Ausschließlichkeit spricht jedoch, jedenfalls seit In-Kraft-Treten des Vertrags von Amsterdam, die Vorschrift des Art. 133 V EG [332], die offensichtlich voraussetzt, dass wenigstens Teile der genannten Materien nicht unter die Gemeinsame Handelspolitik fallen und deshalb aus der ausschließlichen EG-Kompetenz nach Art. 133 I EG ausgeklammert bleiben; eine ausschließliche EG-Kompetenz für internationale Übereinkünfte auf dem Gebiet des Dienstleistungsverkehrs und der Rechte des geistigen Eigentums kann beim derzeitigen Stand des Gemeinschaftsrechts nur durch einstimmigen Ratsbeschluss nach Art. 133 V EG begründet werden [333].

Würde man in einem solchen Fall die für und gegen eine Ausschließlichkeit sprechenden Argumente gleichberechtigt nebeneinander gelten lassen, so bestünde die Gefahr der Beliebigkeit, jedenfalls aber einer unauflöslichen Widersprüchlichkeit von Auslegungsergebnissen. Deshalb ist die Festlegung einer Rangfolge innerhalb der in Betracht kommenden Kriterien unerlässlich.

---

[331] Auf die insoweit bestehenden Gefahren für die Handlungsfähigkeit der Gemeinschaft und die Vertretung ihrer Interessen im Außenbereich weisen zu Recht hin: *Blin* RMC 1998, 447 (453 ff.); GH II - *Krenzler* Bd. 2 E.1 Rn. 60; *Krenzler / da Fonseca-Wollheim* EuR 1998, 223 (230, 240 f.).

[332] Eine ähnliche Klausel enthält künftig Art. 133 VII EG n. F. (von der Regierungskonferenz vereinbarter, vorläufiger Text des Vertrags von Nizza, 12.12.2000, SN 533/00).

[333] Durch Art. 133 V UAbs. 1 EG in der Fassung des Vertrags von Nizza (von der Regierungskonferenz vereinbarter, vorläufiger Vertragstext, 12.12.2000, SN 533/00) wird zwar die Gemeinsame Handelspolitik grundsätzlich auch auf die genannten Bereiche (Handel mit Dienstleistungen und Handelsaspekte des geistigen Eigentums) ausgedehnt. Im Gegenzug nimmt jedoch die Neufassung nunmehr bestimmte andere Materien ausdrücklich von der ausschließlichen Gemeinschaftskompetenz nach Art. 133 I und V UAbs. 1 EG aus, nämlich den Handel mit kulturellen und audiovisuellen Dienstleistungen, Dienstleistungen im Bereich der Bildung sowie in den Bereichen Soziales und Gesundheitswesen (Art. 133 VI UAbs. 2 S. 1 EG n. F.); diese werden sogar ausdrücklich dem Bereich der gemischten Abkommen zugewiesen, für welche die Vertragsschlusskompetenz zwischen der Gemeinschaft und den Mitgliedstaaten geteilt bleibt (Art. 133 VI UAbs. 2 S. 2 und 3 EG n. F.). Damit behält die hier vertretene Argumentationslinie auch

2. Die Unterscheidung zwischen positiven, negativen und neutralen Kriterien

Als Ansatzpunkt für die Festlegung einer solchen Rangfolge innerhalb der Leitlinien bietet sich eine Unterscheidung an, wie sie bereits soeben am Beispiel des WTO-Abkommens angeklungen ist [334]: die Unterscheidung zwischen positiven und negativen Kriterien. Während positive Kriterien, wie etwa die Notwendigkeit eines geschlossenen Auftretens der Gemeinschaft nach außen, zwingend für die Exklusivität einer Kompetenz sprechen, führen negative Kriterien, wie etwa die Existenz des Art. 133 V EG, zu Ausschlussgründen, aus denen sich ebenso zwingend der nicht-ausschließliche Charakter der jeweiligen Zuständigkeit ergibt.

Nebenbei können von diesen positiven und negativen Gesichtspunkten einige neutrale Kriterien abgeschichtet werden, welche nicht hinreichend aussagekräftig sind, um ein gesichertes Urteil über die Ausschließlichkeit oder Nicht-Ausschließlichkeit von Kompetenzen zuzulassen.

3. Die Zweistufigkeit der Prüfung, bei Vorrang der negativen Kriterien

Auf der Grundlage dieser Unterscheidung gebührt – nach Abschichtung der neutralen Aspekte – den negativen Kriterien der Vorrang vor den positiven.

Ist also ein negatives Kriterium erfüllt, so steht die Nicht-Ausschließlichkeit der jeweiligen Zuständigkeit bereits zwingend fest, selbst wenn zugleich positive Kriterien erfüllt sein sollten, aus denen sich möglicherweise Argumente zu Gunsten einer Ausschließlichkeit ableiten ließen. Ist hingegen *kein* negatives Kriterium erfüllt, so folgt aus diesem Umstand allein noch keine Exklusivität der betreffenden Zuständigkeit; vielmehr muss deren Ausschließlichkeit erst in einem weiteren Prüfungsschritt an Hand eines positiven Kriteriums belegt werden. Für diese Zweistufigkeit der Prüfung, bei Vorrang der negativen Kriterien gegenüber den positiven, sind insbesondere folgende Gesichtspunkte ausschlaggebend:

---

nach In-Kraft-Treten des Vertrags von Nizza ihre Gültigkeit, nunmehr allerdings in Bezug auf die Materien des Art. 133 VI UAbs. 2 S. 1 und UAbs. 3 EG n. F.

[334] Vgl. soeben unter 1.; vgl. außerdem oben I.2 und I.3.

a) Wie bereits ausgeführt, folgt aus dem Grundsatz der begrenzten Einzelermächtigung (Art. 5 I EG) in Zweifelsfällen eine Vermutung für die Zuständigkeit der Mitgliedstaaten; darüber hinaus kann aus dem Grundsatz der begrenzten Einzelermächtigung geschlossen werden, dass bestehende Gemeinschaftskompetenzen im Zweifel nicht-ausschließlicher Natur sind. Die Ausschließlichkeit einer Befugnis der Gemeinschaft ist ein Ausnahmefall in der Kompetenzordnung der Verträge [335]. In einer „Pattsituation", in der sowohl positive als auch negative Kriterien erfüllt sind, verdienen deshalb die Letzteren den Vorzug.

b) Zum anderen enthalten diverse Vertragsbestimmungen Zuständigkeitsvorbehalte zu Gunsten der Mitgliedstaaten, d. h. bestimmte Tätigkeiten sind der Kompetenz der EG entzogen, so etwa die Zuständigkeit für die Aufrechterhaltung der öffentlichen Ordnung und den Schutz der inneren Sicherheit (Art. 33 und Art. 35 V EU; Art. 64 I und Art. 68 II EG). Auch solche Vorbehalte sprechen für den Vorrang der negativen Kriterien, anderenfalls bestünde die Gefahr, dass sie leer laufen.

c) Dieselbe Erwägung gilt für die Grundsätze der Subsidiarität (Art. 5 II EG) und der Flexibilität (Art. 11 I EG). Die ihnen zugewiesene Funktion können beide nur erfüllen, wenn ihnen ein angemessener, ihrem Standort im Grundsatzteil der Verträge entsprechender Anwendungsbereich zugestanden wird [336]. Auch zu diesem Zweck ist ein Vorrang der negativen Kriterien vor den positiven geboten.

d) Schließlich gilt: speziellere Kriterien müssen den allgemeineren vorgehen. Dies spricht in aller Regel ebenfalls für den Vorrang der negativen Kriterien gegenüber den positiven. Denn beispielsweise ein Ausschluss jeglicher Harmonisierung, wie er in Art. 151 V EG enthalten ist, ist als negatives Kriterium [337], bezogen auf die jeweilige Materie, sachnäher als etwa allgemeine Zielbestimmungen im Grundsatzteil der Verträge (vgl. nur Art. 2 - 4 EG), aus denen sich möglicherweise die Ausschließlichkeit einer bestimmten Kompetenz ableiten ließe [338].

---

[335] Vgl. oben I.1.
[336] Vgl. oben I.3.
[337] Dazu 4. Kapitel, B.II.1.
[338] Dazu oben I.2.a.

4. Kapitel: Die Leitlinien zur Bestimmung ausschließlicher Kompetenzen

Auf der Grundlage der soeben dargestellten allgemeinen Auslegungsregeln für das Gemeinschaftsrecht [339] und der daraus gezogenen Schlussfolgerungen [340] sollen nunmehr die zur Bestimmung ausschließlicher Kompetenzen maßgeblichen Leitlinien ermittelt werden [341].

Gemäß der bereits festgelegten Zweistufigkeit der Prüfung [342] wird dabei zwischen den vorrangigen negativen Kriterien (dazu unten B.) und den ihnen nachrangigen positiven Kriterien (dazu unten C.) zu unterscheiden sein. Vorab soll jedoch auf einige Gesichtspunkte eingegangen werden, die keine verlässliche Aussage über die Ausschließlichkeit oder Nicht-Ausschließlichkeit von Zuständigkeiten zulassen und die deshalb bei der Entwicklung der Leitlinien unberücksichtigt bleiben müssen (neutrale Aspekte, dazu unten A.).

A. Die neutralen Aspekte

Bestimmte Gesichtspunkte lassen bei der Auslegung von Gemeinschaftskompetenzen kein gesichertes Urteil über die Ausschließlichkeit oder Nicht-Ausschließlichkeit der jeweiligen Befugnisse der EG zu. Diese Kriterien sind, mit anderen Worten, neutral im Hinblick auf den ausschließlichen Charakter der jeweiligen Kompetenzzuweisung und können folglich bei der Bestimmung ausschließlicher Zuständigkeiten keine entscheidende Rolle spielen.

Sie sollen im Folgenden vorab erörtert werden:

---

[339] Vgl. 3. Kapitel, A. und B.
[340] Vgl. 3. Kapitel, C.
[341] Eine zusammenfassende Übersicht der nun folgenden Leitlinien findet sich in Anhang 1.
[342] Vgl. 3. Kapitel, C.III.

I. Der ausdrückliche oder implizite Charakter einer Kompetenzzuweisung

Erstens ist es für die Beurteilung ihrer Ausschließlichkeit unerheblich, ob eine bestimmte Befugnis ausdrücklich im Vertrag niedergelegt ist oder sich lediglich aus ihm ableiten lässt (sog. *implied powers*) [343].

Denn eine solche Unterscheidung wäre willkürlich. Einerseits würden durch sie inhaltlich eng zusammengehörende Kompetenzen ohne triftigen Grund unterschiedlich behandelt – so etwa die geschriebene Zuständigkeit für die Gemeinsame Handelspolitik (Art. 133 I - IV EG) und die ungeschriebenen impliziten Außenkompetenzen nach der *A.E.T.R.-Doktrin* [344]. Andererseits aber würden auf diese Weise auch unter den geschriebenen Zuständigkeiten zutiefst unterschiedliche Kompetenzen hinsichtlich der Anwendbarkeit von Subsidiarität und Flexibilität gleich behandelt – so etwa die lediglich den Binnenmarkt flankierende Kulturpolitik (Art. 151 EG) und die mit umfassender Kompetenzübertragung verbundene Währungspolitik (Art. 105 ff. EG).

Zudem hätte das Gleichsetzen von ausdrücklichen mit ausschließlichen Kompetenzen zur Folge, dass Subsidiarität und Flexibilität, zwei herausragende Prinzipien aus dem Grundsatzteil des Vertrages, faktisch leer laufen müssten, wären sie doch in diesem Fall wegen ihres Ausschließlichkeitsvorbehalts auf alle geschriebenen Kompetenzen unanwendbar (Art. 5 II, Art. 11 I lit. a EG [345]).

II. Das grenzüberschreitende Interesse an einer Regelung

Ebenso wenig kann es für die Annahme der Ausschließlichkeit einer Befugnis ausreichen, dass ein grenzüberschreitendes Interesse an einem Tätigwerden der EG besteht [346]. Denn zum einen würde das Kriterium des grenzüberschreitenden Interesses wegen seiner Unbestimmtheit zu nicht unerheblichen Abgrenzungs-

---

[343] So im Ergebnis auch *Stewing* S. 106.

[344] Vgl. 2. Kapitel, B.I.2; den engen Zusammenhang beider Kompetenzarten zeigt besonders plastisch EuGH 15.11.1994, Gutachten 1/94 -*WTO* -, Slg. 1994, I-5267 (namentlich Tz. 72 ff.).

[345] Nach dem vorläufigen Text des Vertrags von Nizza soll der Vorbehalt des Art. 11 I lit. a EG künftig in den EUV überführt werden (vgl. Klausel A lit. d des Entwurfs von Nizza, SN 533/00, vom 12.12.2000).

[346] So aber *Gohlke* in: Borkenhagen (Hrsg.), S. 127 (130).

schwierigkeiten führen und sich folglich als wenig praxistauglich erweisen. Zum anderen ist es geradezu charakteristisch für alle Regelungen auf Gemeinschaftsebene, dass stets mehr als nur ein Mitgliedstaat betroffen ist und dass deshalb zur Vermeidung von Wettbewerbsverzerrungen bzw. zur Erleichterung des innergemeinschaftlichen Handels nach einheitlichen Lösungen für ein bestimmtes Problem gesucht wird. Keineswegs handelt es sich hierbei um eine Besonderheit der ausschließlichen Kompetenzen. Würde man also alle Zuständigkeiten, von denen die Gemeinschaft im grenzüberschreitenden Interesse mehrerer Mitgliedstaaten Gebrauch macht, schon allein aus diesem Grunde als ausschließlich ansehen, müssten Subsidiaritäts- und Flexibilitätsprinzip wegen ihres Ausschließlichkeitsvorbehalts (Art. 5 II, Art. 11 I lit. a EG [347]) weitgehend leer laufen.

III. Die Verpflichtung der Gemeinschaft zum Tätigwerden

Vielfach wird aus einer Handlungsverpflichtung der EG auf die Ausschließlichkeit ihrer jeweiligen Kompetenz geschlossen. Dies trifft insbesondere für die Rechtsauffassungen der an der Rechtsetzung beteiligten Gemeinschaftsorgane zu. So stellt etwa das Europäische Parlament fest, das Subsidiaritätsprinzip könne nicht diejenigen Bereiche tangieren, in denen die Gemeinschaft eine Verpflichtung zum Handeln habe [348]; mit anderen Worten zählt das Parlament die betreffenden Sachgebiete zu den ausschließlichen, vom Subsidiaritätsprinzip ausgenommenen Kompetenzen (Art. 5 II EG). Dieselbe Auffassung macht sich der Europäische Rat zu Eigen, wenn er betont, Art. 5 II und III EG würden nur insofern gelten, als der Vertrag es dem jeweiligen Organ überlässt, ob es tätig werden will [349]. Ähnlich geht die Kommission vor, nach deren Ansicht sich ausschließliche Zuständigkeiten durch ein *funktionales Element* auszeichnen; die EG treffe im Fall der Exklu-

[347] Nach dem vorläufigen Text des Vertrags von Nizza soll der Vorbehalt des Art. 11 I lit. a EG künftig in den EUV überführt werden (vgl. Klausel A lit. d des Entwurfs von Nizza, SN 533/00, vom 12.12.2000).

[348] Entschließung des EP vom 20.04.1994 zur Anpassung der geltenden Rechtsvorschriften an das Subsidiaritätsprinzip, ABl. EG vom 20.04.1994, Nr. C 128, S. 190 (Tz. 2); vgl. auch 2. Kapitel, A.II.2.b.

[349] Europäischer Rat von Edinburgh, 11.-12.12.1992, Schlussfolgerungen des Vorsitzes, Teil A, Anlage 1, I Ziff. 4 Abs. 6, Bull.EG 12/1992, S.13 (14); vgl. auch 2. Kapitel, A.II.2.a.

sivität eine klar aus dem Vertrag ableitbare Handlungsverpflichtung [350]. In der Literatur finden sich ebenfalls Stimmen, die die Ausschließlichkeit von Befugnissen an eine Handlungsverpflichtung der Gemeinschaft knüpfen [351].

Richtigerweise kann jedoch die Ausschließlichkeit einer Befugnis nicht davon abhängig gemacht werden, dass die betreffende Vertragsbestimmung die Gemeinschaft zum Tätigwerden verpflichtet [352]. Ausschließliche Kompetenzen können auch dort bestehen, wo keine Handlungspflicht besteht, umgekehrt kann eine Handlungspflicht ebenso gut bei konkurrierenden Kompetenzen gegeben sein. Zwar müssen der Gemeinschaft bei Bestehen einer Handlungsverpflichtung denknotwendig auch entsprechende Befugnisse zustehen, mit denen sie diese Verpflichtung erfüllen kann. Doch folgt daraus nicht zwingend gleichzeitig der Ausschluss jeglicher eigenständiger Handlungsmöglichkeit der Mitgliedstaaten. Dies gilt etwa für die Gemeinsame Verkehrspolitik: Obwohl nach der Rechtsprechung des Gerichtshofs in Teilbereichen der Verkehrspolitik (Art. 71 I lit. a, b EG) eine Handlungsverpflichtung des Rates besteht [353], gehören die entsprechenden Befugnisse doch zu denjenigen Kompetenzen, die der schrittweisen Verwirklichung des Gemeinsamen Marktes durch Rechtsangleichung dienen; sie sind folglich nach der hier vertretenen Auffassung zwingend nicht-ausschließlicher Natur [354].

Umgekehrt können ausschließliche Kompetenzen auch dort bestehen, wo die Gemeinschaft nicht in jedem Einzelfall eine konkrete Verpflichtung zum Tätigwerden trifft. So begründet etwa die Gemeinsame Handelspolitik (Art. 133 I - IV EG) zum Schutz der Funktionsfähigkeit der internen Gemeinschaftspolitiken eine Zuständigkeit ausschließlicher Natur [355]; nichtsdestoweniger steht es der EG nach dem Gemeinschaftsrecht – unbeschadet etwaiger völkerrechtlicher Bindungen –

---

[350] Mitteilung vom 27.10.1992, SEK (92) 1990 endg., Anhang II = Bull. EG 10/1992, S. 118 ff.; vgl. auch 2. Kapitel, A.II.1.

[351] Vgl. etwa *Begg u.a.* in: CEPR (Hrsg.) S. 17; *Calliess* EuZW 1995, 693 (696); GH - *von Bogdandy/Nettesheim* Art. 3b EGV Rn. 12; Lenz-*Langguth* Art. 5 EG Rn. 19; *Rideau* S. 377.

[352] So auch *Lenaerts / van Ypersele*, CDE 1994, 3 (Tz. 29); *Schwartz*, EG-Kompetenzen für den Binnenmarkt (...), S. 21 ff.; *ders.*, FS Everling S. 1331 (1341 f.).

[353] EuGH 22.05.1985, Rs. 13/83 - *EP / Rat* -, Slg. 1985, 1513 (Tz. 64)

[354] Vgl. im Einzelnen unten B.III sowie 5. Kapitel, B.I.2.

[355] Vgl. im Einzelnen 5. Kapitel, C.II.1 und 2. Kapitel, B.I.1.

völlig frei, ob sie im Verhältnis zu einem Drittstaat einseitige handelspolitische Maßnahmen ergreift oder nicht, ebenso, ob sie mit einem Drittstaat ein Handelsabkommen schließt oder nicht.

IV. Die Vollkommenheit der vertraglichen Kompetenzzuweisung

Unzureichend ist auch das alleinige Abstellen auf den Grad der Vollkommenheit einer vertraglichen Kompetenzzuweisung, d. h. den Umfang der durch den Vertrag auf die Gemeinschaft übertragenen Befugnisse. Zwar spricht die *Unvollkommenheit* einer Zuständigkeit zwingend gegen ihre Ausschließlichkeit [356]. Daraus darf jedoch nicht im Umkehrschluss gefolgert werden, eine ausschließliche Kompetenz bestehe überall dort, wo der EG durch eine Vertragsbestimmung besonders weit reichende Befugnisse eingeräumt werden, die es ihr erlauben, einen bestimmten Sachverhalt umfassend zu regeln.

So enthält etwa Art. 95 EG – vorbehaltlich der sich aus Art. 5 EG und den allgemeinen Rechtsgrundsätzen des Gemeinschaftsrechts ergebenden Grenzen – eine inhaltlich sehr weit gehende Harmonisierungsermächtigung zu Gunsten der EG; insbesondere ist die Rechtsangleichung nicht auf Mindeststandards beschränkt (anders als etwa Art. 137 II 1 EG [357]); auch schreibt Art. 95 EG (anders als etwa Art. 94 EG) nicht zwingend die Rechtsform der Richtlinie vor, sondern lässt theoretisch sogar den Erlass von Verordnungen mit unmittelbarer Geltung (Art. 249 II EG) zu. Dennoch ermöglicht Art. 95 EG lediglich die schrittweise Herstellung des Binnenmarktes im Wege der Rechtsangleichung und gehört damit entsprechend der hier vertretenen Auffassung zwingend zu den nicht-ausschließlichen Kompetenzen [358].

---

[356] Vgl. unten B.II.

[357] Künftig: Art. 137 II UAbs. 1 lit. b EG in Verbindung mit Art. 137 I lit. a bis i EG n. F. (von der Regierungskonferenz vereinbarter, vorläufiger Text des Vertrags von Nizza, 12.12.2000, SN 533/00).

[358] Vgl. im Einzelnen unten B.III sowie 5. Kapitel, B.I.2.

V. Vollzug, Finanzierung oder Kofinanzierung durch die Mitgliedstaaten

Schließlich lässt auch die Frage des Vollzugs oder der Finanzierung des zu erlassenden Rechtsakts grundsätzlich keinen sicheren Aufschluss darüber zu, ob die zugrunde liegende Kompetenz ausschließlicher Natur ist oder nicht [359]. Vielmehr entspricht es dem allgemeinen System der Zuständigkeitsverteilung im EGV, zwischen der Befugnis zum Erlass eines Rechtsakts und jener zum verwaltungsmäßigen Vollzug sowie zur Finanzierung streng zu unterscheiden.

Was etwa den Vollzug eines EG-Rechtsakts anbelangt, so obliegt dieser entsprechend dem Grundsatz der begrenzten Einzelermächtigung (Art. 5 I EG) im Regelfall den Mitgliedstaaten (indirekter administrativer Vollzug), soweit nicht ausnahmsweise ein direkter Vollzug durch EG-Organe vorgesehen ist [360]. Beispielsweise ist die Zollverwaltung Sache der Mitgliedstaaten, obwohl der Erlass des von ihnen zu vollziehenden Gemeinsamen Zolltarifs (Art. 26 EG) in die ausschließliche Zuständigkeit der Gemeinschaft fällt [361]. Aus der Vollzugskompetenz können also keine Rückschlüsse auf die Zuständigkeit zum Erlass des zugrunde liegenden Rechtsakts gezogen werden. Anderenfalls könnte die in Art. 5 II und Art. 11 I lit. a EG vorausgesetzte Ausschließlichkeit bestimmter Rechtsetzungskompetenzen der EG in der Praxis stets unter Berufung auf die in aller Regel bestehende nationale Vollzugskompetenz ausgehöhlt werden.

Ebenso verhält es sich mit der Finanzierung einer Maßnahme. Ob im Einzelfall eine Finanzierung aus dem EG-Haushalt, eine rein nationale Finanzierung oder eine Kofinanzierung durch Gemeinschaft und Mitgliedstaaten vorgesehen ist, sagt grundsätzlich nichts über die Art der EG-Zuständigkeit zum Erlass der zu finanzierenden materiellrechtlichen Maßnahme aus. Allenfalls wenn die Finanzierungsfrage nicht nur akzessorischer Natur ist, sondern selbst wesentliches inhaltliches Element des zu erlassenden Rechtsakts werden soll, kann die Rechtsetzungszuständigkeit von der Finanzierungszuständigkeit abhängen [362].

---

[359] So auch – bezüglich der Finanzierung – EuGH 11.11.1975, Gutachten 1/75 *-Lokale Kosten -*, Slg. 1975, 1355 (1364); EuGH 15.11.1994, Gutachten 1/94 - *WTO* -, Slg. 1994, I-5267 (Tz. 21); aA *Jarass* AöR 121 (1996), 173 (191).

[360] *Ahlt* S. 48; *Arndt* S. 135 f.; GTE-*Zuleeg* Art. 3b EGV Rn. 8; *Oppermann* Rn. 636

[361] Vgl. 5. Kapitel, C.II.1.

[362] So etwa im Falle der Schaffung eines neuen handelspolitischen Finanzierungsinstruments durch völkerrechtlichen Vertrag, vgl. CR-*Hahn* Art. 133 EG Rn. 4; EuGH 15.11.1994, Gutachten

B. Die negativen Kriterien (Ausschlussgründe)

Unter den für die Auslegung relevanten Gesichtspunkten sind nunmehr vorrangig diejenigen zu prüfen, die von vornherein *gegen* die Ausschließlichkeit einer EG-Kompetenz sprechen. Es handelt sich um *negative* Kriterien (Ausschlussgründe), bei deren Vorliegen bereits zwingend feststeht, dass eine bestimmte Kompetenz nicht ausschließlicher Natur sein kann [363]:

I. Die Vorbehalts-Aufgaben der Mitgliedstaaten

In einigen wenigen Fällen wird bereits im EGV selbst festgehalten, dass eine bestimmte Zuständigkeit bei den Mitgliedstaaten verbleiben soll und nicht etwa auf die EG übertragen wurde. Damit ist zugleich klargestellt, dass es sich hierbei um keine ausschließlichen Kompetenzen der EG handeln kann [364]; eine „Vergemeinschaftung" der betreffenden Materien wurde, mit anderen Worten, nicht vorgenommen. Solche ausdrücklichen Vorbehalts-Aufgaben der Mitgliedstaaten finden sich auf folgenden sieben Gebieten: Für die Beschäftigungspolitik stellt Art. 127 I 2 EG klar, dass „die Zuständigkeit der Mitgliedstaaten beachtet" wird. Auch die Anwendung des Strafrechts und die Strafrechtspflege werden in Art. 280 IV 2 EG ausdrücklich den Mitgliedstaaten vorbehalten; eine gleich lautende Klausel enthält Art. 135 S. 2 EG. Ebenso verbleibt den Mitgliedstaaten die Kompetenz zur Anwendung ihres Steuerrechts und zur Durchführung der Finanzaufsicht (Art. 58 I EG). Im Bereich der Bildungspolitik verpflichtet der Vertrag die Gemeinschaft, die Verantwortung der Mitgliedstaaten für die Lehrinhalte und die Gestaltung des Systems der allgemeinen und beruflichen Bildung zu achten (Art. 149 I, Art. 150 I EG). Auch die Organisation des Gesundheitswesens sowie die Gewährleistung der medizinischen Versorgung fallen in vollem Umfang in die Verantwortung der Mitgliedstaaten (Art. 152 V EG [365]). Was einwanderungspolitische Maßnahmen

---

1/94 - *WTO* -, Slg. 1994, I-5267 (Tz. 21); vgl. auch EuGH 04.10.1979, Gutachten 1/78 - *Naturkautschuk-Abkommen* -, Slg. 1979, 2871 (Tz. 60).

[363] Zum Vorrang der negativen Kriterien vgl. 3. Kapitel, C.III.3.

[364] So auch *Calliess* EuZW 1995, 693 (695) für den Bereich „mitgliedstaatlicher Restkompetenzen"; *ders.*, Subsidiaritäts- und Solidaritätsprinzip (...), S. 84.

[365] Gleiches gilt künftig gemäß Art. 137 IV EG, 1. Gedankenstrich, ausdrücklich für die Grundprinzipien der Systeme der sozialen Sicherheit (von der Regierungskonferenz vereinbarter, vorläufiger Text des Vertrags von Nizza, 12.12.2000, SN 533/00).

und die Festlegung der Rechte von legal in der EU lebenden Drittstaatsangehörigen betrifft, so stellt Art. 63 II EG klar, dass die Mitgliedstaaten auf diesen Feldern weiterhin rechtsetzungsbefugt sind. Und schließlich ist den Mitgliedstaaten ausdrücklich die Zuständigkeit für die Aufrechterhaltung der öffentlichen Ordnung und den Schutz der inneren Sicherheit vorbehalten (Art. 33 und Art. 35 V EU; Art. 64 I und Art. 68 II EG). Eine exklusive Kompetenz der EG kommt somit auf all diesen Feldern nicht in Betracht.

Dies entbindet freilich die Mitgliedstaaten nicht, ihrerseits bei Ausübung der ihnen vorbehaltenen Befugnisse das Gemeinschaftsrecht zu beachten [366]. Aus der Existenz der genannten Vorschriften kann nur gefolgert werden, dass jedenfalls der EG keine ausschließliche Kompetenz zusteht; keineswegs aber schaffen derartige Zuständigkeitsvorbehalte einen „gemeinschaftsfreien Raum".

II. Die Unvollkommenheit der vertraglichen Kompetenzzuweisung

Zwingend gegen die Ausschließlichkeit einer bestimmten Zuständigkeit der EG spricht des Weiteren auch die Unvollkommenheit der vertraglichen Kompetenzzuweisung, d. h. die Tatsache, dass die Gemeinschaft gar nicht in der Lage ist, einen bestimmten Sachverhalt umfassend zu regeln. Zumeist gehören die hiervon betroffenen Befugnisse zu den sog. *flankierenden Politiken* [367], mit denen keine grundlegenden Ziele der Gemeinschaft verfolgt, sondern lediglich begleitende Maßnahmen zur Abrundung der wirtschaftlichen Integrationsfortschritte getroffen werden sollen. Die Unvollkommenheit einer Kompetenzzuweisung kann aus verschiedenen Anhaltspunkten abgeleitet werden:

1. Der Ausschluss jeglicher Harmonisierung

Der offenkundigste Fall der Unvollkommenheit ist der vertragliche Ausschluss jeglicher Harmonisierung für ein bestimmtes Sachgebiet. Denn wo die Anglei-

---

[366] Vgl. 5. Kapitel, D.II.

[367] Vgl. zum Begriff der flankierenden Politiken bzw. Maßnahmen: Mitteilung der Kommission vom 27.10.1992, SEK (92) 1990 endg., Anhang II.2 a. E., abgedruckt in Bull. EG 10/1992, S. 123; ferner *Geiger* FS Gitter S. 267 (268); *Toth* in: O'Keeffe / Twomey (Hrsg.), S. 37 (41).

chung von Rechts- und Verwaltungsvorschriften der Mitgliedstaaten explizit ausgeschlossen wird, kann die Gemeinschaft denknotwendig keine umfassende, abschließende Regelung eines bestimmten Sachverhalts vornehmen. Eine „Vergemeinschaftung" der jeweiligen Materie soll hier gerade nicht erfolgen. Den Mitgliedstaaten soll vielmehr ein hinreichender Spielraum zur eigenverantwortlichen Gestaltung der betreffenden Bereiche verbleiben. In aller Regel geht deshalb der Ausschluss jeglicher Harmonisierung auch mit einer Beschränkung der Gemeinschaftskompetenzen auf bloße Empfehlungen, Koordinierungs- und Fördermaßnahmen einher.

Beispielhaft sei in diesem Zusammenhang die Kulturpolitik erwähnt. Gemäß Art. 151 V EG, 1. Gedankenstrich, ist der Rat im kulturellen Bereich zu „Fördermaßnahmen unter Ausschluss jeglicher Harmonisierung der Rechts- und Verwaltungsvorschriften der Mitgliedstaaten" ermächtigt. Diese Regelung entspricht dem erkennbaren Bestreben, zur Entfaltung der Kulturen der Mitgliedstaaten beizutragen und dabei die nationale und regionale Vielfalt zu wahren (Art. 151 I EG; vgl. auch Art. 6 III EU); eine Vergemeinschaftung der Kulturpolitik ist mit Art. 151 EG gerade nicht bezweckt.

Gleiches gilt für den Bereich der allgemeinen und beruflichen Bildung sowie der Jugendpolitik. Auch für diese Materien sieht der Vertrag in Art. 150 IV und in Art. 149 IV EG, 1. Gedankenstrich, den Ausschluss jeglicher Harmonisierung vor. Hintergrund sind die historisch gewachsenen Unterschiede zwischen den Bildungssystemen der Mitgliedstaaten, die nicht durch eine Vergemeinschaftung eingeebnet werden sollen. Auch der Gedanke des Systemwettbewerbs mag eine Rolle gespielt haben. Deshalb wird die Verantwortung der Mitgliedstaaten für die Lehrinhalte und die Gestaltung des Bildungssystems besonders betont (Art. 149 I, 150 I EG).

In manchen Mitgliedstaaten kommen die genannten Regelungen besonders den Regionen zugute, die traditionell Befugnisse im kulturellen und im Bildungsbereich ausüben; nicht zuletzt trifft dies für die deutschen Länder zu.

2. Die Beschränkung auf Anreiz-, Förder- oder Ergänzungsmaßnahmen

In engem Zusammenhang mit dem Ausschluss jeglicher Harmonisierung sind Vorschriften zu sehen, die das Tätigwerden der EG auf bloße Anreiz-, Förder- und Ergänzungsmaßnahmen beschränken. Denn wer lediglich Anreize gibt und das Handeln anderer Entscheidungsträger fördert und ergänzt, kann denknotwendig für den betreffenden Sachverhalt nicht ausschließlich zuständig sein. Vielmehr setzt Förderung und Ergänzung zwingend voraus, dass (zumindest auch) anderen Ebenen, in diesem Fall den Mitgliedstaaten, die Entscheidungskompetenz für die jeweilige Materie zusteht. Auch in den hier besprochenen Fällen soll folglich eine „Vergemeinschaftung" ausgeschlossen sein, erst recht kommt eine ausschließliche Gemeinschaftskompetenz nicht in Betracht.

Dies trifft insbesondere auf die Beschäftigungspolitik zu. Der Gemeinschaft kommt hier lediglich die Aufgabe zu, die Zusammenarbeit zwischen den Mitgliedstaaten zu fördern, zu unterstützen und erforderlichenfalls zu ergänzen (Art. 127 I 1 EG). Soweit die Gemeinschaft überhaupt selbst aktiv wird, steht ihr keine umfassende Regelung der Beschäftigungspolitik zu, sondern sie greift lediglich punktuell durch Anreizmaßnahmen und Pilotvorhaben ein (Art. 129 I EG). Akteure der Beschäftigungspolitik sind dementsprechend weiterhin die Mitgliedstaaten selbst, ihre Zuständigkeit für diesen Bereich bleibt unberührt (Art. 127 I 2 EG).

3. Die Beschränkung auf eine koordinierende Tätigkeit

Auch eine bloße Ermächtigung zur Koordinierung der Politiken der Mitgliedstaaten reicht für die Begründung einer ausschließlichen Gemeinschaftskompetenz nicht aus. Vielmehr setzt der Begriff der Koordinierung zwingend voraus, dass Zuständigkeiten gerade nicht vollständig auf die Gemeinschaft übertragen wurden, sondern es bei einer Mehrzahl von Entscheidungsträgern verbleibt, deren Verhalten aufeinander abgestimmt werden soll.

So verhält es sich insbesondere mit der Wirtschaftspolitik (Art. 98 ff. EG) und der bereits erwähnten Beschäftigungspolitik (Art. 125 ff. EG). Beide Materien betrachten die Mitgliedstaaten als „Angelegenheiten von gemeinsamem Interesse" (Art.

99 I, Art. 126 II EG) und gerade nicht als vergemeinschaftete, auf die EG übertragene Bereiche. Es handelt sich, mit anderen Worten, nicht um *Integrations-*, sondern um *Koordinations- bzw. Kooperationsbereiche* [368]. Die Zuständigkeiten der EG beschränken sich hier auf die bloße Koordinierung und Überwachung der Tätigkeit der Mitgliedstaaten (Art. 99, 126, 128 EG), die EG erhält keine wesentlichen Befugnisse und schon gar nicht die alleinige, d. h. ausschließliche Entscheidungskompetenz.

Zu beachten ist allerdings, dass im Vertrag der Begriff der Koordinierung nicht einheitlich verwendet wird; teilweise wird auch dort von Koordinierung gesprochen, wo in Wahrheit sehr viel weiter gehende Rechtsakte mit Harmonisierungscharakter erlassen werden können [369], etwa im Bereich der Niederlassungs- und der Dienstleistungsfreiheit (Art. 46 II, Art. 47 II EG). Der Wortlaut kann also, wie stets, nur ein erster Anhaltspunkt für die Auslegung des Vertrages sein [370].

4. Die Beschränkung der Harmonisierung auf Mindeststandards

Vereinzelt werden auch im Bereich der Harmonisierungskompetenzen nur unvollkommene Befugnisse auf die Gemeinschaft übertragen. Dies ist insbesondere der Fall, wenn der Vertrag eine Totalharmonisierung ausdrücklich ausschließt und der EG nur eine Befugnis zur Festlegung von Mindeststandards einräumt. Dann verbleibt notwendigerweise zumindest eine Restkompetenz für weiter gehende Maßnahmen auf dem jeweiligen Sachgebiet bei den Mitgliedstaaten, so dass im Umkehrschluss eine ausschließliche Kompetenz der Gemeinschaft nicht in Betracht kommt.

Augenscheinlich wird dies etwa im Bereich der Asyl- und Flüchtlingspolitik, die erst durch den Vertrag von Amsterdam überhaupt „vergemeinschaftet" worden ist. So beschränken Art. 63 Nr. 1 lit. b, c und d sowie Art. 63 Nr. 2 lit. a EG die Tätigkeit der Gemeinschaft auf den Erlass von Mindestnormen, d. h. eine Totalharmo-

[368] *Thun-Hohenstein / Cede* S. 42; *Thun-Hohenstein*, Der Vertrag von Amsterdam, S. 82
[369] CR-*Bröhmer* Art. 47 EG R. 9; Lenz-*Scheuer* Art. 47 EG Rn. 2
[370] Vgl. 3. Kapitel, B.I.

nisierung der Asyl- und Flüchtlingspolitik und demzufolge auch eine ausschließliche Regelung der Materie durch die EG ist ausgeschlossen.

Gleiches gilt übrigens auch für den Bereich der impliziten Außenkompetenzen der Gemeinschaft: Eine ausschließliche Vertragsschlusskompetenz der EG auf Grundlage der *Implied-Powers*-Doktrin wird nur für solche Bereiche begründet, die innergemeinschaftlich bereits umfassend geregelt sind. Solange und soweit die EG intern keine vollständige Harmonisierung des jeweiligen Sachgebiets vorgenommen, sondern bloße Mindestvorschriften erlassen hat, kommt eine ausschließliche Außenkompetenz nicht in Betracht [371].

5. Die Möglichkeit einer Schutzverstärkung durch die Mitgliedstaaten

Ähnliches gilt, wenn der Vertrag der Gemeinschaft zwar eine Kompetenz zur Rechtsangleichung einräumt, gleichzeitig aber den Mitgliedstaaten erlaubt, über das gemeinschaftliche Schutzniveau hinaus zu gehen. Auch eine solche Zuständigkeitsverteilung schließt zwingend das Vorliegen einer ausschließlichen Kompetenz der EG aus, denn der Erlass weiter gehender nationaler Schutzmaßnahmen ist überhaupt nur denkbar, wenn den Mitgliedstaaten zumindest eine Restzuständigkeit verbleibt.

Anzutreffen sind derartige Schutzverstärkungsklauseln vor allem im Bereich des Gesundheits-, Verbraucher- und Umweltschutzes. So räumt bereits der allgemeine Harmonisierungstatbestand des Art. 95 EG in seinen Absätzen 4 und 5 den Mitgliedstaaten die Möglichkeit ein, unter bestimmten Voraussetzungen strengere Schutzvorkehrungen einzuführen oder beizubehalten. In ähnlicher Weise erlaubt Art. 153 V EG im Rahmen der gemeinsamen Politik zum Verbraucherschutz den Mitgliedstaaten, über das Schutzniveau des Gemeinschaftsrechts hinauszugehen und strengere Verbraucherschutzregeln beizubehalten oder zu ergreifen. Gleiches gilt nach Art. 137 V EG [372] für die Sozialpolitik und nach Art. 176 EG für den Umweltschutz. Hinzu kommt für den Bereich der Gesundheitspolitik die Regelung

---

[371] EuGH 19.03.1993, Gutachten 2/91 - *IAO* -, Slg. 1993, I-1061 (Tz. 18 ff.)

[372] Künftig: Art. 137 IV EG, 2. Gedankenstrich (von der Regierungskonferenz vereinbarter, vorläufiger Text des Vertrags von Nizza, 12.12.2000, SN 533/00).

des Art. 152 IV lit. a EG, die sich allerdings auf Qualitäts- und Sicherheitsstandards für Organe und Substanzen menschlichen Ursprungs wie Blut und Blutderivate beschränkt.

Nur für einen einzigen Fall ist im Anwendungsbereich derartiger Schutzverstärkungsklauseln die (nachträgliche) Exklusivität von Gemeinschaftskompetenzen denkbar [373]: Wenn die EG ein absolutes Verbot erlässt, etwa das absolute Verbot von Produktion und Verwendung einer umweltschädlichen Substanz [374], liegt eine abschließende Regelung auf Gemeinschaftsebene vor und sind strengere nationale Vorschriften denknotwendig ausgeschlossen. Ansonsten aber bleibt stets eine Restzuständigkeit der Mitgliedstaaten denkbar. Bei deren Gebrauch gilt übrigens wiederum die bereits erwähnte allgemeine Regel, wonach die Möglichkeit eigener, strengerer Schutzmaßnahmen einen Mitgliedstaat nicht von der Einhaltung des Gemeinschaftsrechts als solchem entbindet [375]. Wird also in einem Mitgliedstaat von einer Schutzverstärkungsklausel Gebrauch gemacht, so müssen dabei die allgemeinen Rechtsgrundsätze des Gemeinschaftsrechts beachtet und die Grundfreiheiten, insbesondere das Verbot der Diskriminierung aus Gründen der Staatsangehörigkeit, beachtet werden. Art. 153 V 2 und Art. 176 S. 2 EG stellen dies ausdrücklich klar.

III. Die Ermächtigung zu schrittweisem Vorgehen, insbesondere bei der Rechtsangleichung

Zur Gruppe der nicht-ausschließlichen Zuständigkeiten gehören neben den soeben beschriebenen unvollkommenen Befugnissen auch sämtliche Kompetenzen, die die Gemeinschaft zu einem schrittweisen Vorgehen ermächtigen. Dies trifft insbesondere auf alle Harmonisierungskompetenzen des Vertrages zu: Harmonisierungsvorschriften zeichnen sich dadurch aus, dass sie der Gemeinschaft zur Erreichung eines bestimmten Zieles die Ermächtigung zur schrittweisen An-

---

[373] Zur nachträglichen Ausschließlichkeit von Kompetenzen: vgl. unten C.II.

[374] So etwa das auf der Grundlage von (ex-)Art. 130s I EGV geltende Verbot der Herstellung und Verwendung von Fluorchlorkohlenwasserstoffen (FCKW) gemäß Art. 3 I, Art. 10 I, jeweils 2. Gedankenstrich, der Verordnung (EG) Nr. 3093/94 des Rates vom 15.12.1994 über Stoffe, die zum Abbau der Ozonschicht führen (ABl.EG vom 22.12.1994, Nr. L 333, S. 1 ff.).

gleichung der Rechts- und Verwaltungsvorschriften ihrer Mitgliedstaaten einräumen. Insbesondere zur Realisierung des Binnenmarktziels (Art. 3 I lit. c, lit. h EG) wird das Mittel der Rechtsangleichung eingesetzt, wofür der EG im Vertrag diverse Befugnisse zustehen (Art. 40 lit. b bis lit. d, 42, 44, 46 II, 47, 52, 93, 94, 95 und 96 EG).

Allerdings ist die rechtliche Zuordnung dieser Harmonisierungskompetenzen, wie bereits erwähnt [376], keineswegs unumstritten. So führen die Befürworter einer Ausschließlichkeit an, die Verwirklichung des Binnenmarkts im Wege der Rechtsangleichung könne schon kraft Natur der Sache nur auf Gemeinschaftsebene bewerkstelligt werden [377]. Begründet wird dies unter anderem damit, dass alleine die EG-Organe und nicht etwa einzelne Mitgliedstaaten in der Lage seien, für die gesamte Gemeinschaft Maß und Grad der zu verwirklichenden Marktintegration zu definieren [378]. Tatsächlich richten sich sowohl die Zielbestimmungen des Vertrages in Art. 3 I lit. h EG und Art. 14 I EG als auch die konkreten Harmonisierungsermächtigungen, etwa Art. 95 I 2 EG, ausschließlich an die Gemeinschaft, so dass auf den ersten Blick der Schluss nahe liegt, die Verwirklichung des Binnenmarkts im Wege der Rechtsangleichung sei speziell der EG und nicht den Mitgliedstaaten als Befugnis zugewiesen [379]. Dies umso mehr, als andere, nicht auf Harmonisierung gerichtete Teile des Vertrages, beispielsweise der Titel über die Beschäftigung (Art. 128 ff. EG), ausdrücklich auch die Mitgliedstaaten als Adressaten ansprechen.

Dennoch sind auch die Harmonisierungskompetenzen der EG richtigerweise als nicht-ausschließliche Zuständigkeiten aufzufassen. Dafür sprechen insbesondere die folgenden Erwägungen:

---

[375] Vgl. 5. Kapitel, D.II.

[376] Vgl. dazu 2. Kapitel, A.I.

[377] GA *Léger*, 12.03.1996, Schlussanträge zu Rs. C-84/98 - *Vereinigtes Königreich / Rat* -, Slg. 1996, I-5758 (Tz. 129 a. E.); GA *Lenz*, 30.04.1996, Schlussanträge zu Rs. C-11/95 - *Kommission / Belgien* -, Slg. 1996, I-4117 (Tz. 60); differenzierende Ausführungen hinsichtlich des Umfangs dieser Ausschließlichkeit finden sich bei GA *Léger*, 10.12.1996, Schlussanträge zu Rs. C-233/94 - *Deutschland / EP und Rat* -, Slg. 1997, I-2411 (Tz. 80 ff.) und GA *Fennelly*, 15.06.2000, Schlussanträge zu Rs. C-376/98 - *Deutschland / EP und Rat* - (Tz. 135 ff., noch nicht in der amtlichen Sammlung abgedruckt).

[378] *Müller-Graff* ZHR 159 (1995), 34 (68 ff.)

[379] So auch die Darstellung bei *Schwartz*, EG-Kompetenzen für den Binnenmarkt (...), S. 13 ff.

1. Der Beitrag der Mitgliedstaaten zur Verwirklichung des Binnenmarkts

Das Binnenmarktziel wird in aller Regel unter Mitwirkung der Mitgliedstaaten verwirklicht. Zwar ist ein beachtlicher Teil der klassischen Handelshemmnisse, wie etwa Zölle und mengenmäßige Beschränkungen, bereits primärrechtlich durch unmittelbar anwendbare Vorschriften des EG-Vertrags abgebaut worden (vgl. Art. 25, 28 und 29 EG) und fällt deshalb nunmehr unter die kompetenzfreien Bereiche [380]. Soweit aber danach noch Handelshemmnisse zwischen den Mitgliedstaaten fortbestehen, muss ihr Abbau a priori nicht zwingend mit Hilfe von Sekundärrecht der EG erfolgen. Vielmehr steht es den Mitgliedstaaten jederzeit offen, von sich aus einseitig zur Verwirklichung der Ziele des Binnenmarkts beizutragen [381], etwa durch die konsequente Verwirklichung des Ursprungsprinzips in Form einer nationalen Politik der Anerkennung von Qualitätsstandards oder Befähigungsnachweisen aus anderen Mitgliedstaaten.

Nur soweit dies nicht in ausreichendem Maße gelingt, ist überhaupt ein gemeinschaftliches Tätigwerden erforderlich, welches dann allerdings wegen der Gemeinschaftstreuepflicht (Art. 10 EG) supranational erfolgen muss, d. h. durch den Gemeinschaftsgesetzgeber und nicht etwa durch einen völkerrechtlichen Vertrag der Mitgliedstaaten außerhalb des institutionellen Rahmens der EG [382]. Auch in diesem Fall ist jedoch nicht zwingend jegliche Regelungskompetenz der Mitgliedstaaten ausgeschlossen. Vielmehr deutet schon die am weitaus häufigsten verwendete Form der Harmonisierung, nämlich die Rechtsangleichung durch Richtlinien, auf eine nicht-ausschließliche Kompetenz der Gemeinschaft in diesem Bereich hin [383]. Denn durch eine EG-Richtlinie (Art. 249 III EG) wird ein zweistufiges

---

[380] Vgl. 1. Kapitel, A.; 5. Kapitel, A.

[381] So auch GA *Léger*, 10.12.1996, Schlussanträge zu Rs. C-233/94 - *Deutschland / EP und Rat* -, Slg. 1997, I-2411 (Tz. 81, 85); GA *Fennelly*, 15.06.2000, Schlussanträge zu Rs. C-376/98 - *Deutschland / EP und Rat* - (Tz. 139; noch nicht in der amtlichen Sammlung abgedruckt); *Bribosia* RMUE 4/1992, 165 (168); GH - *von Bogdandy/Nettesheim* Art. 3b EGV Rn. 29; *Roth* ZBB 1997, 373 (375); *Schön* ZGR 1995, 1 (21) hält die Mitgliedstaaten unter Berufung auf Art. 10 EG (ex-Art. 5 EGV) hierzu sogar für verpflichtet.

[382] So zutreffend GA *Fennelly*, 15.06.2000, Schlussanträge zu Rs. C-376/98 - *Deutschland / EP und Rat* - (Tz. 136; noch nicht in der amtlichen Sammlung abgedruckt).

[383] *Geiger* FS Gitter S. 267 (276); *Roth* ZBB 1997, 373 (375); *Schima* ÖJZ 1997, 761 (763); *ders.*, Das Subsidiaritätsprinzip, S. 97; *Schweitzer* in: Kremer (Hrsg.), S. 20 (33)

Rechtsetzungsverfahren in Gang gesetzt [384], welches zwingend einen rechtlich verbindlichen Umsetzungsakt im betroffenen Mitgliedstaat vorsieht [385]. Hinzu kommt, dass im Bereich des Binnenmarkts das Prinzip der Totalharmonisierung weitgehend zu Gunsten des Prinzips gegenseitiger Anerkennung aufgegeben [386] ist und folglich schon kraft Natur der Sache ein Rechtsetzungsspielraum für die Mitgliedstaaten verbleiben muss. Damit steht auch und gerade der Bereich der Binnenmarktgesetzgebung einer regelnden Tätigkeit der Mitgliedstaaten offen.

2. Das Wesen der Rechtsangleichung

Auch das Wesen der Rechtsangleichung spricht gegen die These von der Ausschließlichkeit. Die Rechtsangleichung zur Verwirklichung des Binnenmarkts ist Ausdruck der Dynamik des Gemeinschaftsrechts; die fraglichen Kompetenzen sind nicht sachgebietsbezogen, sondern zielorientiert [387]. Dementsprechend vollzieht sich Rechtsangleichung schrittweise und einzelfallbezogen. Welche Materien im Einzelnen Gegenstand einer solchen Harmonisierung sein können, steht nicht von vornherein fest, sondern stellt sich erst im Laufe der Zeit, von Fall zu Fall, heraus, je nach den wirtschaftlichen Gegebenheiten und – in den Grenzen des Art. 5 EG – nach den rechtspolitischen Notwendigkeiten [388].

Solange aber die Gemeinschaft eine bestimmte Materie noch nicht abschließend im Wege der Rechtsangleichung harmonisiert hat, verbleiben entsprechende Rechtsetzungszuständigkeiten in vollem Umfang bei den Mitgliedstaaten [389]. Im Schrifttum wird in diesem Zusammenhang von übergangsweise bestehenden Zuständigkeiten (frz.: *compétences transitoires*) oder *Residualkompetenzen* (frz.:

---

[384] *Ahlt* S. 13; *Geiger* Art. 249 EG Rn. 8; *Thun-Hohenstein / Cede* S. 187

[385] *Nicolaysen* S. 161 f.; *Schweitzer / Hummer* Rn. 359 f.; *Streinz,* Europarecht, Rn. 384, 391

[386] Weißbuch der Kommission vom 14.06.1985 an den Europäischen Rat von Mailand, „Vollendung des Binnenmarkts", KOM (85) 310 endg. (insbesondere Tz. 65, 77 ff.); *Rohe* RabelsZ 61 (1997), 1 (40); *Schmidhuber / Hitzler* EuZW 1993, 8 (9 f.)

[387] Vgl. 3. Kapitel, A.II.

[388] Vgl. 3. Kapitel, A.II.

[389] Ständige Rechtsprechung, vgl. EuGH 11.07.1974, Rs. 8/74 - *Dassonville* -, Slg. 1974, 837 (Tz. 6); EuGH 20.02.1979, Rs. 120/78 - *Rewe (Cassis de Dijon)* -, Slg. 1979, 649 (Tz. 8); EuGH 07.02.1984, Rs. 237/82 - *Jongeneel Kaas* -, Slg. 1984, 483 (Tz. 12 f.); EuGH 13.03. 1984, Rs. 16/83 - *Prantl* -, Slg. 1984, 1299 (Tz. 13 ff.); EuGH 13.05.1997, Rs. C-233/94 - *Deutschland / EP und Rat* -, Slg. 1997, I-2405 (Tz. 16); vgl. auch *Manin* Rn. 142.

compétences résiduaires) der Mitgliedstaaten gesprochen [390]. Das bloße Vorhandensein einer Ermächtigung zur Rechtsangleichung oder zur Schaffung einer einheitlichen Regelung auf Gemeinschaftsebene führt folglich noch nicht zu einer sofortigen und vollständigen Übertragung aller Zuständigkeiten für bestimmte Sachgebiete auf die EG. Vielmehr verkörpern die Harmonisierungsermächtigungen den typischen Fall der nicht-ausschließlichen Gemeinschaftskompetenz [391]. Ausschließliche Zuständigkeiten können insoweit stets nur punktuell entstehen, sofern die EG für eine bestimmte Materie umfassend von ihrer Harmonisierungskompetenz Gebrauch gemacht und folglich das betreffende Sachgebiet abschließend geregelt hat [392]. Eine derartige nachträgliche Ausschließlichkeit beschränkt sich aber stets auf konkrete, eng umgrenzte Sachgebiete; der konkurrierende Charakter der zugrunde liegenden Harmonisierungsermächtigung als solcher bleibt hiervon unberührt.

3. Die Auswirkungen von Subsidiaritäts- und Flexibilitätsgrundsatz

Auch aus der Existenz von Subsidiaritäts- und Flexibilitätsgrundsatz folgt die Notwendigkeit, die Harmonisierungskompetenzen des Vertrages als solche zu den nicht-ausschließlichen Zuständigkeiten zu zählen. Denn Aufgabe des Subsidiaritätsprinzips ist es gerade zu bestimmen, ob eine bestimmte Regelung auf Gemeinschaftsebene oder auf der Ebene der Mitgliedstaaten zu treffen ist; der Flexibilitätsgrundsatz soll seinerseits sicherstellen, dass Integrationsfortschritte notfalls auch durch einen Teil der Mitgliedstaaten verwirklicht werden können. Nun müssten Subsidiaritätsprinzip und Flexibilitätsgrundsatz weitgehend leer laufen [393], wenn der gesamte Bereich der Rechtsangleichung als ausschließliche Kompetenz aufgefasst und damit gemäß Art. 5 II und Art. 11 I lit. a EG dem Anwendungsbereich dieser beiden zentralen Prinzipien des Gemeinschaftsrechts entzo-

[390] *Emiliou* in: O'Keefe / Twomey (Hrsg.), S. 65 (68); *Lenaerts / van Ypersele* CDE 1994, 3 (Tz. 33; Tz. 26 Fn. 55); *Micklitz / Reich* EuZW 1992, 593; *Rideau*, S. 383 ff.; ähnlich die Rechtsprechung: EuGH 19.03.1993, Gutachten 2/91 - *IAO* -, Slg. 1993, I-1061 (Tz. 9) spricht von „übergangsweise ausgeübten" Zuständigkeiten; EuGH 18.09.1986, Rs. 48/85 - *Kommission / Deutschland* -, Slg. 1986, 2549 (Tz. 12) spricht von „Restzuständigkeit".
[391] Vgl. 1. Kapitel, C.II.
[392] Eingehend hierzu: unten C.II.

gen würde; die systematisch hervorgehobene Stellung der Artikel 5 und 11 EG im Grundsatzteil des Vertrages würde damit ihre Berechtigung verlieren. Für fast jede Regelungsmaterie lässt sich nämlich ein irgendwie gearteter Binnenmarktbezug herstellen [394] – man denke nur an Werbeverbote mit gesundheitspolitischem Einschlag, wie etwa das zwischenzeitlich für nichtig erklärte Verbot der Tabakwerbung [395]. Der dann verbleibende Anwendungsbereich von Subsidiarität und Flexibilität würde sich im Kern nur noch auf die flankierenden Politiken der Gemeinschaft beschränken [396], beispielsweise Kulturpolitik und berufliche Bildung, auf Bereiche also, in denen eine Harmonisierung durch den Vertrag ausdrücklich ausgeschlossen ist (Art. 150 IV, 151 V EG) [397].

Ziel der Einführung von Subsidiaritäts- und Flexibilitätsprinzip war es aber sicher nicht, der EG nur für Randbereiche ihrer Tätigkeit eine Kompetenzausübungsschranke aufzuerlegen und eine verstärkte Zusammenarbeit nur in eben diesen Randbereichen zuzulassen [398]. Vielmehr ist Rechtsangleichung der klassische Fall, in dem Subsidiarität und Flexibilität zur Anwendung kommen können. So muss etwa im Hinblick auf das Subsidiaritätsprinzip gerade im Binnenmarktbereich je nach Gesetzgebungsmaterie die notwendige Balance zwischen Vereinheitlichung und Vielfalt, zwischen Rechtsangleichung und Systemwettbewerb, stets neu definiert werden. Und was die Flexibilität betrifft, so ist eine verstärkte Zusammenarbeit etwa der Mitgliedstaaten der EURO-Zone essentiell, um das ordnungsgemäße Funktionieren der Währungsunion durch geeignete sekundärrechtliche Binnenmarktvorschriften, etwa für Bankdienstleistungen, sicherzustellen.

393 So auch (jeweils bezogen auf das Subsidiaritätsprinzip): *von Borries* EuR 1994, 263 (275); *Calliess* EuZW 1995, 693 (695); *ders.*, Subsidiaritäts- und Solidaritätsprinzip (...), S. 83; *Kinkel* FS Stern S. 1287 (1293); ähnlich *Everling* FS Stern S. 1227 (1234).

394 CR-*Calliess* Art. 5 EG Rn. 24; *Calliess* EuZW 1995, 693 (695); *Toth*, CMLRev. 29 (1992), 1079 (1094)

395 Richtlinie 98/43/EG des Europäischen Parlaments und des Rates vom 06.07.1998 zur Angleichung der Rechts- und Verwaltungsvorschriften der Mitgliedstaaten über Werbung und Sponsoring zugunsten von Tabakerzeugnissen (ABl.EG vom 30.07.1998, Nr. L 213, S. 9 ff.); kritisch zur Annahme einer Binnenmarktrelevanz in diesem Fall: *Dashwood* ELR 21 (1996), 113 (121 f.); *Di Fabio* AfP 1998, 564 (567); *Schwartz* AfP 1998, 553 (557 ff.).

396 *Geiger* FS Gitter S. 267 (268); vgl. zum Begriff der flankierenden Politiken die Mitteilung der Kommission vom 27.10.1992, SEK (92) 1990 endg., Anh. II.2 a. E. = Bull. EG 10/1992, S. 123; *Toth* in: O'Keeffe / Twomey (Hrsg.), S. 37 (41).

397 Vgl. oben II.1.

C. Die positiven Kriterien

Erst wenn die Auslegung einer bestimmten Kompetenzzuweisung ergeben hat, dass keines der vorgenannten Negativkriterien eingreift, ist in einem weiteren Schritt zusätzlich *positiv* festzustellen, ob die sonstigen notwendigen Voraussetzungen für eine Ausschließlichkeit vorliegen. Dabei sind zwei Fallgestaltungen zu unterscheiden: zum einen kann eine Materie von Anfang an zum Schutz der Funktionsfähigkeit der Gemeinschaft in deren ausschließlichen Zuständigkeitsbereich fallen (unten I.); zum anderen kann der EG eine punktuelle ausschließliche Zuständigkeit aber auch nachträglich zuwachsen, und zwar für Sachverhalte, die sie abschließend sekundärrechtlich geregelt hat (unten II.)

I. Die anfängliche Ausschließlichkeit zum Schutz der Funktionsfähigkeit der Gemeinschaft

Die erste Fallgestaltung von Ausschließlichkeit betrifft Bereiche, in denen die Funktionsfähigkeit der Gemeinschaft – ihrer Organe und ihrer Politiken – es zwingend erforderlich macht, ihr eine bestimmte Aufgabe von Anfang an zur ausschließlichen Erledigung zu übertragen [399]. Es handelt sich, mit anderen Worten, um Tätigkeiten, die nur von der Gemeinschaft erledigt werden können, weil jegliche Aktivität der Mitgliedstaaten zwangsläufig die Funktionsfähigkeit der vom Vertrag geschaffenen Organe oder Politiken beeinträchtigen müsste. Ein alternatives oder gar kumulatives Tätigwerden der Mitgliedstaaten neben der Gemeinschaft, wie es im Falle von konkurrierenden bzw. parallelen Kompetenzen möglich wäre, ist demzufolge ausgeschlossen [400]. Bereits durch das Primärrecht sind die betreffenden Sachgebiete vollständig und endgültig auf die EG übergegangen [401].

Folgende drei Fallgruppen lassen sich hierbei unterscheiden:

---

[398] Vgl. schon Einführung Ziff. 1, 2.
[399] Vgl. 3. Kapitel, C.I.2.a.
[400] Dies betont auch die Kommission mit ihrem materiellen Kriterium der Ausschließlichkeit, vgl. Ziff. II.1 ihrer Mitteilung vom 27.10.1992, SEK (92) 1990 endg., Anhang II = Bull. EG 10/1992, S. 118 ff.
[401] Vgl. dazu 1. Kapitel, C.I.1.

1. Der organisations-interne Bereich

Eine erste Fallgruppe der anfänglichen ausschließlichen Zuständigkeit stellt der organisations-interne Bereich der EG dar:

Die Gemeinschaft ist eine eigenständige, supranationale Organisation und besitzt Rechtspersönlichkeit (Art. 281 EG). Ihre Willensbildung ist durch den Vertrag bestimmten Organen übertragen (Art. 7 f. EG). In den ureigensten Zuständigkeitsbereich dieser Organe fällt es nun, über ihre internen Entscheidungsabläufe sowie über ihre innere Organisation und die ihrer Dienststellen zu befinden, soweit nicht bereits das Primärrecht entsprechende Regelungen vorsieht. So besitzen etwa die Kommission, der Rat und das Parlament Geschäftsordnungsautonomie (Art. 199 I Hs. 1, Art. 207 III, Art. 218 II EG). Gleiches gilt für den Wirtschafts- und Sozialausschuss sowie – seit In-Kraft-Treten des Vertrags von Amsterdam – für den Ausschuss der Regionen (Art. 260 II, Art. 264 II EG).

Eine Ausschließlichkeit der Gemeinschaftszuständigkeit für solche organisations-internen Fragen dient dem Schutz der Funktionsfähigkeit der Institutionen der EG. Auf diesem Gebiet, auf dem keinerlei Interessen und Belange der Mitgliedstaaten berührt sind, ließen sich nationale Kompetenzen durch nichts rechtfertigen. Sie würden im Gegenteil die nicht zu unterschätzende Gefahr der Einflussnahme von Mitgliedstaaten auf interne Entscheidungsabläufe in der Gemeinschaft beinhalten und damit das Gemeinschaftsinteresse sowie die im Vertrag vorgesehenen Verfahren untergraben.

2. Das zwingende Erfordernis einer einheitlichen Regelung im Verhältnis zu Drittstaaten

Neben dem organisations-internen Bereich kommt der Ausschließlichkeit von Gemeinschaftskompetenzen überall dort ein entscheidender Stellenwert zu, wo das einheitliche Auftreten der EG gegenüber Drittstaaten zwingend erforderlich ist, um die Funktionsfähigkeit von Gemeinschaftspolitiken zu sichern [402]. In diesem Zusammenhang sind insbesondere folgende Erwägungen von Bedeutung:

Wie bereits erwähnt [403], ist Marktintegration eines der grundlegenden Ziele des Vertrages (Art. 2, 3 I lit. a-d EG). Das Konzept des Gemeinsamen Marktes ist jedoch nicht nur binnenorientiert, sondern basiert ganz entscheidend auch auf einer Außenkomponente [404]; es umfasst also nicht nur den Abbau von Handelsbeschränkungen im Innern der EG, sondern auch die Schaffung einheitlicher Voraussetzungen für den Handel mit Drittstaaten. Beide Elemente bedingen einander gegenseitig; funktionsfähig ist der Gemeinsame Markt deshalb nur, solange die notwendige Kohärenz zwischen seiner internen und seiner externen Komponente sichergestellt ist [405]. Treffend formuliert etwa *Bourgeois* [406]:

> „Ein einheitlicher Binnenmarkt ist nicht denkbar ohne eine einheitliche Politik nach außen."

Beließe man nämlich einzelnen Mitgliedstaaten das Recht, ihren Außenhandel weiterhin einseitig zu regeln, so würden sich die Außenhandelsbedingungen von Mitgliedstaat zu Mitgliedstaat unterscheiden; ungleiche Voraussetzungen für die Marktteilnehmer und Wettbewerbsverzerrungen auch innerhalb der Gemeinschaft wären die Folge. Dies gäbe wiederum zu Umgehungsstrategien benachteiligter Marktteilnehmer und damit zu Verlagerungen von Handelsströmen in diejenigen Mitgliedstaaten mit den günstigsten Bedingungen Anlass; solche Verlagerungen sollen aber nach der Zielsetzung des Vertrages (vgl. Art. 134 I EG) gerade vermieden werden [407]. Allenfalls die Wiedereinführung systematischer Kontrollen zwischen den Mitgliedstaaten und eine Abschottung ihrer nationalen Märkte könnten derartige Umgehungseffekte vermeiden helfen. Damit aber würde das

---

[402] Vgl. dazu EuGH 31.03.1971, Rs. 22/70 - *Kommission / Rat (A.E.T.R.)* -, Slg. 1971, 263 (Tz. 15-31); EuGH 11.11.1975, Gutachten 1/75 - *Lokale Kosten* -, Slg. 1975, 1355 (1363 f.); EuGH 18.02.1986, Rs. 174/84 - *Bulk Oil* -, Slg. 1986, 559 (Tz. 30); EuGH 19.03.1993, Gutachten 2/91 - *IAO* -, Slg. 1993, I-1061 (Tz. 9); EuGH 15.11.1994, Gutachten 1/94 - *WTO* -, Slg. 1994, I-5267 (Tz. 77); EuGH 24.03.1995, Gutachten 2/92 - *OECD* -, Slg. 1995, I-521 (Tz. 31).

[403] Vgl. 3. Kapitel, C.I.2.a.

[404] Vgl. auch GH II - *Tietje* Bd. 2 E.25.

[405] So auch Lenz / *Müller-Ibold* vor Art. 131-134 EG Rn. 1.

[406] GTE-*Bourgeois* Art. 115 EGV Rn. 2

[407] EuGH 13.12.1973, verb. Rs. 37/73 u. 38/73 - *Diamantarbeiders* -, Slg. 1973, 1609 (Tz. 8/11)

Vertragsziel der Integration nationaler Märkte durch freien Handel im Innern der Gemeinschaft unmöglich.

Zum Schutz der Funktionsfähigkeit des Gemeinsamen Marktes (vgl. dazu auch Art. 134 III EG) und zur Vermeidung von Störungen im innergemeinschaftlichen Handelsverkehr ist es deshalb folgerichtig, mittels einer ausschließlichen Gemeinschaftskompetenz für ein einheitliches Auftreten der EG nach außen zu sorgen. Autonome Maßnahmen der Mitgliedstaaten im Bereich des Außenhandels sind nur noch mit besonderer Ermächtigung durch die EG zulässig [408]. Nur auf diese Weise kann die Marktintegration auch im Innern der Gemeinschaft erfolgreich vor Beeinträchtigungen bewahrt werden [409].

3. Das zwingende Erfordernis einer einheitlichen Regelung innerhalb der Gemeinschaft

Auch das zwingende Erfordernis einer einheitlichen gemeinschaftsinternen Regelung kann ausschließliche Kompetenzen der EG begründen. Ähnlich wie im Verhältnis zu Drittstaaten setzt dies allerdings voraus, dass die Funktionsfähigkeit der vom Vertrag geschaffenen Rechtsinstitute und Politiken allein durch den Ausschluss jeglicher Betätigungsmöglichkeit der Mitgliedstaaten vor Beeinträchtigungen geschützt werden kann. Anderenfalls müsste es bei der allgemeinen Vermutung bleiben, wonach Gemeinschaftszuständigkeiten im Zweifel nicht-ausschließlichen Charakter haben [410].

Zwei Fallgruppen können in diesem Zusammenhang unterschieden werden: zum einen geht es um den Schutz der vom Vertrag vorgesehenen Politiken der Gemeinschaft (unten a.), zum anderen um die Gewährleistung der Ausübung von grundlegenden Rechten der Unionsbürger (unten b.).

---

[408] So auch – zur Gemeinsamen Handelspolitik – die ständige Rechtsprechung, vgl. EuGH 15.12.1976, Rs. 41/76 - *Donckerwolcke* -, Slg. 1976, 1921 (Tz. 31/37); EuGH 18.02.1986, Rs. 174/ 84 - *Bulk Oil* -, Slg. 1986, 559 (Tz. 31); EuGH 17.10.1995, Rs. C-70/94 - *Werner* -, Slg. 1995, I-3189 (Tz. 9, 12); EuGH 17.10.1995, Rs. C-83/94 - *Leifer* -, Slg. 1995, I-3231 (Tz. 9, 12).

[409] So auch CR-*Hahn* Art. 133 EG Rn. 2 ff.; Lenz / *Müller-Ibold* Art. 133 EG Rn. 1 und vor Art. 131-134 EG Rn. 1.

[410] Vgl. 3. Kapitel, C.I.1.

a) Die Funktionsfähigkeit von Gemeinschaftspolitiken

Für einige wenige Bereiche setzt der Vertrag auch im Innenverhältnis zwingend voraus, dass den Mitgliedstaaten jegliche Entscheidungskompetenz versagt wird, weil sonst die Funktionsfähigkeit der Gemeinschaftspolitik nicht gewährleistet wäre.

Hierbei handelt es sich zum einen um Politiken, die ohne eine vollständige Vereinheitlichung nicht lebensfähig wären und bei denen jegliches einseitige Tätigwerden der Mitgliedstaaten deshalb kontraproduktiv wäre; dies trifft insbesondere auf die dritte Stufe der Währungsunion (Art. 105 ff. EG) zu [411].

Zum anderen handelt es sich um solche Fälle, in denen die Mitgliedstaaten selbst im weitesten Sinne „Beteiligte" und deshalb gewissermaßen befangen sind. Eine objektive Entscheidung unter Berücksichtigung des Gemeinschaftsinteresses kann von ihnen deshalb nicht sichergestellt werden. Zur Aufrechterhaltung von Solidarität und fairem Wettbewerb zwischen den Mitgliedstaaten bedarf es vielmehr einer neutralen Instanz auf Gemeinschaftsebene. So verhält es sich etwa bei der Verteilung von Fördermitteln auf Projekte in den einzelnen Mitgliedstaaten, da naturgemäß jeder Mitgliedstaat zuallererst seine eigenen Interessen vertritt und sich für förderungswürdige Projekte in seinem Zuständigkeitsbereich einsetzt. Dasselbe Problem stellt sich aber auch umgekehrt, wenn Mitgliedstaaten eine nationale Förderungspolitik betreiben und in diesem Zusammenhang selbst als potentiell Beihilfen gewährende Stellen in Erscheinung treten. Auch insoweit können sich die Mitgliedstaaten sinnvollerweise nicht selbst im Hinblick auf die Beachtung der einschlägigen Regeln des Gemeinschaftsrechts überwachen. Hierzu bedarf es vielmehr eines Gemeinschaftsorgans als neutraler, allein dem Gemeinschaftsinteresse verpflichteter Instanz [412].

---

[411] Vgl. im Einzelnen: 5. Kapitel, C.III.1.
[412] Vgl. im Einzelnen: 5. Kapitel, C.III.2. und C.III.3.

b) Die Verwirklichung grundlegender Rechte der Unionsbürger gegenüber der Gemeinschaft

Seit In-Kraft-Treten des Vertrags von Maastricht ist die Unionsbürgerschaft zu einem Kernstück des europäischen Einigungswerkes geworden [413]. Durch die Unionsbürgerschaft begründet der Vertrag für alle Staatsangehörigen der Mitgliedstaaten einen individuellen, unmittelbar wirksamen Rechtsstatus mit inhaltsgleichen, einklagbaren subjektiv-öffentlichen Rechten [414]. Wenngleich die meisten dieser Rechte sich primär gegen die Mitgliedstaaten richten (so etwa die Freizügigkeit nach Art. 18 I EG, ferner die über Art. 17 II EG in die Unionsbürgerschaft einbezogenen Grundfreiheiten sowie die Rechte aus Art. 19 und 20 EG), werden auch einige grundlegende Rechte anerkannt, die den Unionsbürgern speziell im Verhältnis zu den Gemeinschaftsorganen zustehen (so etwa die Petitionsrechte des Art. 21 und der Zugang zu Dokumenten gemäß Art. 255 EG).

Soweit es sich nun um die erstgenannten, gegen die Mitgliedstaaten gerichteten Bestimmungen handelt, fallen etwa notwendig werdende Sekundärrechtsakte in den Bereich der Rechtsangleichung; die ihnen zugrunde liegenden Kompetenzen (zum Beispiel Art. 18 II EG oder die über Art. 17 II EG anwendbaren Binnenmarktkompetenzen) sind deshalb nicht-ausschließlicher Natur [415].

Anders verhält es sich jedoch mit den gegen die Gemeinschaft selbst gerichteten Rechten. Die Gemeinschaft unterliegt nicht der nationalen Gesetzgebung der Mitgliedstaaten. Eine Verwirklichung von Rechten der Unionsbürger im Wege der Rechtsangleichung würde deshalb naturgemäß schon am Fehlen geeigneter nationaler Vorschriften scheitern. Außerdem folgt aus dem gleichberechtigten Status aller Unionsbürger zwingend, dass ihre Rechte gegenüber Gemeinschaftsorganen denselben Inhalt haben müssen [416]. Deshalb muss ihre etwaige sekundärrechtliche Ausgestaltung der Gemeinschaftsebene vorbehalten bleiben. Eine notwendigerweise für alle Unionsbürger einheitliche Regelung kann naturgemäß

---

413 GH-*Hilf* Art. 8 EGV Rn. 39

414 GH-*Hilf* Art. 8 EGV Rn. 2, 37; vgl. auch CR-*Kluth* Art. 17 EG Rn. 6

415 Vgl. dazu oben B.III.

416 Folgerichtig nimmt beispielsweise auch Art. 11 I lit. c EG die Unionsbürgerschaft vom Anwendungsbereich der verstärkten Zusammenarbeit aus.

nicht in die Zuständigkeit einzelner Mitgliedstaaten gelegt werden, weil sonst stets die Gefahr einer Ungleichbehandlung durch divergierende nationale Vorschriften bestünde.

II. Die nachträgliche, punktuelle Ausschließlichkeit infolge abschließender sekundärrechtlicher Regelung

Die zweite große Fallgestaltung ausschließlicher Zuständigkeiten betrifft Sachgebiete, auf denen der EG erst nachträglich infolge einer abschließenden sekundärrechtlichen Regelung punktuell die alleinige Regelungskompetenz zugewachsen ist.

Diesem Konzept der nachträglichen Ausschließlichkeit liegt die Vorstellung zugrunde, dass sich auch ursprünglich nicht-ausschließliche Zuständigkeiten im Einzelfall, infolge ihrer Ausübung durch die EG, punktuell in exklusive Kompetenzen verwandeln können. Mit anderen Worten kann die EG durch Inanspruchnahme einer nicht-ausschließlichen Befugnis das jeweilige Sachgebiet besetzen und auf diese Weise nachträglich eine punktuelle ausschließliche Zuständigkeit erwerben [417]. In der französischsprachigen Literatur wird diese nachträgliche Entstehung ausschließlicher Kompetenzen anschaulich mit *„compétences exclusives par exercice"* im Gegensatz zu den *„compétences exclusives par nature"* umschrieben [418].

Bei Zugrundelegung dieser Vorstellung ist deshalb die Trennlinie zwischen ausschließlichen und nicht-ausschließlichen Kompetenzen der EG nicht statisch, sondern kann sich im Laufe der Zeit verschieben; die Ausschließlichkeit im EG-Recht ist das Produkt einer dynamischen Entwicklung [419].

---

[417] So auch *Bieber* in: Bieber / Ress (Hrsg.), S. 283 (297 f.); *Bribosia* RMUE 4/1992, 165 (173, 181); *Gilsdorf* GS Grabitz S. 77 (86 ff.); *Müller-Graff* ZHR 159 (1995), 34 (60); *Schwartz* AfP 1993, 409 (413); *Oppermann* Rn. 518, 1742; *Weatherill* in: O'Keefe / Twomey (Hrsg.), S. 13 (14); *Zacker / Wernicke* Frage 95, 98 (1).

[418] *Lenaerts / van Ypersele*, CDE 1994, 3 (Tz. 16 ff., 21 ff.); *Manin* Rn. 145 ff.

[419] So *Schima*, Das Subsidiaritätsprinzip (...), S. 14; ähnlich *Bribosia* RMUE 4/1992, 165 (169); *Gilsdorf*, GS Grabitz S. 77 (87), spricht von Zuständigkeitsverschiebung durch Gebietsbesetzung.

In der Literatur ist dieses Konzept nachträglicher Ausschließlichkeit, wie bereits an anderer Stelle erwähnt [420], heftig umstritten. Bevor deshalb im Folgenden die Voraussetzungen für die Entstehung einer nachträglichen ausschließlichen Kompetenz dargelegt werden (unten 2.), soll zunächst das Konzept als solches eingehend gerechtfertigt werden (unten 1.).

1. Die Rechtfertigung des Konzepts nachträglicher Ausschließlichkeit

Vordergründig klingt es, insbesondere aus der Perspektive des deutschen Staatsrechts, ungewohnt, dass aus einer zunächst primärrechtlich eingeräumten nicht-ausschließlichen Kompetenz der EG durch deren Ausübung im Laufe der Zeit eine ausschließliche Zuständigkeit entstehen kann.

Orientiert man sich etwa an den Kompetenzkategorien des deutschen Verfassungsrechts, so sind und bleiben konkurrierende Zuständigkeiten solche, die a priori sowohl der höheren Ebene (dem Bund) als auch den darunter angesiedelten Gebietskörperschaften (den Ländern) die Gesetzgebung erlauben. Die Ausübung einer derartigen Befugnis durch den Bund macht seine Zuständigkeit in der Folgezeit keineswegs zur ausschließlichen, sondern es bleibt bei der konkurrierenden Kompetenzverteilung, wie sie das GG vorgesehen hat. Lediglich eine Sperrwirkung für die Landesgesetzgebung tritt ein, solange und soweit eine bundesgesetzliche Regelung besteht (Art. 72 I GG) [421].

Diese Sichtweise wird von einem beachtlichen Teil der Literatur, insbesondere von der Mehrzahl der Vertreter des engen Ausschließlichkeitsbegriffs, auch auf die Kompetenzordnung des Gemeinschaftsrechts übertragen; folgerichtig verneinen diese Autoren die Frage nach der Existenz nachträglicher ausschließlicher Zuständigkeiten der EG [422].

Im Wesentlichen wenden die Kritiker ein, das Konzept der nachträglichen ausschließlichen Kompetenzen beruhe auf einer begrifflichen Verwechslung; mit ihm

---

[420] Vgl. 2. Kapitel, insbesondere A.I.

[421] GGK-*Kunig* Art. 72 GG Rn. 7 ff.; *Degenhart* Rn. 117; Dreier-*Stettner* Art. 72 GG Rn. 22 ff.; *Pieroth* in Jarass / Pieroth Art. 72 GG Rn. 2 ff.; Sachs-*Degenhart* Art. 72 GG Rn. 27 ff.

[422] Vgl. 2. Kapitel, A.I.2.

werde die Unterscheidung zwischen der Ausschließlichkeit und der nach dem Gebrauch konkurrierender Zuständigkeiten eintretenden Sperrwirkung [423] verwischt [424]. Weiter wird eingewendet, die primärrechtlich vorgegebene Zuständigkeitsverteilung zwischen der EG und ihren Mitgliedstaaten (Art. 5 I EG) könne nicht durch das bloße Setzen von Sekundärrecht derart verändert werden, dass aus konkurrierenden Zuständigkeiten ausschließliche würden; dies widerspreche der „Verfassung" der Gemeinschaft sowie dem Sinn und Zweck von Art. 5 EG [425]. Folgt man *von Borries* [426], so scheitert das Konzept nachträglicher ausschließlicher Kompetenzen ferner daran, dass der die Sperrwirkung auslösende Sekundärrechtsakt theoretisch wieder aufgehoben werden könne, also kein vollständiger und endgültiger Zuständigkeitsverlust der Mitgliedstaaten eintrete. Schließlich wird vorgebracht, dass ausschließliche Zuständigkeiten im System des EGV die Ausnahme darstellten und deshalb dieser Begriff eng zu handhaben sei; auch Letzteres schließe die Annahme nachträglicher ausschließlicher Kompetenzen aus [427].

Im Ergebnis können diese Einwände jedoch nicht durchgreifen. Vielmehr ist von der Existenz nachträglicher ausschließlicher Kompetenzen im System der Zuständigkeitsverteilung des EG-Vertrags auszugehen.

Dafür sprechen insbesondere die folgenden Erwägungen:

a) Gemeinschaftsrechtliche Begriffsbildung; Systemkonformität

Zum Ersten muss sich das Verständnis der ausschließlichen Kompetenzen im Gemeinschaftsrecht nicht zwingend mit demjenigen im nationalen Recht der Mitgliedstaaten decken, so etwa mit den Begrifflichkeiten des deutschen Verfassungsrechts (Art. 71, 73 GG). Vielmehr ist ein wesentliches Charakteristikum des

[423] Vgl. 1. Kapitel, C.II.1.
[424] *Von Borries* EuR 1994, 263 (274); *Calliess*, Subsidiaritäts- und Solidaritätsprinzip (...), S. 95; *ders.*, EuZW 1995, 693 (699); *Furrer* S. 236; GH - *von Bogdandy/Nettesheim* Art. 3b EGV Rn. 29; *Jarass* AöR 121 (1996), 173 (187); *ders.*, Die Kompetenzen (...), S. 27 ff.
[425] CR-*Calliess* Art. 5 EG Rn. 31; *Calliess*, Subsidiaritäts- und Solidaritätsprinzip (...), S. 95; *ders.*, EuZW 1995, 693 (699)
[426] *Von Borries* EuR 1994, 263 (274); ihm folgend: *Calliess* EuZW 1995, 693 (699).
[427] *Calliess*, Subsidiaritäts- und Solidaritätsprinzip (...), S. 95; *Furrer* S. 236

Gemeinschaftsrechts gerade die autonome Begriffsbildung, welche nicht notwendig mit derjenigen des nationalen Rechts übereinstimmt [428].

Auf die Zuständigkeitsverteilung nach dem EGV können folglich die Denkkategorien des deutschen Staatsrechts nicht ohne weiteres übertragen werden [429]. Insbesondere ist dem Umstand Rechnung zu tragen, dass der EGV eine dynamische Kompetenzordnung mit zielgerichteten Zuständigkeiten vorsieht [430], während die Kompetenzaufteilung zwischen Bund und Ländern nach dem Grundgesetz in statischer Weise an Hand von festgeschriebenen, sachgebietsbezogenen Katalogen (Art. 73, 74, 75 GG) vorgenommen wird.

Vor diesem Hintergrund ist es nicht von vornherein ausgeschlossen, dass das Gemeinschaftsrecht eine Kategorie der nachträglichen ausschließlichen Kompetenzen kennt, während eine solche dem deutschen Verfassungsrecht fremd ist. Vielmehr ist die nachträgliche Ausschließlichkeit geradezu Ausdruck der Dynamik, welche der Zuständigkeitsverteilung zwischen der EG und ihren Mitgliedstaaten nach dem EG-Vertrag innewohnt [431]. Das Konzept der nachträglichen Exklusivität hat folglich sogar den entscheidenden Vorteil, dass es sich nahtlos in die Systematik des EG-Vertrags einfügt.

b) Kein Verstoß gegen zwingendes Primärrecht

Gegen das Konzept der nachträglichen Ausschließlichkeit kann ferner nicht mit Erfolg eingewendet werden, es verstoße gegen die primärrechtlich festgeschriebene Kompetenzaufteilung des EG-Vertrags, namentlich gegen Art. 5 I EG. Denn Art. 5 I EG normiert lediglich den Grundsatz der begrenzten Einzelermächtigung, wonach für jedes Tätigwerden der Gemeinschaft eine aus dem Vertrag ableitbare Befugnisnorm erforderlich ist [432]. Die Vorschrift beantwortet also nur die Frage, *wann* die Gemeinschaft überhaupt zuständig ist; zur *Ausschließlichkeit* von Zu-

---

[428] Vgl. 3. Kapitel, A.I.
[429] So auch *Blanke* ZG 1995, 193 (200); GTE-*Zuleeg* Art. 3b EGV Rn. 5; *Pieper* S. 263; *Schweitzer* in: Kremer (Hrsg.), S. 20 (32).
[430] Vgl. 3. Kapitel, A.II und C.I.2.b.
[431] Vgl. dazu *Schima*, Das Subsidiaritätsprinzip (...), S. 14; ähnlich *Bribosia* RMUE 4/1992, 165 (169).
[432] Vgl. 1. Kapitel, B.

ständigkeiten nimmt sie hingegen nicht direkt Stellung. Allenfalls mittelbar kann aus Art. 5 I EG, wie erwähnt, eine – allerdings widerlegliche – Vermutung für die Nicht-Ausschließlichkeit von EG-Kompetenzen hergeleitet werden [433], keinesfalls jedoch ein generelles Verbot einer bestimmten Methode zur Begründung von Ausschließlichkeit.

Das Konzept der nachträglichen ausschließlichen Kompetenzen lässt das Prinzip der begrenzten Einzelermächtigung somit völlig unberührt; es führt nicht etwa zur Schaffung neuer, im Vertrag nicht vorgesehener Zuständigkeiten der EG. Vielmehr trägt das Konzept der nachträglichen Exklusivität lediglich – und dies auf dem Boden des Art. 5 I EG – zur Identifizierung bestehender Zuständigkeiten bei, die nach der Systematik des Vertrages ausschließlichen Charakter erlangen können. Da der Vertrag aber selbst keine eindeutige Aussage über die Ausschließlichkeit von Kompetenzen macht, insbesondere keinen statischen, sachgebietsbezogenen Katalog ausschließlicher Zuständigkeiten enthält, kann die hier streitige Konstruktion auch nicht gegen zwingendes Primärrecht verstoßen.

c) Kein lediglich vorübergehender Kompetenzverlust der Mitgliedstaaten

Ebenso wenig ist im Ergebnis der Einwand tragfähig, ein Kompetenzverlust der Mitgliedstaaten im Anwendungsbereich nachträglicher ausschließlicher Zuständigkeiten sei stets nur vorübergehender Natur, die Sperrwirkung des geschaffenen Sekundärrechts bestehe nur während seiner Geltungsdauer und entfalle nach dessen Aufhebung wieder [434]. Dieser Einwand würde nämlich die jederzeitige ersatzlose Aufhebbarkeit von EG-Sekundärrechtsakten voraussetzen, welche sodann zum Wiederaufleben der Rechtsetzungskompetenzen der Mitgliedstaaten führte. In ihrer Allgemeinheit trifft diese Prämisse aber nicht zu.

Denn zur Aufhebung eines EG-Rechtsaktes bedarf es eines gegenläufigen Aktes, eines *actus contrarius* [435]. Beispielsweise kann eine EG-Verordnung oder -Richtlinie – abgesehen von ihrer etwaigen Nichtigerklärung durch den EuGH (Art.

---

[433] Vgl. 3. Kapitel, C.I.1.
[434] *Von Borries*, EuR 1994, 263 (274); *Calliess* EuZW 1995, 693 (699)
[435] *Erichsen / Buchwald* Jura 1995, 84 (85)

230, 231 I EG) – nur durch eine entsprechende Aufhebungsverordnung bzw. -richtlinie und nur in demselben Verfahren beseitigt werden, in dem sie seinerzeit geschaffen wurde [436]. Hierfür bedarf es nach dem Grundsatz der begrenzten Einzelermächtigung (Art. 5 I EG) einer Rechtsgrundlage im Vertrag.

Eine ausdrückliche Rechtsgrundlage für die Aufhebung von Rechtsakten kennt das Gemeinschaftsrecht indes nicht; insbesondere enthält der EGV keine dem Art. 72 III GG n. F. vergleichbare Regelung über ein „Freigabegesetz" [437]. Auch mit dem Subsidiaritätsprinzip als solchem (Art. 5 II EG) kann die Aufhebung bestehender EG-Rechtsakte nicht gerechtfertigt werden [438]. Denn die Anwendung des Subsidiaritätsprinzips steht unter dem Vorbehalt der vollen Wahrung des gemeinschaftlichen Besitzstandes (*acquis communautaire*), wie sich aus Art. 3 I und Art. 2 I EU, 5. Gedankenstrich, ergibt; aus der Anwendung der Subsidiarität darf folglich kein Integrationsrückschritt resultieren. Dieser Vorbehalt wurde auch vom Europäischen Rat bereits 1992 geäußert [439] und erst kürzlich von den Mitgliedstaaten im Subsidiaritätsprotokoll erneut bekräftigt [440].

Nun ist zwar, wie stets, eine explizite Befugnisnorm nicht zwingend erforderlich; die Aufhebung von Rechtsakten ist vielmehr auch auf Grund ungeschriebener, aus dem Gemeinschaftsrecht ableitbarer Rechtsgrundlagen denkbar; so wird sie etwa vom EuGH unter Berufung auf die allgemeinen Rechtsgrundsätze des Gemeinschaftsrechts zugelassen [441]. Jedoch kann auch eine solche Aufhebung auf Grund ungeschriebener Rechtsgrundsätze nur dann in rechtmäßiger Weise erfolgen, wenn sie im Übrigen die Vorschriften des Vertrages beachtet. Insbesondere darf die Aufhebung eines Sekundärrechtsaktes nicht gegen grundlegende Vorga-

[436] *Koenig / Haratsch* Rn. 283; *Haratsch* EuR 1998, 387 (397, 405)

[437] Zu diesem Begriff: *Haratsch* EuR 1998, 387 (397, 405); *Pieroth* in Jarass / Pieroth Art. 72 GG Rn. 12.

[438] So auch *Lenaerts / van Ypersele*, CDE 1994, 3 (Tz. 25); *Toth* CMLRev. 29 (1992), 1079 (1091 f.).

[439] Europäischer Rat von Edinburgh, Schlussfolgerungen des Vorsitzes, 11./12.12.1992, Teil A, Anlage 1 I Ziff. 4 Abs. 2, abgedruckt bei *Merten* S. 136 (139) = Bull.EG 12/1992, S. 13 (14)

[440] Ziff. 2 Hs. 1 des Protokolls über die Anwendung der Grundsätze der Subsidiarität und der Verhältnismäßigkeit (Protokoll Nr. 30 zum EUV / EGV in der Fassung des Vertrags von Amsterdam), Bull. B'Reg. 27.11.1997, Nr. 94/S. 1134 f. = Sart. II Nr. 151

[441] EuGH 12.07.1957, Verb. Rs. 7/56 u. 3-7/57- *Algera* -, Slg. 1957, 83 (117 ff.); EuGH 03.03. 1982, Rs. 14/81 - *Alpha Steel* -, Slg. 1982, 749 (Tz. 10); EuGH 20.06.1991, Rs. C-248/89 u. C-365/89

ben der Verträge verstoßen, welche die Richtschnur für jegliches Tätigwerden der EG-Organe sind, so namentlich gegen die Wahrung des gemeinschaftlichen Besitzstandes und gegen allgemeine Integrationsziele, wie das Ziel der Verwirklichung des Binnenmarkts (Art. 3 I lit. c EG).

Folglich kann etwa eine auf Art. 95 EG gestützte Harmonisierungsrichtlinie für den Binnenmarkt unter Berufung auf allgemeine Rechtsgrundsätze nur insoweit aufgehoben werden, als durch ihren Wegfall das Binnenmarktziel besser oder zumindest gleich gut verwirklicht wird wie durch ihren Fortbestand [442]. Eine Aufhebung, die zu einem Integrationsrückschritt führte, würde hingegen das Binnenmarktziel und insbesondere das Gebot der Wahrung des gemeinschaftlichen Besitzstandes verletzen.

d) Dauerhafte Gebietsbesetzung

Regelmäßig wird es deshalb gar nicht zur ersatzlosen Aufhebung einer Richtlinie oder Verordnung kommen können, sondern vielmehr nur zur Änderung der Gemeinschaftsgesetzgebung, gegebenenfalls bis hin zu ihrer grundlegenden Überarbeitung und Anpassung an veränderte äußere Gegebenheiten [443], was jedoch nichts an der dauerhaften „Gebietsbesetzung“ [444] durch die Gemeinschaft ändert.

Sobald etwa im Personenverkehr zwischen der EG und Drittstaaten eine abschließende Liste der visapflichtigen und der vom Visumzwang befreiten Länder eingeführt ist, sowie ein einheitliches Visum, das in einem einheitlichen Verfahren erteilt wird (Art. 62 Nr. 2 lit. b EG), hat die Gemeinschaft das Gebiet der Visapolitik umfassend besetzt. Selbst wenn die EG in der Folgezeit den Visumzwang im Verhältnis zu einem bestimmten Drittstaat aufheben sollte, würde dies keines-

- *Cargill* -, Slg. 1991, I-2987 (Tz. 20), I-3045 (Tz. 18); vgl. auch *Koenig / Haratsch* Rn. 283 ff.; *Haratsch* EuR 1998, 387 (388 f.).

[442] So auch *Lenaerts / van Ypersele*, CDE 1994, 3 (Tz. 25); Lenz-*Langguth* Art. 5 EG Rn. 19; *Schima* ÖJZ 1997, 761 (762); im Ergebnis ebenso *Gilsdorf*, GS Grabitz S. 77 (87); *Koenig / Haratsch* Rn. 284 und *Haratsch* EuR 1998, 387 (391) für den Fall der Verpflichtung der EG zum Erlass des betreffenden Rechtsakts.

[443] So im Ergebnis auch *Haratsch* EuR 1998, 387 (388); *Bribosia* RMUE 4/1992, 165 (173) spricht gar von einem irreversiblen Kompetenzverlust der Mitgliedstaaten.

[444] Zu diesem Begriff vgl. *Gilsdorf* EuR 1996, 145 (147, 154 ff.); *ders.*, GS Grabitz S. 77 (86 ff.); *Oppermann* Rn. 518.

wegs bedeuten, dass nunmehr einzelne Mitgliedstaaten an dessen Stelle eine nationale Visapflicht für Angehörige dieses Staates setzen dürften. Vielmehr wäre in einem solchen Fall die Visafreiheit für alle Mitgliedstaaten verbindlich gemeinschaftsrechtlich vorgegeben; ansonsten würde das Ziel einer Liberalisierung des Personenverkehrs für Drittstaatsangehörige innerhalb der Gemeinschaft (Art. 3 I lit. d, Art. 62 Nr. 1 EG) unterlaufen.

Ebenso mag auf dem Gebiet der Landwirtschaft oder der Binnenmarktgesetzgebung eine als zu rigide oder kompliziert empfundene Regelung im Wege der Neuregelung vereinfacht werden, bis hin zur vollständigen Liberalisierung des betreffenden Sachgebiets. So ist es beispielsweise vorstellbar, dass die EG nach einer etwaigen Erholung der Fischbestände die gemeinschaftsweit geltenden Fangquoten aufhebt [445]; ebenso wäre nach einer hinreichenden Stärkung der europäischen Filmindustrie theoretisch die Streichung der Quote für Gemeinschaftsproduktionen aus der Fernsehrichtlinie [446] denkbar. Keineswegs würde allerdings hierdurch eine Kompetenz der Mitgliedstaaten zur Einführung nationaler Fangquoten im Fischereisektor oder zum Erlass nationaler Kulturquoten im Fernsehbereich wieder aufleben. Denn ansonsten würde die auf Gemeinschaftsebene vorgenommene Liberalisierung konterkariert und wären Marktabschottungstendenzen zu befürchten.

Denn auch und gerade im Fall der Liberalisierung eines durch Sekundärrecht geregelten Sachbereichs bliebe es weiterhin bei der Gebietsbesetzung durch die Gemeinschaft, d. h. eine – wenn auch inhaltlich reformierte – sekundärrechtliche EG-Regelung bliebe bestehen und entzöge in ihrem Anwendungsbereich die betreffende Materie dauerhaft einer eigenständigen, anderweitigen Regelung durch die Mitgliedstaaten. Nicht etwa führt eine Liberalisierung bestehender Binnenmarktgesetzgebung zum Wiederaufleben von Regulierungskompetenzen der Mitgliedstaaten; vielmehr ist in diesem Fall gerade das neue Liberalisierungsziel für alle Mitgliedstaaten zwingend gemeinschaftsrechtlich vorgegeben, unter Aus-

---

[445] Zu den Erhaltungsmaßnahmen im Fischereisektor vgl. 2. Kapitel, B.IV.1.

[446] Kapitel III (insbesondere Art. 4 I) der Richtlinie 89/552/EWG des Rates vom 03.10.1989 zur Koordinierung bestimmter Rechts- und Verwaltungsvorschriften der Mitgliedstaaten über die

schluss inhaltlich abweichender nationaler Bestimmungen. Der Kompetenzverlust der Mitgliedstaaten im Falle einer abschließenden sekundärrechtlichen Regelung ist deshalb grundsätzlich nicht nur vorübergehender Natur; vielmehr beurteilt ihn auch der EuGH in ständiger Rechtsprechung als „vollständig und endgültig“ [447].

e) Kein Konflikt mit Subsidiaritäts- und Flexibilitätsprinzip

Das Konzept der nachträglichen Ausschließlichkeit steht ferner auch nicht in Konflikt mit den Grundsätzen der Subsidiarität (Art. 5 II EG) und der Flexibilität (Art. 11 EG). Denn wie bereits einleitend dargelegt [448], sind Subsidiarität und Flexibilität überhaupt nur dann anwendbar, wenn den Mitgliedstaaten noch ein eigenständiger Handlungsspielraum verbleibt und eine bestimmte Materie nicht bereits vollständig in den Zuständigkeitsbereich der EG übergegangen ist.

Hinsichtlich der Entstehung nachträglicher ausschließlicher Kompetenzen wirkt sich dies wie folgt aus: Solange noch keine abschließende sekundärrechtliche Regelung für eine bestimmte Materie besteht, bleiben Subsidiaritäts- und Flexibilitätsprinzip in vollem Umfang anwendbar. Jeder Schritt auf dem Weg zur punktuellen Entstehung einer nachträglichen ausschließlichen Kompetenz ist somit einerseits am Subsidiaritätsgrundsatz zu messen (Art. 5 II EG) und andererseits einer verstärkten Zusammenarbeit einzelner Mitgliedstaaten zugänglich (Art. 11 I EG). Hat hingegen die Gemeinschaft ein bestimmtes Sachgebiet vollständig besetzt, so ist ein eigenständiges nationales Vorgehen einzelner Mitgliedstaaten ohnehin nicht mehr denkbar. Dann macht es aber auch keinen Sinn mehr, etwa Änderungen des EG-Sekundärrechtsakts dem Subsidiaritätsprinzip zu unterwerfen; ebensowenig kommt bei dieser Sachlage eine verstärkte Zusammenarbeit mehrerer Mitgliedstaaten in Betracht, sieht doch das Gemeinschaftsrecht bereits für alle Mitgliedstaaten dieselbe abschließende Regelung vor. *Zacker* und *Werni-*

Ausübung der Fernsehtätigkeit (Richtlinie „Fernsehen ohne Grenzen“), ABl.EG vom 17.10. 1989, Nr. L 298, S. 23 ff.

[447] Vgl. 2. Kapitel, B.IV.

[448] Einführung, Ziff. 3.

cke bringen diese Rechtslage – bezogen auf das Subsidiaritätsprinzip – wie folgt auf den Punkt [449]:

> „Ob ein Rechtsakt, der zur ausschließlichen Zuständigkeit der Gemeinschaft führt, überhaupt erlassen werden kann, ist gemäß dem Subsidiaritätsprinzip zu prüfen. Erst wenn der Gemeinschaftsakt Geltung erlangt hat, ist das Subsidiaritätsprinzip kein Prüfungsmaßstab mehr."

Keineswegs werden also mit dem Konzept der nachträglichen Ausschließlichkeit Anreize für die EG geschaffen, von ihren Kompetenzen möglichst häufig und umfassend Gebrauch zu machen. Dem steht bis zum Eintritt der Ausschließlichkeitswirkung das Subsidiaritätsprinzip als Kompetenzausübungsschranke entgegen (Art. 5 II EG), und auch danach ist die EG stets dem Grundsatz der Verhältnismäßigkeit (Art. 5 III EG) sowie allgemeinen Rechtsgrundsätzen des Gemeinschaftsrechts, insbesondere den Grundrechten, unterworfen.

f) Übereinstimmung mit der ständigen Rechtsprechung des Gerichtshofs

Das hier vertretene Konzept der nachträglichen Ausschließlichkeit hat im Übrigen den entscheidenden Vorteil, dass sich mit ihm die Rechtsprechung des EuGH dogmatisch einordnen und begründen lässt. Denn wie bereits erwähnt, erkennt der Gerichtshof in seiner ständigen Spruchpraxis die Existenz nachträglicher ausschließlicher Kompetenzen an [450]. Nicht zuletzt liegt diese Konstruktion seiner Rechtsprechung zu den impliziten Außenkompetenzen zugrunde, der sog. *A.E.T.R.-Doktrin* [451]; sie wird aber vom Gerichtshof keineswegs auf die Außenbeziehungen der Gemeinschaft beschränkt, sondern findet gleichermaßen gemeinschaftsintern Anwendung [452].

---

[449] *Zacker / Wernicke* Frage 95; ähnlich auch *Bribosia* RMUE 4/1992, 165 (182); *Geiger* FS Gitter S. 267 (276).

[450] Vgl. nur EuGH 19.03.1993, Gutachten 2/91 - *IAO* -, Slg. 1993, I-1061 (Tz. 9); siehe dazu auch 2. Kapitel, B.IV. Dieser Gesichtspunkt wird von den Kritikern des Konzepts der nachträglichen Ausschließlichkeit nur teilweise berücksichtigt, so etwa von *Jarass* AöR 121 (1996), 173 (186), nicht hingegen von *Calliess,* Subsidiaritäts- und Solidaritätsprinzip (...), S. 89 ff. und EuZW 1995, 693 (697 ff.), ebenfalls nicht von *Geiger* Art. 5 EG Rn. 7.

[451] Vgl. 2. Kapitel, B.I.2.

[452] EuGH 19.03.1993, Gutachten 2/91 - *IAO* -, Slg. 1993, I-1061 (Tz. 8 a. E.)

2. Die Voraussetzungen für die Entstehung einer nachträglichen ausschließlichen Kompetenz

Entscheidende Voraussetzung für die Entstehung einer nachträglichen ausschließlichen Kompetenz ist, dass die EG von einer nicht-ausschließlichen Zuständigkeit zwar *punktuell*, d. h. für eine konkrete Materie, insoweit jedoch *umfassend* Gebrauch gemacht und eine *abschließende* Regelung getroffen hat [453]. Sie muss, mit anderen Worten, ein bestimmtes Sachgebiet durch ihr Sekundärrecht vollständig besetzt [454] und nicht etwa nur eine unvollständige Regelung geschaffen haben, beispielsweise bloße Mindeststandards [455]:

a) Die Möglichkeit einer solchen punktuell-abschließenden Regelung steht dem Gemeinschaftsgesetzgeber von vornherein nur bei konkurrierenden Kompetenzen [456] offen. Hingegen sind parallele Kompetenzen [457] definitionsgemäß vom möglichen Nebeneinander gemeinschaftlicher und nationaler Maßnahmen auf demselben Sachgebiet geprägt, so dass hier die abschließende Regelung einer bestimmten Materie durch die EG gar nicht denkbar ist; allenfalls durch absolute Verbote, etwa im Umweltrecht, kann die Gemeinschaft insoweit ausnahmsweise eine nachträgliche ausschließliche Kompetenz erwerben [458].

b) Auch muss die jeweilige Ermächtigungsnorm der Gemeinschaft eine umfassende, abschließende Regelung eines bestimmten Sachverhalts überhaupt erlauben. Dies ist etwa dann nicht der Fall, wenn den Mitgliedstaaten Aufgaben vorbehalten oder der Gemeinschaft nur unvollkommene Kompetenzen einge-

---

[453] EuGH 30.01.1974, Rs. 159/73 - *Hannoversche Zucker* -, Slg. 1974, 121 (Tz. 4); EuGH 13.03. 1984, Rs. 16/83 - *Prantl* -, Slg. 1984, 1299 (Tz. 13 ff.); EuGH 18.09.1986, Rs. 48/85 - *Kommission / Deutschland* -, Slg. 1986, 2549 (Tz. 12 f.); EuGH 4.2.1988, Rs. 255/86 - *Kommission / Belgien* -, Slg. 1988, 693 (Tz. 8 ff.); EuGH 19.03.1993, Gutachten 2/91 - *IAO* -, Slg. 1993, I-1061 (Tz. 9); EuGH 24.03.1995, Gutachten 2/92 - *OECD* -, Slg. 1995, I-521 (Tz. 33); vgl. auch *Bieber* in: Nörr / Oppermann (Hrsg.), S. 165 (174); *Bleckmann*, Europarecht, Rn. 1389; *Bribosia* RMUE 4/1992, 165 (173, 175); *Gilsdorf* GS Grabitz S. 77 (87); *Schima* ÖJZ 1997, 761 (762); *Thun-Hohenstein / Cede* S. 236.

[454] Zum Begriff der „Gebietsbesetzung" vgl. *Emiliou* in: O'Keefe / Twomey (Hrsg.), S. 65 (75); *Gilsdorf* EuR 1996, 145 (147, 154 ff.); *ders.*, GS Grabitz S. 77 (86 ff.); *Oppermann* Rn. 518.

[455] EuGH 19.03.1993, Gutachten 2/91 - *IAO* -, Slg. 1993, I-1061 (Tz. 21).

[456] 1. Kapitel, C.II.1; 5. Kapitel, B.I

[457] 1. Kapitel, C.II.2; 5. Kapitel, B.II

[458] Vgl. oben B.II.5 und 5. Kapitel, C.IV.2.

räumt sind, weil in beiden Fällen die vollständige Vergemeinschaftung einer bestimmten Materie von vornherein nicht in Betracht kommt [459].

c) Schließlich eignet sich auch das Instrument der Richtlinie in aller Regel nicht zur Begründung nachträglicher ausschließlicher Gemeinschaftskompetenzen für bestimmte Materien. Denn gemäß Art. 249 III EG ist die Richtlinie hinsichtlich des zu erreichenden Ziels verbindlich, überlässt jedoch den innerstaatlichen Stellen die Wahl der Form und der Mittel. Damit setzt eine Richtlinie notwendigerweise ein zweistufiges Rechtsetzungsverfahren [460] in Gang, bei dem im Sinne von Ziff. 6 und 7 des Subsidiaritätsprotokolls [461] grundsätzlich den Mitgliedstaaten ein möglichst weiter Spielraum zur eigenständigen Regelung verbleiben soll. Zu einer umfassenden, abschließenden Regelung der jeweiligen Materie durch das Gemeinschaftsrecht selbst kommt es demnach bei Richtlinien im Regelfall gerade nicht.

Allenfalls im Hinblick auf die Außenkompetenzen kann schon der Erlass einer Richtlinie zu einer hinreichenden Gebietsbesetzung durch die Gemeinschaft führen, so dass ihr nach außen bereits eine ausschließliche Vertragsschließungskompetenz gegenüber Drittstaaten zuwächst, obwohl im Innern den Mitgliedstaaten noch Befugnisse bei der Umsetzung der Richtlinie verbleiben. Diese Ausnahmesituation, in der es zur Entstehung einer überschießenden ausschließlichen Außenkompetenz der EG [462] kommt, lässt sich unter Hinweis auf die besondere Zielsetzung der *A.E.T.R.-Doktrin* erklären [463]: Die im Vertrag vorgesehenen internen Gemeinschaftspolitiken sollen vor etwaigen Beeinträchtigungen bewahrt werden, welche im Falle eines selbständigen, von der Gemeinschaft unabhängigen Tätigwerdens der Mitgliedstaaten auftreten könnten. In den Genuss dieses Schutzes müssen alle internen Regelungen kommen, gleichviel, ob sie im Wege von Richtlinien oder Verordnungen erlassen wurden.

---

[459] Vgl. oben B.I und B.II.
[460] *Ahlt* S. 13; *Geiger* Art. 249 EG Rn. 8; *Thun-Hohenstein / Cede* S. 187
[461] Protokoll über die Anwendung der Grundsätze der Subsidiarität und der Verhältnismäßigkeit (Protokoll Nr. 30 zum EUV / EGV in der Fassung des Vertrags von Amsterdam), Bull. B'Reg. 27.11.1997, Nr. 94/S. 1134 f. = Sart. II Nr. 151
[462] *Ahlt* S. 45
[463] Vgl. 2. Kapitel, B.I.2.

5. Kapitel: Die systematische Einteilung der Kompetenzen nach dem EG-Vertrag

Abschließend soll nunmehr im Einzelnen und auf der Grundlage der entwickelten Kriterien [464] die Zuständigkeitsverteilung zwischen der Gemeinschaft und ihren Mitgliedstaaten im System des EG-Vertrags dargestellt werden [465].

Primäres Ziel dieser Darstellung ist es aufzuzeigen, welche Zuständigkeiten der EG ausschließlicher Natur sind. In erschöpfender Weise kann dies jedoch nur gelingen, wenn gleichzeitig dargestellt wird, wie sich die ermittelten ausschließlichen Kompetenzen in die Gesamtsystematik des Vertrages, d. h. in die Verteilung der Zuständigkeiten zwischen der EG und ihren Mitgliedstaaten, einfügen. Angesichts der keineswegs immer unstreitigen Zuordnung einzelner Befugnisnormen [466] wird insbesondere auch zu begründen sein, warum bestimmte Befugnisse nicht-ausschließlicher Natur sind oder beim gegenwärtigen Stand des Gemeinschaftsrechts vollständig den Mitgliedstaaten vorbehalten bleiben.

Hierbei wird das herkömmliche Schema zur Einteilung der Zuständigkeiten [467] zugrunde gelegt. Demzufolge sind zunächst – als Vorfrage – kurz die kompetenzfreien Bereiche abzuschichten, welche kraft Primärrechts jeglicher Regelung entzogen sind (unten A.). Im Anschluss daran werden diejenigen Befugnisse der EG erörtert, die sich im Lichte der oben entwickelten Kriterien [468] als nicht-ausschließlich erweisen (unten B.). Diese werden sodann den ausschließlichen Zuständigkeiten der Gemeinschaft (unten C.) gegenüber gestellt, wobei jeweils an Hand der entwickelten Kriterien belegt wird, warum im Einzelfall Ausschließlichkeit anzunehmen bzw. abzulehnen ist. Den Abschluss bildet eine Darstellung ausgewählter Befugnisse, die nach dem derzeitigen Stand des Gemeinschaftsrechts allein den Mitgliedstaaten vorbehalten sind (unten D.).

---

[464] Vgl. 4. Kapitel.

[465] Ein zusammenfassender Kompetenzkatalog auf der Grundlage der folgenden Ausführungen findet sich in Anhang 2.

[466] Vgl. insbesondere 2. Kapitel, A.I.

[467] Vgl. 1. Kapitel, A. - C.

[468] Vgl. 4. Kapitel.

A. Die kompetenzfreien Bereiche

Die Abschichtung der kompetenzfreien Bereiche stellt, wie bereits gezeigt [469], eine wichtige Vorfrage zur systematischen Darstellung der Zuständigkeiten nach dem EG-Vertrag dar. Allen kompetenzfreien Bereichen ist gemeinsam, dass die betreffenden Sachverhalte kraft Primärrechts jeglicher Regelung, gleichviel ob durch die EG oder durch die Mitgliedstaaten, entzogen sind, weil bereits der Vertrag eine abschließende Regelung vorsieht [470]. Abschließend in diesem Sinne ist eine Vorschrift des Vertrags immer dann, wenn sie unmittelbar anwendbar ist, d. h. für den Einzelnen Rechte begründet und den Mitgliedstaaten Ge- oder Verbote auferlegt, die keines weiteren Umsetzungsaktes bedürfen. Voraussetzung hierfür ist nach der Rechtsprechung des Gerichtshofs, dass die betreffende Bestimmung inhaltlich unbedingt und hinreichend genau ist [471].

Die kompetenzfreien Bereiche lassen sich in zwei Gruppen einteilen: Grundfreiheiten des Binnenmarkts (unten I.) und sonstige grundlegende Rechte der Unionsbürger (unten II.).

I. Die Grundfreiheiten des Binnenmarkts

Eine erste bedeutsame Gruppe kompetenzfreier Bereiche stellen die Grundfreiheiten des Binnenmarkts dar, deren unmittelbare Anwendbarkeit ständiger Rechtsprechung des EuGH entspricht [472]. Hierzu gehören:

- das Verbot von Ein- und Ausfuhrzöllen sowie Abgaben gleicher Wirkung im innergemeinschaftlichen Handel (Art. 25 EG),
- das Verbot mengenmäßiger Einfuhr- und Ausfuhrbeschränkungen sowie aller Maßnahmen gleicher Wirkung im innergemeinschaftlichen Handel (Art. 28, 29 EG),
- die Freizügigkeit der Arbeitnehmer (Art. 39 I, II, III EG),
- die Niederlassungsfreiheit (Art. 43 I, 48 EG),

---

[469] Vgl. dazu 1. Kapitel, A.
[470] Ibidem
[471] Formel nach EuGH 19.01.1982, Rs. 8/81 - *Becker* -, Slg. 1982, 53 (Tz. 25); zur unmittelbaren Wirkung vgl. ferner: *Ahlt* S. 16; *Geiger* Art. 10 EG Rn. 22; *H. P. Ipsen* § 5 Rn. 49 ff.; *Isaac* S. 173 f.; *Nicolaysen* S. 33 ff.; *Streinz*, Europarecht, Rn. 349, 705.
[472] Seit EuGH 05.02.1963, Rs. 26/62 - *van Gend & Loos* -, Slg. 1963, 1 (Tz. 8 ff.); vgl. weitere Nachweise bei *Streinz*, Europarecht, Rn. 705 Fn. 41 f. und *Zacker / Wernicke* Frage 75, 78.

- die Dienstleistungsfreiheit (Art. 49, 50, 54, 55, 48 EG),
- die Freiheit des Kapitalverkehrs (Art. 56 I EG)
  sowie
- die Freiheit des Zahlungsverkehrs (Art. 56 II EG).

Weder Gemeinschaftsorgane noch die Mitgliedstaaten sind befugt, den Anwendungsbereich dieser Grundfreiheiten, deren Inhalt und Tragweite sich jeweils unmittelbar aus dem Vertrag ergibt, durch Rechtsakte zu definieren oder gar einzuschränken. So liegt es weder in der Rechtsetzungskompetenz der Gemeinschaft noch in der Gesetzgebungszuständigkeit der Mitgliedstaaten, im innergemeinschaftlichen Handel Zölle oder mengenmäßige Beschränkungen wieder einzuführen (Art. 25, 28, 29 EG), ebenso wenig zu bestimmen, wer Arbeitnehmer im Sinne des Art. 39 I EG ist, welche Tätigkeiten zur Ausübung öffentlicher Gewalt im Sinne des Art. 45 I EG gehören oder wie weit der Schutzbereich der Niederlassungsfreiheit gemäß Art. 43 I EG reicht.

Nur höchst ausnahmsweise wird dem Rat kraft Primärrechts ausdrücklich das Recht eingeräumt, Randfragen des Anwendungsbereichs von Grundfreiheiten näher zu bestimmen (Art. 45 II, Art. 49 II EG). Diese Befugnisse lassen sich aber keineswegs verallgemeinern, im Gegenteil sind sie als Sondervorschriften eng auszulegen; ihre Existenz bestätigt einmal mehr, dass ansonsten derartige Kompetenzen gerade nicht bestehen.

Soweit die Mitgliedstaaten ihrerseits noch regelnd tätig werden, betrifft dies nicht den Inhalt und Umfang der Grundfreiheiten, sondern erfolgt beispielsweise als Teil ihrer Umwelt-, Gesundheits- und Steuerpolitik, oder es dient der Aufrechterhaltung der öffentlichen Sicherheit und Ordnung; in diesen Bereichen haben sie ihre Gesetzgebungskomptenzen nicht verloren [473]. Falls hierbei der Anwendungsbereich von Grundfreiheiten mittelbar tangiert wird, ist eine Rechtfertigung kraft Primärrechts an Hand der Schranken der Grundfreiheiten (Art. 30, 39 III, IV, 45 I, 46 I, 58 I, II EG) möglich. Vereinzelt gesteht das Primärrecht auch einem Gemeinschaftsorgan derartige Befugnisse zu, so etwa im Bereich des internationalen Kapital- und Zahlungsverkehrs (Art. 57 II, 59 und 60 I EG).

[473] Vgl. unten B. und D.

II. Die sonstigen grundlegenden Rechte der Unionsbürger

Über die rein marktbezogenen Grundfreiheiten hinaus gewährt der Vertrag den Unionsbürgern, auch unabhängig von einer irgendwie gearteten wirtschaftlichen Betätigung, folgende weitere, grundlegende Rechte:

- das allgemeine Diskriminierungsverbot im Anwendungsbereich des Vertrages (Art. 12 I EG) [474],
- das Recht der Freizügigkeit (Art. 18 I EG) [475],
- das Petitionsrecht zum Europäischen Parlament (Art. 21 I, Art. 194 EG) [476],
- das Recht, sich an den Europäischen Bürgerbeauftragten zu wenden (Art. 21 II, Art. 195 EG) [477],
- das Recht, sich schriftlich in einer der Vertragssprachen an Organe und Einrichtungen der EG zu wenden und eine Antwort in derselben Sprache zu erhalten (Art. 21 III EG) [478],
- das Recht auf gleiches Entgelt für Männer und Frauen (Art. 141 I EG) [479] sowie
- das Recht auf Zugang zu den Dokumenten des Europäischen Parlaments, des Rates und der Kommission (Art. 255 I EG) [480]

Auch die genannten Vorschriften gehören zu den kompetenzfreien Bereichen, da sie bereits als solche unmittelbare Wirkung entfalten [481] und schon kraft Vertrags Rechte zu Gunsten der Unionsbürger begründen. So kann der Grundsatz des gleichen Entgelts (Art. 141 I EG) weder sekundärrechtlich eingeschränkt werden, noch bedarf er einer sekundärrechtlichen Ausgestaltung. Ebenso wenig dürfen die EG oder einzelne Mitgliedstaaten im Anwendungsbereich des Vertrages Vorschriften erlassen, welche aus Gründen der Staatsangehörigkeit diskriminieren (Art. 12 I EG). Soweit die genannten Bestimmungen Rechtsetzungsbefugnisse

---

[474] Unmittelbare Wirkung beispielsweise vorausgesetzt in EuGH 02.10.1997, Rs. C-122/96 - *Saldanha* -, Slg. 1997, I-5325 (Tz. 15); vgl. auch *Geiger* Art. 12 EG Rn. 15; GH - *von Bogdandy* Art. 6 EGV Rn. 2; Lenz-*Lenz* Art. 12 EG Rn. 9.

[475] Zur unmittelbaren Wirkung: CR-*Kluth* Art. 18 EG Rn. 9; GH-*Hilf* Art. 8 EGV Rn. 37, 55; GTE-*Haag* Art. 8a EGV Rn. 4; *Mattera* RMUE 3/1998, 5 (19 ff.); aA Lenz / *Kaufmann-Bühler* Art. 18 EG Rn. 1.

[476] Zur unmittelbaren Wirkung: GH-*Hilf* Art. 8 EGV Rn. 37, 55; CR-*Kluth* Art. 17 EG Rn. 6.

[477] Ibidem

[478] Ibidem

[479] Die unmittelbare Wirkung entspricht ständiger Rechtsprechung seit EuGH 08.04.1976, Rs. 43/75 - *Defrenne* -, Slg. 1976, 455 (Tz. 40).

[480] Zur unmittelbaren Wirkung: CR-*Wegener* Art.255 EG Rn.6; Lenz-*Hetmeier* Art.255 EG Rn.4

[481] Vgl. die Nachweise in den vorangegangenen Fußnoten.

enthalten (Art. 12 II, 18 II, 141 III, 195 IV, 207 III UAbs. 2, 255 II, III EG), beziehen sich diese also keinesfalls auf den *Inhalt* der genannten Rechte, sondern sollen allenfalls deren praktische Durchsetzung erleichtern [482].

B. Die nicht-ausschließlichen Kompetenzen der EG

Unter denjenigen Bereichen, die nun einer Regelung durch die Gemeinschaft zugänglich sind, stellen die nicht-ausschließlichen Zuständigkeiten den Regelfall dar [483]. Ihnen ist gemeinsam, dass sie entweder bereits negative Ausschlussgründe erfüllen, die zwingend gegen ihre Exklusivität sprechen, oder dass jedenfalls keine positiven Ausschließlichkeitskriterien auf sie zutreffen [484]. Entsprechend dem gängigen Schema der Zuständigkeitsverteilung [485] sind konkurrierende (I.) und parallele Kompetenzen (II.) der EG zu unterscheiden.

I. Die konkurrierenden Kompetenzen

Die konkurrierenden Kompetenzen der EG umfassen, abgesehen von der Verwirklichung gewisser grundlegender Rechte der Unionsbürger in den Mitgliedstaaten (unten 1.), im Wesentlichen die Befugnisse zur Verwirklichung des Binnenmarkts bzw. des Gemeinsamen Marktes (unten 2.), ferner Zuständigkeiten in der Landwirtschaftspolitik (unten 3.) und zum Abbau von Hindernissen für den freien Personenverkehr (unten 4.). Alle genannten Politikbereiche zeichnen sich dadurch aus, dass nach dem Erlass einer gemeinschaftsrechtlichen Regelung eine Sperrwirkung für nationales Tätigwerden der Mitgliedstaaten eintritt und nicht etwa ein Nebeneinander von nationalen und Gemeinschaftsregeln möglich ist. Ihre (anfängliche) Ausschließlichkeit scheitert in der Regel daran, dass sie lediglich zu einem schrittweisen Vorgehen, namentlich zur schrittweisen Angleichung oder Ersetzung von Rechts- und Verwaltungsvorschriften der Mitgliedstaaten ermächtigen [486].

---

[482] Vgl. unten B.I.1 und C.III.4.
[483] Vgl. 3. Kapitel, C.I.1.
[484] Zu den negativen und positiven Kriterien vgl. 4. Kapitel, B. und C.
[485] 1. Kapitel, C.II.
[486] Vgl. 4. Kapitel, B.III.

1. Die Verwirklichung grundlegender Rechte der Unionsbürger in den Mitgliedstaaten

An verschiedenen Stellen sieht der Vertrag bestimmte grundlegende Rechte der Unionsbürger vor. Selbst wenn diese Rechte als solche zumeist unmittelbar anwendbar sind [487], wird der Gemeinschaft dennoch daneben die Befugnis eingeräumt, ihre Ausübung durch Setzung von Sekundärrecht zu erleichtern und ihnen zu besserer Durchsetzung zu verhelfen. Im Einzelnen handelt es sich dabei um folgende Kompetenzen:

- Abbau von Diskriminierungen (Art. 12 II, 13 EG [488])
- Vorschriften zur Erleichterung der Freizügigkeit von Unionsbürgern (Art. 18 II EG)
- Festlegung der Einzelheiten für die Beteiligung von Unionsbürgern an Kommunalwahlen und an Wahlen zum Europäischen Parlament (Art. 19 I 2, II 2 EG)
- Festlegung der Bedingungen für das Verbleiberecht von Arbeitnehmern in anderen Mitgliedstaaten (Art. 39 III lit. d EG) und
- Maßnahmen zur Gewährleistung der Chancengleichheit und der Gleichbehandlung von Männern und Frauen (Art. 141 III EG)

Alle genannten Kompetenzen gehören zur Kategorie derjenigen Vorschriften, welche die Gemeinschaft zur schrittweisen Angleichung von Rechts- und Verwaltungsvorschriften der Mitgliedstaaten ermächtigen. So ist es stets eine integrationspolitische Entscheidung, wann und mit welchem Inhalt die EG etwa Bestimmungen zur Erleichterung der Freizügigkeit erlässt, zur Verwirklichung der Chancengleichheit von Männern und Frauen beiträgt oder das Verbleiberecht von Wanderarbeitnehmern regelt.

In Ermangelung solcher Maßnahmen auf Gemeinschaftsebene bleibt es den Mitgliedstaaten unbenommen, ihrerseits national tätig zu werden, um in ihrem Zuständigkeitsbereich Hindernisse für die Freizügigkeit oder für die Verwirklichung der Chancengleichheit zwischen den Geschlechtern zu beseitigen oder Angehörigen anderer Mitgliedstaaten das Kommunalwahlrecht zu gewähren.

---

[487] Ihr Inhalt als solcher gehört dann zu den kompetenzfreien Bereichen, vgl. dazu oben A.

Mit der Ermächtigung zur schrittweisen Rechtsangleichung ist ein negativer Ausschlussgrund erfüllt, der zwingend gegen die anfängliche Ausschließlichkeit der betreffenden Befugnisse spricht [489]. Gleichzeitig ist aber im Anwendungsbereich der genannten Vorschriften die punktuelle Entstehung nachträglicher ausschließlicher Kompetenzen für konkrete Materien denkbar, sofern die EG ein bestimmtes Sachgebiet durch eine abschließende Regelung, insbesondere im Wege der Verordnung, umfassend besetzt [490].

Lediglich im Falle der Wahlrechtsmodalitäten ist auch nachträgliche Exklusivität nicht möglich, weil Art. 19 EG nur als Grundlage für gemeinschaftsrechtliche Mindeststandards herangezogen werden kann [491], nicht aber für ein einheitliches Wahlverfahren in allen Mitgliedstaaten. Denn was Europawahlen betrifft, so ist die Einführung eines einheitlichen Wahlverfahrens Gegenstand einer Spezialregelung; sie bedarf der Ratifizierung durch die Mitgliedstaaten (Art. 190 IV EG). Und was Kommunalwahlen anbelangt, so zählt die Ausgestaltung des Wahlverfahrens ohnehin zu den Kernkompetenzen eines jeden Mitgliedstaates; hier gebieten das Subsidiaritätsprinzip (Art. 5 II EG), der Grundsatz der Verhältnismäßigkeit (Art. 5 III EG) und die Achtung der nationalen Identität (Art. 6 III EU) eine Beschränkung der EG auf bloße gemeinschaftsrechtliche Mindeststandards, wie etwa durch die Kommunalwahlrichtlinie [492] geschehen.

2. Die Kompetenzen zur Verwirklichung des Binnenmarkts bzw. des Gemeinsamen Marktes [493]

Zur Verwirklichung der Ziele des Binnenmarkts bzw. des Gemeinsamen Marktes (Art. 2, Art. 3 I lit. c EG) sieht der Vertrag insbesondere das Mittel der Rechtsan-

---

[488] Nach dem vorläufigen Text des Vertrags von Nizza vom 12.12.2000 (SN 533/00) künftig Art. 12 und 13 I EG n. F. Demgegenüber enthält Art. 13 II EG n. F. keine weitere Kompetenz der Gemeinschaft, sondern nur eine besondere Verfahrensvorschrift für Fördermaßnahmen.

[489] Vgl. 4. Kapitel, B.III.

[490] Vgl. unten C.IV und 4. Kapitel, C.II.

[491] Damit ist eine Exklusivität zwingend ausgeschlossen, vgl. 4. Kapitel, B.II.4 und C.II.2.b.

[492] Richtlinie 94/80/EG des Rates vom 19.12.1994 über die Einzelheiten der Ausübung des aktiven und passiven Wahlrechts bei den Kommunalwahlen für Unionsbürger mit Wohnsitz in einem Mitgliedstaat, dessen Staatsangehörigkeit sie nicht besitzen, ABl.EG vom 31.12.1994, Nr. L 368, S. 38 ff.

[493] Zuordnung wie hier: *Bribosia* RMUE 4/1992, 165 (173 f.); GH - *v. Bogdandy/Nettesheim* Art. 3b EGV Rn. 29; *Everling* ZHR 162 (1998), 403 (413); weitere Nachweise: 2. Kapitel, A.I.2.

gleichung vor (Art. 3 I lit. h EG). Hierzu sind der Gemeinschaft an verschiedenen Stellen im EGV Kompetenzen eingeräumt, die auf die Harmonisierung der Rechts- und Verwaltungsvorschriften der Mitgliedstaaten mit Mitteln des Sekundärrechts, namentlich in Form von Richtlinien, abzielen (Art. 40 lit. b bis lit. d, 42, 44, 46 II, 47, 52, 71, 75, 93, 94, 95 und 96 EG); auch die Kompetenzergänzungsnorm des Art. 308 EG kann zu diesen Bestimmungen gezählt werden. Ob diese Zuständigkeiten jedoch ausschließlicher oder konkurrierender Natur sind, gehört zu den derzeit wohl umstrittensten Rechtsproblemen des institutionellen Gemeinschaftsrechts [494].

Gemeinsam ist allen genannten Kompetenznormen, dass sie die EG zur schrittweisen Rechtsangleichung ermächtigen. Besonders deutlich wird dies aus Art. 14 I EG, wonach die Gemeinschaft alle erforderlichen Maßnahmen zu treffen hat, um „den Binnenmarkt schrittweise zu verwirklichen". Ähnlich sah bereits der Vertrag von Rom eine Übergangszeit vor, in der stufenweise jeweils bestimmte Maßnahmen zur Verwirklichung des Gemeinsamen Marktes durchgeführt werden sollten (Art. 8 EWGV).

Doch auch nach Ablauf der in Art. 14 I EG und Art. 8 EWGV vorgesehenen Zeiträume lässt sich noch nicht abschließend im Voraus bestimmen, welche Materien im Einzelnen jeweils unter die Befugnisse der EG fallen werden. Vielmehr hängt dies vom jeweiligen Entwicklungsstand des Gemeinsamen Marktes sowie von den wandelbaren äußeren Bedingungen ab, namentlich von den wirtschaftlichen Gegebenheiten [495]. Deshalb ist es, unbeschadet der Schranken, die sich aus dem Grundsatz der begrenzten Einzelermächtigung (Art. 5 I EG), dem Subsidiaritätsprinzip (Art. 5 II EG) und dem Verhältnismäßigkeitsgrundsatz (Art. 5 III EG) ergeben, stets eine integrationspolitische Entscheidung, Schritt für Schritt einzelne binnenmarktrelevante Rechtsmaterien einer Harmonisierung zu unterziehen, beispielsweise für eine „bestimmte Tätigkeit" wie den Beruf des Rechtsanwalts [496] die Niederlassungs- und Dienstleistungsfreiheit zu verwirklichen (Art.

[494] Vgl. 2. Kapitel, insbesondere A.I.
[495] Vgl. 3. Kapitel, A.II.
[496] Richtlinie 77/249/EWG des Rates vom 22. März 1977 zur Erleichterung der tatsächlichen Ausübung des freien Dienstleistungsverkehrs der Rechtsanwälte (ABl.EG vom 26.03.1977, Nr. L

44 I, 47, 55 EG) oder eine „bestimmte Dienstleistung" wie die Tätigkeit von Banken [497] zu liberalisieren (Art. 52 I EG). Erst recht gilt dies für den Gebrauch der gegenständlich nicht näher präzisierten Kompetenzergänzungsnorm (Art. 308 EG), auf die etwa in den 1970er Jahren zahlreiche Umweltschutzrichtlinien der Gemeinschaft gestützt wurden [498].

Damit bleibt es auch nach Ablauf der Fristen aus Art. 14 I EG und Art. 8 EWGV bei einer schrittweisen und einzelfallbezogenen Angleichung von Rechts- und Verwaltungsvorschriften der Mitgliedstaaten [499]; in ihr verwirklicht sich die Dynamik des Gemeinschaftsrechts [500]. Folglich erfüllen die Harmonisierungskompetenzen zur Verwirklichung des Binnenmarkts bzw. des Gemeinsamen Marktes nach der hier vertretenen Auffassung ein negatives Kriterium [501], das zwingend gegen ihre (anfängliche) Ausschließlichkeit spricht. Allenfalls punktuell kann die EG eine nachträgliche ausschließliche Zuständigkeit erlangen, und zwar im Wege der Gebietsbesetzung, d. h. durch abschließende sekundärrechtliche Regelung eines bestimmten Sachverhalts [502].

78, S. 17 ff.); Richtlinie 98/5/EG des Europäischen Parlaments und des Rates vom 16.02.1998 zur Erleichterung der ständigen Ausübung des Rechtsanwaltsberufs in einem anderen Mitgliedstaat als dem, in dem die Qualifikation erworben wurde (ABl.EG vom 14.03. 1998, Nr. L 77, S. 36 ff.).

[497] Richtlinie 73/183/EWG des Rates vom 28.06.1973 zur Aufhebung der Beschränkungen der Niederlassungsfreiheit und des freien Dienstleistungsverkehrs für selbständige Tätigkeiten der Kreditinstitute und anderer finanzieller Einrichtungen (ABl.EG vom 16.07.1973, Nr. L 194, S. 1 ff.).

[498] Vgl. nur die Richtlinie 75/440/EWG des Rates vom 16.06.1975 über die Qualitätsanforderungen an Oberflächengewässer für die Trinkwassergewinnung in den Mitgliedstaaten (ABl.EG vom 25.05.1975, Nr. L 194, S. 34 ff.) und die Richtlinie 80/68/EWG des Rates vom 17.12. 1979 über den Schutz des Grundwassers gegen Verschmutzung durch bestimmte gefährliche Stoffe (ABl.EG vom 28.01.1980, Nr. L 20, S. 43 ff.), gestützt auf (ex-)Art. 100, 235 EWGV.

[499] Einzelnen Vertragsbestimmungen kann dies sogar ausdrücklich entnommen werden, vgl. etwa Art. 44 II lt. f und Art. 47 III EG („schrittweise"). CR-*Kluth* (Art. 52 EG Rn. 4) spricht gar in Bezug auf die Ermächtigung zur „Liberalisierung einer bestimmten Dienstleistung" (Art. 52 I EG) von einem *Einzelregelungsgebot.*

[500] Vgl. 3. Kapitel, A.II.

[501] Vgl. 4. Kapitel, B.III.

[502] Vgl. dazu unten C.IV. und 4. Kapitel, C.II.

3. Die Landwirtschaft (inklusive Fischerei) [503]

Dieselben Erwägungen treffen auch für die EG-Kompetenzen im Bereich der Landwirtschaft zu, welche übrigens gleichermaßen für die Fischerei gelten (Art. 3 I lit. e EG in Verbindung mit Anhang I, Kapitel 3 zu Art. 32 III EG [504]).

Danach sind der Gemeinschaft bestimmte Ziele vorgegeben, nämlich die Steigerung der Produktivität und der Einkommen der landwirtschaftlichen Bevölkerung, die Stabilisierung der Märkte, sowie die Sicherstellung einer Versorgung zu angemessenen Preisen (Art. 33 I EG). Zur Erreichung dieser Ziele hat sie die Befugnis, eine gemeinsame Organisation der Agrarmärkte zu schaffen (Art. 34, Art. 37 II, III EG).

Wie schon die Kompetenzen zur Herstellung des Binnenmarkts bzw. des Gemeinsamen Marktes, so ist auch diese Zuständigkeit auf eine schrittweise Zielverwirklichung ausgerichtet und damit Ausdruck des dynamischen Charakters des Gemeinschaftsrechts. Besonders deutlich wird dieses schrittweise Vorgehen an Regelungen wie Art. 32 IV, 34 I UAbs. 2, 37 II UAbs. 1 und 37 III EG. So wird die Gemeinsame Agrarpolitik „Hand in Hand" mit dem Funktionieren und der Entwicklung des Gemeinsamen Marktes gestaltet (Art. 32 IV EG). Das Tätigwerden des Rates orientiert sich, je nach Bedarf, an einzelnen Erzeugnissen (Art. 34 I UAbs. 2 EG), folgt also einem produktspezifischen Ansatz; keineswegs ist von Beginn an eine allumfassende gemeinschaftsrechtliche Regelung für alle denkbaren landwirtschaftlichen Erzeugnisse vorgesehen. Etwaige einzelstaatliche Marktordnungen bestehen demzufolge so lange fort, bis sie möglicherweise durch noch zu schaffende gemeinsame Marktorganisationen ersetzt werden (Art. 37 III Hs. 1 EG). Indirekt wird damit also im Vertrag eine – zumindest vorübergehend noch bestehende – Rechtsetzungskompetenz der Mitgliedstaaten als *Residualkompetenz* [505] vorausgesetzt.

---

[503] Zuordnung wie hier: *Bribosia* RMUE 4/1992, 165 (173); CR-*Calliess* Art. 5 EG Rn. 26; GH - *Gilsdorf / Booß* Art. 43 EGV Rn. 37; Lenz-*Borchardt* Art. 37 EG Rn. 10 f.; aA GTE-*Zuleeg* Art. 3b EGV Rn. 5.

[504] Ehemals Art. 3 lit. d, Art. 38 ff. EWGV in Verbindung mit Anhang II des Vertrages.

[505] Vgl. 4. Kapitel, B.III.2.

Mit dem Auftrag zur schrittweisen Verwirklichung einer gemeinsamen Organisation der Agrarmärkte erfüllt die Gemeinsame Landwirtschafts- und Fischereipolitik ein negatives Kriterium [506], das zwingend gegen die Annahme anfänglicher Ausschließlichkeit spricht. Allenfalls punktuell kann die EG nachträgliche ausschließliche Kompetenzen erwerben, und zwar im Wege der Gebietsbesetzung, d. h. durch die Schaffung abschließender sekundärrechtlicher Regelungen in Form einer gemeinsamen Agrarmarktordnung für ein bestimmtes Erzeugnis [507].

In diesem Zusammenhang spielt es übrigens keine Rolle, dass im Landwirtschaftsbereich die nationalen Regelungen zumeist durch EG-Verordnungen ersetzt werden und nicht nur, wie etwa im Binnenmarktbereich, eine Rechtsangleichung mit Hilfe von Richtlinien vorgenommen wird. Zwar belässt eine Verordnung, anders als die Richtlinie, wegen ihrer unmittelbaren Geltung den Mitgliedstaaten in der Regel keinen Spielraum für eine ausführende Gesetzgebung (Art. 249 II, III EG). Entscheidend für den konkurrierenden Charakter der Landwirtschaftskompetenzen ist aber nicht die Rechtsnatur möglicher Gemeinschaftsmaßnahmen, sondern die Tatsache, dass auch hier nationale Rechtsetzungskompetenzen bis zu ihrer Verdrängung durch abschließende gemeinschaftsrechtliche Regelungen – egal ob durch Richtlinie oder Verordnung – vorübergehend fortbestehen.

4. Visa, Asyl, Einwanderung und freier Personenverkehr

Ebenfalls zu den konkurrierenden Kompetenzen gehören die mit dem Vertrag von Amsterdam neu geschaffenen Zuständigkeiten der EG in den Bereichen Visa, Asyl, Einwanderung und freier Personenverkehr (Titel IV EG-Vertrag).

Ziel dieser neuen Vorschriften ist der schrittweise Aufbau eines Raumes der Freiheit, der Sicherheit und des Rechts. Dabei soll die Förderung der Freizügigkeit von Personen mit der Gewährleistung von Sicherheit einher gehen (vgl. Art. 61 Hs. 1 EG und die Präambel des EU-Vertrags, 11. Erwägungsgrund).

---

[506] Vgl. 4. Kapitel, B.III.

[507] Vgl. dazu unten C.IV. und 4. Kapitel, C.II; zur umfangreichen Rechtsprechung des Gerichtshofs in diesem Bereich vgl. 2. Kapitel, B.IV.

Zur Verwirklichung dieser Ziele ist der EG ein Zeitraum von fünf Jahren vorgegeben (Art. 61, Art. 62 Hs. 1 EG), wobei es jeweils von einer integrationspolitischen Entscheidung abhängt, welche Maßnahmen wann getroffen werden und welchen Umfang sie haben. Folglich dienen auch die neuen Befugnisse gemäß Titel IV EG-Vertrag der schrittweisen Angleichung oder Ersetzung der Rechts- und Verwaltungsvorschriften der Mitgliedstaaten; sie erfüllen so ein negatives Kriterium, das zwingend gegen ihre (anfängliche) Ausschließlichkeit spricht [508]. Im Übrigen deutet auch der enge Zusammenhang von Titel IV mit dem Flexibilitätsprinzip auf die Nicht-Ausschließlichkeit der neu geschaffenen Kompetenzen hin. Denn etwa der Schengen-Besitzstand, welcher gemäß einem Zusatzprotokoll zum Vertrag von Amsterdam [509] nunmehr in den Rahmen der EU überführt wurde, soll teilweise auf der Grundlage von Titel IV fortentwickelt werden (Art. 2 I UAbs. 2 S. 2 und Art. 3 I des Schengen-Protokolls). Wegen der vorläufigen Nicht-Teilnahme des Vereinigten Königreichs, Irlands und Dänemarks an Maßnahmen nach Titel IV [510] wird dies allerdings nur im Wege der verstärkten Zusammenarbeit möglich sein; dies ist wiederum nur denkbar, falls Titel IV einer solchen verstärkten Zusammenarbeit überhaupt zugänglich ist, so wie es übrigens auch in Art. 5 I UAbs. 2 des Schengen-Protokolls vorausgesetzt wird. Aus alledem folgt zwingend, dass Titel IV nicht vom Ausschließlichkeitsvorbehalt des Art. 11 I lit. a EG [511] erfasst sein kann, also keine exklusiven Kompetenzen enthält, weil ansonsten insbesondere das Schengen-Protokoll leer laufen müsste.

Ausschließliche Zuständigkeiten im Bereich Visa, Asyl, Einwanderung und freier Personenverkehr kann die EG deshalb allenfalls nachträglich und punktuell erlangen, und zwar im Wege der Gebietsbesetzung, d. h. durch abschließende sekundärrechtliche Regelung je eines bestimmten Sachgebiets [512].

---

[508] Vgl. 4. Kapitel, B.III.

[509] Protokoll zur Einbeziehung des Schengen-Besitzstands in den Rahmen der Europäischen Union, Bull. B'Reg. 27.11.1997, Nr. 94/S. 1129 f. = Sart. II Nr. 151 (Protokoll Nr. 2 zum EUV / EGV in der Fassung des Vertrags von Amsterdam), im Folgenden: „Schengen-Protokoll"

[510] Protokoll über die Position des Vereinigten Königreichs und Irlands sowie Art. 1 bis 5 des Protokolls über die Position Dänemarks, Bull. B'Reg. 27.11.1997, Nr. 94/S. 1131 ff = Sart. II Nr. 151 (Protokolle Nr. 4, 5 zum EUV / EGV in der Fassung des Vertrags von Amsterdam)

[511] Nach dem vorläufigen Text des Vertrags von Nizza soll der Vorbehalt des Art. 11 I lit. a EG künftig in den EUV überführt werden (vgl. Klausel A lit. d des Entwurfs von Nizza, SN 533/00, vom 12.12.2000).

[512] Vgl. dazu unten C.IV. (dort insbesondere Ziff. 3.) und 4. Kapitel, C.II.

II. Die parallelen Kompetenzen

Neben den soeben behandelten konkurrierenden Zuständigkeiten stellen die parallelen Kompetenzen die zweite wichtige Spielart nicht-ausschließlicher Befugnisse nach dem EGV dar. Von ihnen sind all jene Bereiche betroffen, in denen gemeinschaftliche und nationale Politiken nebeneinander bestehen oder in denen die Gemeinschaft die nationalen Politiken der Mitgliedstaaten im Wesentlichen lediglich koordiniert und unterstützt. Darunter fallen zum einen die den Binnenmarkt flankierenden Politiken (unten 1.), zum anderen Kartellrecht und Fusionskontrolle (unten 2.).

1. Die den Binnenmarkt flankierenden Politiken

Eine ganze Reihe paralleler Kompetenzen findet sich im Bereich der den Binnenmarkt flankierenden Politiken [513]. Hierunter sind all jene Sachgebiete des Vertrages zu verstehen, die nicht der unmittelbaren Verwirklichung des Binnenmarktes im rein wirtschaftlichen Sinne dienen. Aufgabe der flankierenden Politiken ist es vielmehr, das Binnenmarktziel mit den sonstigen Zielen der Gemeinschaft, insbesondere jenen nach Art. 3 EG, in Einklang zu bringen, also etwa mit Zielen sozialer und kultureller Art. Zu diesem Zweck sieht der Vertrag eine Reihe von sog. Querschnittsaufgaben [514] vor, die bei allen Maßnahmen der EG zu beachten sind, so beispielsweise die Gleichstellung von Männern und Frauen (Art. 3 II EG), Umweltschutz und nachhaltige Entwicklung (Art. 6 EG), ein hohes Beschäftigungsniveau (Art. 127 II EG), die Beachtung kultureller Aspekte (Art. 151 IV EG) sowie Gesundheits- und Verbraucherschutz (Art. 152 I, Art. 153 II EG).

Allen flankierenden Politiken ist gemeinsam, dass eine Ausschließlichkeit der jeweiligen Befugnisse bereits an negativen Kriterien [515] scheitert; eine Untersuchung an Hand der nachrangigen positiven Kriterien erübrigt sich folglich. Aus Vereinfachungsgründen fasst die folgende Darstellung einzelne flankierende Po-

---

[513] Vgl. zum Begriff der flankierenden Politiken bzw. Maßnahmen: Mitteilung der Kommission vom 27.10.1992, SEK (92) 1990 endg., Anhang II.2 a. E., abgedruckt in Bull. EG 10/1992, S. 123; ferner *Geiger* FS Gitter S. 267 (268); *Toth* in: O'Keeffe / Twomey (Hrsg.), S. 37 (41).

[514] Zu diesem Begriff vgl. CR-*Ukrow* Art. 3 EG Rn. 25, CR-*Calliess* Art. 6 EG Rn. 1 ff.

[515] Vgl. 4. Kapitel, B.

litiken in Gruppen zusammen, je nach dem, welches der negativen Kriterien den Ausschlag für die Verneinung der Ausschließlichkeit gegeben hat. Sofern daneben auch andere Kriterien eine Rolle gespielt haben, werden diese ergänzend erwähnt.

a) Die Wirtschaftspolitik: Beschränkung auf bloße Koordinierungsaufgaben [516]

In der Wirtschaftspolitik (Art. 98 ff. EG) sieht der Vertrag keine Vergemeinschaftung im Sinne einer „Wirtschaftsunion" [517], sondern nur die Koordinierung und Überwachung der nationalen Politiken durch die Gemeinschaft vor. Dementsprechend erklärt Art. 99 I EG die Wirtschaftspolitik lediglich zu einer Angelegenheit von gemeinsamem Interesse und sehen Art. 99 II ff. EG sowie Art. 104 EG detaillierte Verfahrensregeln für diese Koordinierung vor.

Entscheidend für die hier interessierende Fragestellung ist in diesem Zusammenhang aber, dass die bloße Beschränkung auf Koordinierungs- und Überwachungsaufgaben in der Wirtschaftspolitik einen besonders augenscheinlichen Fall von Unvollkommenheit der Gemeinschaftskompetenzen darstellt, was wiederum zwingend gegen die Ausschließlichkeit der jeweiligen Befugnisse spricht.

Daran ändert auch der im Zuge der Währungsunion geschlossene sog. „Stabilitäts- und Wachstumspakt" [518] nichts; im Wesentlichen präzisiert und beschleunigt dieser Pakt lediglich den Sanktionsmechanismus, der auf Grundlage des Art. 104 EG eingreift, falls ein Mitgliedstaat den Weg der Haushaltsdisziplin verlässt und übermäßige öffentliche Defizite produziert [519]. Denn die Vergemeinschaftung der Wirtschaftspolitik wird auch durch diesen Mechanismus gerade nicht vorgenom-

[516] Vgl. 4. Kapitel, B.II.3.

[517] Der häufig anzutreffende Ausdruck „Wirtschafts- und Währungsunion" (auch Art. 2 EG verwendet ihn) sollte deshalb vermieden werden; er verwischt die bedeutenden kompetenzrechtlichen Unterschiede im Wirtschaftsbereich einerseits und im Währungsbereich andererseits.

[518] Dieser Pakt besteht aus einer Entschließung vom 17.06.1997 anlässlich des Europäischen Rates von Amsterdam (ABl.EG vom 2.8.1997, Nr. C 236, S. 1 f.), ferner aus der Verordnung (EG) Nr. 1466/97 des Rates vom 07.07.1997 über den Ausbau der haushaltspolitischen Überwachung und der Überwachung und Koordinierung der Wirtschaftspolitiken (ABl.EG vom 2.8.1997, Nr. L 209, S. 1 ff.) sowie der Verordnung (EG) Nr. 1467/97 des Rates vom 07.07.1997 über die Beschleunigung und Klärung des Verfahrens bei einem übermäßigen Defizit (ABl.EG vom 2.8.1997, Nr. L 209, S. 6 ff.).

[519] Zu den Einzelheiten: CR-*Häde* Art. 104 EG Rn. 88 ff.; Lenz-*Schill* Art. 104 EG Rn. 11 ff.

men; eine Kompetenzübertragung auf die EG zur Festlegung einer einheitlichen EU-weiten Wirtschaftspolitik findet nicht statt. Vielmehr verbleibt es bei einem Nebeneinander mehrerer nationaler Wirtschaftspolitiken, die durch den Stabilitäts- und Wachstumspakt lediglich besonders eng koordiniert werden sollen.

b) Die Verwaltungs-Zusammenarbeit: Beschränkung auf bloße Koordinierungsaufgaben [520]

Aus demselben Grund sind auch all diejenigen Vertragsbestimmungen nichtausschließlicher Natur, die eine Verwaltungs-Zusammenarbeit der Mitgliedstaaten vorsehen. Wie bereits an anderer Stelle erwähnt [521], obliegt der Vollzug des Gemeinschaftsrechts im Regelfall den Mitgliedstaaten (indirekter administrativer Vollzug). Um dabei die notwendige Gleichförmigkeit und Einheitlichkeit des Vollzugs sicherzustellen und Diskriminierungseffekten vorzubeugen, ist eine enge Zusammenarbeit der Verwaltungsbehörden und sonstigen Dienststellen der Mitgliedstaaten von entscheidender Bedeutung. Dementsprechend sieht der Vertrag eine solche Kooperation an verschiedenen Stellen vor (Art. 40 lit. a und d, Art. 44 II lit. b, Art. 66, Art. 135 S. 1 und Art. 280 III EG).

Da der Gemeinschaft hierbei wiederum bloße Koordinierungsaufgaben zukommen, ist ein negatives Kriterium erfüllt, welches zwingend gegen die Exklusivität spricht. Hinsichtlich der Zusammenarbeit im Zollwesen und der Betrugsbekämpfung wird dieses Ergebnis außerdem durch Zuständigkeitsvorbehalte zu Gunsten der Mitgliedstaaten unterstrichen, welche ebenfalls als negative Kriterien wirken (Art. 135 S. 2 und Art. 280 IV 2 EG) [522].

---

[520] Vgl. 4. Kapitel, B.II.3.
[521] Vgl. 4. Kapitel, A.V.
[522] Vgl. 4. Kapitel, B.I.

c) Bildung, Jugend, Kultur, Gesundheit und Beschäftigung: der Ausschluss jeglicher Harmonisierung [523]

Ebenso wenig enthalten die Gebiete Bildung und Jugend (Art. 149 f. EG), Kultur (Art. 151 EG), Gesundheit (Art. 152 EG) und Beschäftigung (Art. 125 ff. EG) ausschließliche Kompetenzen der EG. Kennzeichnend für diese Bereiche ist nämlich insbesondere, dass der Vertrag bei allen vier Politiken ausdrücklich den Ausschluss jeglicher Harmonisierung der Rechts- und Verwaltungsvorschriften der Mitgliedstaaten vorsieht (Art. 129 II, 149 IV - 1. Gedankenstrich, 150 IV, 151 V - 1. Gedankenstrich und Art. 152 IV lit. c EG). Allein hieraus folgt bereits, dass es sich um unvollkommene Befugnisse handelt, die zu keiner vollständigen Vergemeinschaftung der betreffenden Sachgebiete führen können. Denn wo nicht einmal eine Harmonisierung nationaler Vorschriften erfolgen darf, können der EG erst recht keine ausschließlichen Kompetenzen zuwachsen.

Hinzu kommt, dass die EG in den vier genannten Politikbereichen lediglich zur Förderung der Zusammenarbeit der Mitgliedstaaten sowie zur Ergänzung und Unterstützung ihrer Tätigkeit berufen ist. Dies folgt insbesondere aus den Artikeln 35 lit. a, 127 I, 149 I, 150 I, 150 II - 4. Gedankenstrich, 151 II, 152 I UAbs. 2 und 3 sowie 152 II UAbs. 1 EG. Auch aus diesem Umstand ergibt sich zwingend, dass die Befugnisse der Gemeinschaft auf diesen Gebieten unvollkommen und damit nicht-ausschließlicher Natur sind [524].

Abgerundet wird dieses Bild für die Bereiche Beschäftigung, Bildung und Gesundheit noch durch entsprechende Zuständigkeitsvorbehalte zu Gunsten der Mitgliedstaaten, wie sie in Art. 127 I 2, 149 I, 150 I und 152 V 1 EG zu finden sind und ebenfalls gegen eine ausschließliche Kompetenz der EG sprechen [525].

---

[523] Vgl. 4. Kapitel, B.II.1.

[524] Vgl. 4. Kapitel, B.II.2. Auch GA *Lenz*, 07.12.1995, Schlussanträge zu Rs. C-192/94 - *El Corte Inglés* -, Slg. 1996, I-1284 (Tz. 27) folgert aus diesem Gesichtspunkt die Nicht-Ausschließlichkeit der Gesundheitspolitik.

[525] Vgl. 4. Kapitel, B.I.

d) Forschung und technologische Entwicklung, Transeuropäische Netze, Industrie, Wirtschaftlicher und sozialer Zusammenhalt, Entwicklungszusammenarbeit: die Beschränkung auf Förder- und Ergänzungsmaßnahmen der EG [526]

Mit den Politiken Forschung und technologische Entwicklung (Art. 163 ff. EG), Transeuropäische Netze (Art. 154 ff. EG), Industrie (Art. 157 EG), wirtschaftlicher und sozialer Zusammenhalt (Art. 158 ff. EG) sowie Entwicklungszusammenarbeit (Art. 177 ff. EG [527]) werden auf den ersten Blick äußerst unterschiedliche thematische Bereiche zusammengefasst. Ihnen ist jedoch ein Charakteristikum gemeinsam: jeweils geht es um Beiträge der Gemeinschaft zu gleichzeitig fortbestehenden nationalen Politiken der Mitgliedstaaten, d. h. um die Förderung und Ergänzung der von den Mitgliedstaaten durchgeführten Tätigkeiten.

Der lediglich ergänzende Charakter all dieser Politiken geht besonders deutlich aus den Artikeln 154 I, 155 I UAbs. 1 - 3. Gedankenstrich, 157 III, 159 I 3, 160, 164 S. 1 und 177 I EG hervor [528]. Diese Vorschriften lassen allesamt erkennen, dass nationale und gemeinschaftliche Politiken in diesen Bereichen nebeneinander bestehen und nicht etwa eine vollständige Vergemeinschaftung des jeweiligen Sachbereichs vorgenommen wird. Gerade ein solches Nebeneinander zeichnet aber parallele Kompetenzen aus; der Annahme ausschließlicher Zuständigkeiten steht hingegen zwingend ein negatives Kriterium entgegen, nämlich die Unvollkommenheit solcher bloß ergänzenden Befugnisse der EG.

So sind beispielsweise die Mitgliedstaaten auf dem Gebiet der Entwicklungszusammenarbeit (Art. 177 ff. EG) berechtigt, selbständig Verpflichtungen gegenüber Drittstaaten einzugehen, und zwar wahlweise einzeln, kollektiv oder gar in Zusammenarbeit mit der Gemeinschaft, etwa in Form von sog. gemischten Abkommen, an denen neben den Mitgliedstaaten auch die EG beteiligt ist [529] (Art. 181 I 2, II EG).

---

[526] Vgl. 4. Kapitel, B.II.2.

[527] Durch den Vertrag von Nizza (vorläufiger Text, 12.12.2000, SN 533/00) soll in einem neuen Art. 181a EG eine zusätzliche Gemeinschaftskompetenz für Maßnahmen der wirtschaftlichen, finanziellen und technischen Zusammenarbeit mit Drittländern geschaffen werden.

[528] Gleiches gilt für den neuen Art. 181a I UAbs. 1 Hs. 2 EG (von der Regierungskonferenz vereinbarter, vorläufiger Text des Vertrags von Nizza, 12.12.2000, SN 533/00).

[529] EuGH 02.03.1994, Rs. C-316/91 - *EP / Rat* -, Slg. 1994, I-653 (Tz. 26)

Was den Bereich der Regionalbeihilfen betrifft, so zeigt schon die Existenz bestimmter Ausnahmetatbestände zum gemeinschaftsrechtlichen Beihilfenverbot (Art. 87 II lit. b, c und Art. 87 III lit. a, c EG), dass der Vertrag eine nationale Unterstützung von strukturschwachen Regionen auch jenseits der gemeinschaftlichen Förderung, etwa aus dem Europäischen Fonds für regionale Entwicklung (Art. 160 EG), anerkennt. Ansonsten wäre nämlich eine Kontrolle nationaler Beihilfen durch die Gemeinschaft gemäß Art. 87 ff. EG gar nicht erforderlich.

Nur der Vollständigkeit halber sei hier noch erwähnt, dass der Gemeinschaft in den meisten der genannten Bereiche auch Koordinierungsaufgaben zukommen (Art. 35 lit. a, 157 II, 159 I 1, 165 und 180 EG); im Falle der Transeuropäischen Netze erfolgt eine solche Koordinierung mittels Leitlinien (Art. 155 I EG, 1. Gedankenstrich). Damit ist ein weiteres negatives Kriterium erfüllt, das ebenfalls auf die Unvollkommenheit der Befugnisse der EG schließen lässt und zwingend der Annahme von Ausschließlichkeit entgegen steht [530].

e) Umwelt [531], Verbraucherschutz und Sozialpolitik: Mindeststandards und Möglichkeit einer Schutzverstärkung durch die Mitgliedstaaten [532]

Sehr viel weiter gehende Kompetenzen besitzt die EG in den Bereichen Umwelt (Art. 174 ff. EG) und Verbraucherschutz (Art. 153 EG) sowie in der Sozialpolitik (Art. 136 ff. EG). Sowohl Art. 137 II EG [533] als auch Art. 153 III lit. a und Art. 175 I EG erlauben der EG weit reichende Maßnahmen zur Harmonisierung der Rechts- und Verwaltungsvorschriften der Mitgliedstaaten [534]. Hinzu kommt im Umweltbereich die Möglichkeit, Aktionsprogramme zu beschließen (Art. 175 III EG).

---

[530] Vgl. 4. Kapitel, B.II.3.

[531] Zuordnung wie hier: *Lerche / Preußer* in: Collier / Golub / Kreher (Hrsg.), S. 79 (83 ff.).

[532] Vgl. 4. Kapitel, B.II.4 und 5.

[533] Künftig: Art. 137 II UAbs. 1 lit. b EG in Verbindung mit Art. 137 I lit. a bis i EG n. F. (von der Regierungskonferenz vereinbarter, vorläufiger Text des Vertrags von Nizza, 12.12.2000, SN 533/00).

[534] Hingegen ist für die Bekämpfung der sozialen Ausgrenzung und die Modernisierung der Systeme des sozialen Schutzes von vornherein jegliche Harmonisierung ausgeschlossen (Art. 137 II UAbs. 1 lit. a EG in Verbindung mit Art. 137 I lit. j, k EG n. F. – von der Regierungskonferenz vereinbarter, vorläufiger Text des Vertrags von Nizza, 12.12.2000, SN 533/ 00).

Dessen ungeachtet enthalten auch die Titel Umwelt und Verbraucherschutz sowie die Sozialvorschriften des EGV keine ausschließlichen Kompetenzen der EG. Wesentlich ist nämlich, dass in allen drei Fällen jeweils eine Schutzverstärkungsklausel es den Mitgliedstaaten erlaubt, über das gemeinschaftsrechtliche Schutzniveau hinaus zu gehen, indem sie strengere nationale Vorschriften beibehalten oder neu einführen können (Art. 137 V [535], Art. 153 V 1 und Art. 176 S. 1 EG). Dasselbe gilt übrigens, soweit die Binnenmarktgesetzgebung der EG einen verbraucherschutz- oder umweltrelevanten Bezug aufweist (Art. 95 IV, V EG). Hinzu kommt speziell für den Bereich der Sozialpolitik eine ausdrückliche Beschränkung der möglichen Harmonisierungsrichtlinien der EG auf bloße Mindestvorschriften (Art. 137 II 1 EG [536]), was ebenfalls die Zulässigkeit weiter gehender nationaler Bestimmungen impliziert.

Durch die Schutzverstärkungsklauseln wird das für parallele Kompetenzen charakteristische Nebeneinander von gemeinschaftlichen und nationalen Regelungen ermöglicht; eine vollständige Vergemeinschaftung der Bereiche Umwelt und Verbraucherschutz findet beim gegenwärtigen Stand des Gemeinschaftsrechts ebenso wenig statt wie etwa die Gründung einer umfassenden „Sozialunion“. Auch hier scheitert demzufolge die Annahme einer Ausschließlichkeit von Kompetenzen am negativen Kriterium der Unvollkommenheit der betreffenden Zuständigkeiten.

Zwingend gegen die Ausschließlichkeit der EG-Zuständigkeiten in den Bereichen Umwelt, Verbraucherschutz und Soziales spricht außerdem, dass es sich in allen drei Fällen um Ermächtigungen zur schrittweisen Harmonisierung der Rechts- und Verwaltungsvorschriften der Mitgliedstaaten handelt (Art. 137 II, III, Art. 153 III lit. a und Art. 175 I, II EG) [537]. Besonders deutlich wird dies in Art. 137 II 1[538] EG, wo sogar von schrittweiser Anwendung der harmonisierten Mindestvorschriften die Rede ist. Solange also keine Maßnahme auf Gemeinschaftsebene ergrif-

---

[535] Künftig: Art. 137 IV EG, 2. Gedankenstrich (von der Regierungskonferenz vereinbarter, vorläufiger Text des Vertrags von Nizza, 12.12.2000, SN 533/00).
[536] Künftig: Art. 137 II UAbs. 1 lit. b S. 1 EG (von der Regierungskonferenz vereinbarter, vorläufiger Text des Vertrags von Nizza, 12.12.2000, SN 533/00).
[537] Vgl. 4. Kapitel, B.III.

fen wurde, verbleibt die Zuständigkeit zur Regelung eines bestimmen Sachverhaltes vollständig bei den Mitgliedstaaten. Auch insoweit ist folglich ein (zusätzliches) negatives Kriterium erfüllt.

Hingegen haben Bestimmungen über den Vollzug und die Finanzierung von Gemeinschaftspolitiken, wie etwa die Regelung des Art. 175 IV EG im Umweltbereich, keine Auswirkung auf die Einordnung der jeweiligen Kompetenzen als ausschließlich oder nicht-ausschließlich. Diese Vorschrift ist vielmehr den neutralen Kriterien [539] zuzurechnen.

f) Die Betrugsbekämpfung: Vorbehalts-Aufgaben der Mitgliedstaaten [540]

Schließlich fällt auch die Betrugsbekämpfung zum Schutz der finanziellen Interessen der Gemeinschaft (Art. 280 EG) nicht in die ausschließliche Zuständigkeit der EG. Vielmehr enthält Art. 280 IV 2 EG einen ausdrücklichen Zuständigkeitsvorbehalt zu Gunsten der Mitgliedstaaten, indem er klarstellt, dass die Anwendung des Strafrechts und die Strafrechtspflege in nationaler Zuständigkeit verbleiben. Damit ist auch hier ein negatives Kriterium erfüllt, das zwingend gegen die Exklusivität der Gemeinschaftskompetenz nach Art. 280 EG spricht. So wäre es beispielsweise nicht möglich, den Schutz der finanziellen Interessen der Gemeinschaft der exklusiven Zuständigkeit eines „europäischen Staatsanwalts" zu übertragen. Ebenso wenig dürfte der Rat nach geltender Rechtslage einen einheitlichen gemeinschaftsrechtlichen Straftatbestand des Betruges schaffen.

2. Das Kartellrecht (inklusive Fusionskontrolle)

Einen besonders praxisrelevanten Anwendungsfall der parallelen Kompetenzen stellen das Kartellrecht und die Fusionskontrolle dar. Zwar sind die jeweiligen Befugnisse der Gemeinschaft in diesem Bereich sehr weit reichend, also keineswegs nur unvollkommener Art – man denke etwa an die Ermächtigung, Geldbußen und Zwangsgelder in beachtlicher Höhe zu verhängen (Art. 83 II lit. a EG

[538] Künftig: Art. 137 II UAbs. 1 lit. b S. 1 EG (von der Regierungskonferenz vereinbarter, vorläufiger Text des Vertrags von Nizza, 12.12.2000, SN 533/00).

[539] Vgl. 4. Kapitel, A.V.

[540] Vgl. 4. Kapitel, B.I.

in Verbindung mit Art. 15, 16 der Kartellverfahrens-Verordnung Nr. 17 [541] bzw. Art. 14, 15 der Fusionskontroll-Verordnung [542]); negative Kriterien [543] stünden somit der Annahme einer Ausschließlichkeit nicht entgegen. Jedoch ist sowohl im Kartellrecht als auch bei der Fusionskontrolle keines der positiven Kriterien [544] erfüllt, welche den Ausschluss jeglicher Betätigung der Mitgliedstaaten und die Annahme einer exklusiven Gemeinschaftszuständigkeit rechtfertigen würden:

Was das materielle Kartell- und Fusionskontrollrecht anbelangt, so haben Gemeinschaftsrecht und nationales Recht jeweils unterschiedliche Anwendungsbereiche und können deshalb nebeneinander existieren (unten a.). Was die Verwaltungszuständigkeit zur Anwendung des EG-Kartellrechts oder zur Durchführung der EG-Fusionskontrolle betrifft, so besteht ebenfalls kein zwingender Grund zur Annahme ausschließlicher Gemeinschaftskompetenzen (unten b.). Und schließlich ist im Wettbewerbsrecht auch nicht von der Entstehung nachträglicher ausschließlicher Kompetenzen auszugehen (unten c.).

a) Das anwendbare materielle Recht

Was das anwendbare materielle Recht anbelangt, so besteht schon kein zwingendes Erfordernis für eine einheitliche gemeinschaftsrechtliche Regelung des *gesamten* Kartellrechts und der *gesamten* Fusionskontrolle für alle in den EU-Mitgliedstaaten denkbaren Sachverhalte. Vielmehr verbleibt im Fall von Kartellen und Fusionen *ohne* gemeinschaftsweite Bedeutung, also *ohne* Auswirkung auf den Handel zwischen den Mitgliedstaaten, stets ein Anwendungsbereich für das nationale Kartellrecht bzw. für die Durchführung einer Fusionskontrolle nach nationalem Recht. Wegen der fehlenden Auswirkung solcher Kartelle und Zusammenschlüsse auf den Handel zwischen den Mitgliedstaaten ist eine Beeinträchti-

---

[541] Verordnung (EWG) Nr. 17 des Rates vom 06.02.1962 – Erste Durchführungsverordnung zu den (ex-)Artikeln 85 und 86 des Vertrages, ABl.EG vom 21.02.1962, S. 204 ff.; aktuelle Fassung abgedruckt in Sart. II Nr. 165

[542] Verordnung (EWG) Nr. 4064/89 des Rates vom 21.12.1989 über die Kontrolle von Unternehmenszusammenschlüssen, ABl.EG vom 30.12.1989, Nr. L 395, S. 1 ff., gestützt auf die Grundlage von (ex-)Art. 87 und 235 EWGV; aktuelle Fassung abgedruckt in Sart. II Nr. 170

[543] Vgl. 4. Kapitel, B.

[544] Vgl. 4. Kapitel, C.

gung der Funktionsfähigkeit des Gemeinsamen Marktes gerade nicht zu befürchten, eine Koexistenz der Rechtsordnungen also möglich.

Daran orientiert sich auch die gegenwärtige Ausgestaltung beider Rechtsgebiete im geltenden Gemeinschaftsrecht. So sind auf Kartelle und den Missbrauch von Marktmacht nach ständiger Rechtsprechung des EuGH EG-Recht (Art. 81, Art. 82 EG) und nationales Recht (etwa die Regeln des deutschen GWB) parallel, d. h. nebeneinander anwendbar; nur im Falle widersprüchlicher Ergebnisse gilt es den Anwendungsvorrang des Gemeinschaftsrechts zu beachten [545].

Ebenso stehen sich bei der Fusionskontrolle das Gemeinschaftsrecht in Form der Fusionskontroll-Verordnung und nationale Normen der Mitgliedstaaten gegenüber, so etwa in Deutschland die §§ 35 ff. GWB. Zwar unterwerfen die Art. 1 und 21 II der Verordnung Zusammenschlüsse von gemeinschaftsweiter Bedeutung *ausschließlich* den europäischen Fusionskontrollregeln und entziehen sie gleichzeitig dem nationalen Recht; dabei handelt es sind jedoch um einen rein sekundärrechtlich angeordneten Fall von Ausschließlichkeit, der – wenngleich zweckmäßig – nicht zwingend vom Vertrag vorgegeben ist und demzufolge jederzeit durch eine andere Regelung ersetzt werden könnte.

b) Die Exekutivkompetenz zur Anwendung des Gemeinschaftsrechts

Auch die jeweilige Verwaltungszuständigkeit zur Durchführung der *gemeinschaftsrechtlichen* Kontrolle von Kartellen und Fusionen *mit* gemeinschaftsweiter Bedeutung muss nach dem EGV nicht zwingend einer EG-Behörde vorbehalten bleiben. Vielmehr kann hier vom Normalfall des *indirekten* administrativen Vollzugs von Gemeinschaftsrecht ausgegangen werden, wonach die Rechtsanwendung im Einzelfall in aller Regel den Mitgliedstaaten obliegt, sofern nicht das Gemeinschaftsrecht ausnahmsweise etwas anderes bestimmt [546]. Deshalb ist selbst für Fälle von gemeinschaftsweiter Bedeutung, die in den Anwendungs-

[545] EuGH 13.02.1969, Rs. 14/68 - *Walt Wilhelm* -, Slg. 1969, 1 (Tz. 6); zur Parallelität beider Rechtsordnungen vgl. auch Immenga/Mestmäcker - *Rehbinder* Bd. I, Einleitung F. Rn. 8.
[546] *Ahlt* S. 48; GTE-*Zuleeg* Art. 3b EGV Rn. 8; *Oppermann* Rn. 636

bereich des EG-Kartellrechts fallen, eine Durchführung der *gemeinschaftsrechtlichen* Kontrolle durch *nationale* Kartellbehörden denkbar.

Dem trägt etwa das geltende Kartellverfahrensrecht durch Art. 9 III der Verordnung Nr. 17 Rechnung. Was speziell die Erteilung von Freistellungen nach Art. 81 III EG betrifft, so besteht zwar derzeit gemäß Art. 9 I derselben Verordnung noch eine *ausschließliche* Zuständigkeit der Kommission; dieses sog. Freistellungsmonopol [547] beruht aber lediglich auf einer sekundärrechtlichen Regelung, welche in dieser Form keineswegs zwingend ist und im Übrigen nach den Reformplänen der Kommission demnächst abgeschafft werden soll [548]. Auch die ausschließliche Zuständigkeit der Kommission zur Durchführung der europäischen Fusionskontrolle gemäß Art. 21 I der Fusionskontroll-Verordnung ist rein sekundärrechtlicher Natur und deshalb nicht zwingend.

c) Keine nachträglichen ausschließlichen Kompetenzen

Schließlich führt die Existenz der Kartellverfahrens-Verordnung und der Fusionskontroll-Verordnung auch nicht zur Entstehung nachträglicher ausschließlicher Gemeinschaftskompetenzen [549]. Denn beide Verordnungen regeln ihr jeweiliges Sachgebiet nicht abschließend. So lässt, wie gezeigt, die Kartellverfahrens-Verordnung eine Anwendung nationalen Kartellrechts ebenso zu wie den Vollzug von Gemeinschaftsrecht durch nationale Behörden [550]. Und was die Fusionskontroll-Verordnung betrifft, so lässt sie hinreichend Spielraum für die Anwendung nationaler Gesetze auf Fälle *ohne* gemeinschaftsweite Bedeutung (Art. 1 und 22 I der Verordnung sowie 29. Erwägungsgrund ihrer Präambel); hierbei behalten die nationalen Behörden naturgemäß auch ihre Exekutiv-Kompetenzen zur *Durchführung* der Fusionskontrolle nach nationalem Recht (Umkehrschluss aus Art. 21 II und 22 I der Verordnung; 27. Erwägungsgrund ihrer Präambel).

---

[547] *Gassner* § 23 II 3; vgl. zur Ausschließlichkeit auch *Emmerich* § 37/12.a, *Rittner* § 8 Rn. 80.

[548] Vorschlag der Kommission vom 27.09.2000 für eine Durchführungsverordnung zu den Artikeln 81 und 82 des EG-Vertrags, KOM(2000) 582 endg.; vgl. auch das Weißbuch vom 28.04.1999 über die Modernisierung der Vorschriften zur Anwendung der (ex-)Artikel 85 und 85 EGV (jetzt Art. 81 und 82 EG), ABl.EG vom 12.05.1999, Nr. C 132, S. 1 ff. (dort Tz. 74 ff.).

[549] Vgl. 4. Kapitel, C.II.

[550] Vgl. oben a. und b.

C. Die ausschließlichen Kompetenzen der EG

Den soeben dargestellten nicht-ausschließlichen Kompetenzen stehen Bereiche gegenüber, in denen der EG eine ausschließliche Zuständigkeit eingeräumt ist. Ihnen ist gemeinsam, dass kein negatives Kriterium als Ausschlussgrund eingreift, wohl aber zusätzlich eines der positiven Kriterien erfüllt ist, die zwingend für eine Ausschließlichkeit der jeweiligen Kompetenz sprechen [551]. Die folgende Darstellung ausschließlicher Befugnisse orientiert sich an den bereits erörterten Fallgruppen unter den positiven Kriterien, von denen jeweils eine zutrifft [552].

I. Der organisations-interne Bereich [553]

Eine erste Gruppe ausschließlicher Kompetenzen stellen die Befugnisse der EG im organisations-internen Bereich dar [554].

1. Die Geschäftsordnungsautonomie und das europäische Beamtenrecht

Der Sicherung der Funktionsfähigkeit der europäischen Institutionen und ihrer Unabhängigkeit von nationaler Einflussnahme dient die Geschäftsordnungsautonomie, die der Vertrag dem Parlament, dem Rat, der Kommission, dem Wirtschafts- und Sozialausschuss und dem Ausschuss der Regionen gewährt (Art. 199 I Hs. 1, 207 III, 218 II EG, 260 II, 264 II EG).

Insbesondere die Kommission wäre in ihrer Rolle als unabhängige und nur dem Gemeinschaftsinteresse verpflichtete „Hüterin der Verträge" [555] (Art. 213 II und Art. 211, 1. Gedankenstrich EG) gefährdet, hätte sie ihre internen Entscheidungsabläufe und ihre Behördenorganisation nicht selbst in der Hand. Gleiches gilt für das Europäische Parlament, dessen Mitglieder direkt gewählte Vertreter der Völker der EU und damit Teil eines genuin europäischen Organs sind, nicht etwa Abgesandte einzelner Mitgliedstaaten (Art. 189 I, Art. 190 I EG).

---

[551] Vgl. 4. Kapitel, B. und C.
[552] Vgl. 4. Kapitel, C.
[553] Vgl. 4. Kapitel, C.I.1.
[554] Zuordnung wie hier: z. B. *Blanke* ZG 1995, 193 (199); CR-*Calliess* Art. 5 EG Rn. 26; *Schima* ÖJZ 1997, 761 (763).

In engem Zusammenhang mit der Geschäftsordnungsautonomie der einzelnen Organe steht auch die Befugnis des Rates, das Statut der Beamten und die Beschäftigungsbedingungen für die sonstigen Bediensteten der Gemeinschaft zu erlassen sowie deren Besoldung festzusetzen (Art. 283, Art. 210 EG). Denn die Unabhängigkeit der europäischen Organe ist letztlich nur gewährleistet, wenn auch ihre Bediensteten sich ausschließlich von den Interessen der Gemeinschaft leiten lassen (Art. 11 I des Statuts [556]). Dazu müssen ihre Beschäftigungsbedingungen und insbesondere ihre Besoldung einheitlich von der sie anstellenden Körperschaft, nicht etwa von den Mitgliedstaaten geregelt werden. Auch insoweit ist deshalb zwingend von einer ausschließlichen Zuständigkeit der EG auszugehen.

2. Der Haushalt der Gemeinschaft [557]

Auch der Gemeinschaftshaushalt kann zum organisations-internen Bereich der EG gezählt werden. Denn auf der Ausgabenseite enthält der Haushalt Verpflichtungs- und Zahlungsermächtigungen an die EG-Organe, ist also an die Gemeinschaft selbst und nicht an die Mitgliedstaaten gerichtet; und auf der Einnahmenseite gilt: die Gemeinschaft finanziert ihre Tätigkeit vollständig aus Eigenmitteln, ist also nicht auf Finanzzuweisungen der Mitgliedstaaten angewiesen (Art. 269 EG).

Für das ordnungsgemäße Funktionieren der Gemeinschaftstätigkeit ist nicht nur eine autonome Organisation ihrer Organe und Dienststellen durch die EG, sondern auch eine gesicherte Finanzierung ihrer Verwaltung und ihrer Politiken erforderlich. Die Haushaltsbehörde der EG, bestehend aus Europäischem Parlament und Rat (Art. 272 EG) [558], legt deshalb – im Rahmen der primärrechtlichen Grenzen, die der von den Mitgliedstaaten ratifizierte Eigenmittelbeschluss sowie

---

[555] *Geiger* Art. 211 EG Rn. 2; *H. P. Ipsen* § 14 Rn. 21; *Nicolaysen* S. 91; *Oppermann* Rn. 330

[556] Verordnung Nr. 31 (EWG) / Nr. 11 (EAG) des Rates über das Statut der Beamten und über die Beschäftigungsbedingungen für die sonstigen Bediensteten der Europäischen Wirtschaftsgemeinschaft und der Europäischen Atomgemeinschaft, ABl.EG vom 14.06.1962, S. 1385 ff., übernommen durch Verordnung (EWG, Euratom, EGKS) Nr. 259/68 vom 29.02. 1968, ABl.EG vom 04.03.1968, Nr. L 56, S. 1 ff.

[557] Zuordnung wie hier: *Geiger* FS Gitter S. 267 (273).

[558] *Boulouis,* 4. Auflage, Rn. 260; *Streinz,* Europarecht, Rn. 586

die Art. 268 ff. EG ziehen – Einnahmen und Ausgaben der Gemeinschaft autonom fest. Sie ist dabei nicht vom Willen der Mitgliedstaaten abhängig.

Damit fällt der Gemeinschaftshaushalt in die ausschließliche Zuständigkeit der EG. Soweit die Mitgliedstaaten in den Haushaltsvollzug eingebunden werden, wie dies etwa Art. 274 I 2 EG in Form einer Kooperationspflicht vorsieht, spricht dies keineswegs gegen die Ausschließlichkeit. Denn die Mitwirkung der Mitgliedstaaten beruht in diesem Fall nicht auf originären nationalen Kompetenzen, sondern ist direkt aus dem Gemeinschaftsrecht abgeleitet und letztlich nur Ausdruck der Loyalitätspflicht der Mitgliedstaaten, wie sie im Übrigen allgemein in Art. 10 EG niedergelegt ist.

II. Die Bereiche mit zwingend einheitlicher Regelung gegenüber Drittstaaten [559]

Ein besonders bedeutsamer Teilbereich der ausschließlichen Kompetenzen beruht auf der Erwägung, dass der Vertrag in bestimmten Fällen ein einheitliches Auftreten der Gemeinschaft gegenüber Drittstaaten zwingend erforderlich macht. Dies betrifft einerseits die Außenhandelsbeziehungen der EG (unten 1.) und andererseits die Assoziierung von Drittstaaten (unten 2.):

1. Die Außenhandelsbeziehungen der EG

Zu den Außenhandelsbeziehungen der EG zählen folgende Kompetenzen:

- die Gestaltung der Gemeinsamen Handelspolitik nach einheitlichen Grundsätzen (Art. 133 I - IV EG) [560],
- die Festlegung des Gemeinsamen Zolltarifs [561] als Außenkomponente der Zollunion (Art. 26 EG) und
- Maßnahmen zur Beschränkung des Kapital- und Zahlungsverkehrs mit Drittstaaten (Art. 57 II, 59 und 60 I EG)

559 Vgl. 4. Kapitel, C.I.2.
560 Zuordnung wie hier: vgl. statt vieler CR-*Calliess* Art. 5 EG Rn. 26; *Schima* ÖJZ 1997, 761 (763).
561 Zuordnung wie hier: vgl. statt vieler CR-*Calliess* Art. 5 EG Rn. 26; *Schima* ÖJZ 1997, 761 (763).

Für die Ausschließlichkeit dieser Kompetenzen sprechen vor allem folgende Erwägungen:

a) Das Fehlen von negativen Ausschlussgründen

Negative Kriterien, die einer Ausschließlichkeit dieser Kompetenzen zwingend entgegen stünden, liegen für keinen der aufgezählten Zuständigkeitsbereiche vor. Insbesondere enthalten Art. 60 II UAbs. 1 und Art. 134 EG keine Vorbehalts-Aufgaben der Mitgliedstaaten [562], welche eine Exklusivität von Gemeinschaftskompetenzen im Außenhandelsbereich zwingend ausschließen würden:

Zwar räumt im Bereich des internationalen Kapital- und Zahlungsverkehrs Art. 60 II UAbs. 1 EG den Mitgliedstaaten „bei Vorliegen schwerwiegender politischer Umstände" die Befugnis zum Erlass dringender Sofortmaßnahmen ein. Hierbei handelt es sich aber um lediglich vorübergehende Maßnahmen, welche allein auf Grund ihrer Dringlichkeit getroffen werden, solange der Rat nicht nach Art. 60 I EG tätig geworden ist. Insoweit besteht also eine gewisse Parallele zur Handlungsbefugnis der Mitgliedstaaten als „Sachwalter des gemeinsamen Interesses", welche mit der Ausschließlichkeit von Kompetenzen voll vereinbar ist und auf dem Grundsatz der Gemeinschaftstreue beruht (Art. 10 EG) [563]. Dass es sich bei Art. 60 II UAbs. 1 EG keineswegs um eine vollwertige nationale Kompetenz handelt, zeigt im Übrigen auch das Letztentscheidungsrecht des Rates, der jederzeit die Aufhebung oder Änderung solcher nationaler Notmaßnahmen verlangen kann (Art. 60 II UAbs. 2 EG).

Ebenso wenig kann die Existenz des Art. 134 EG die Ausschließlichkeit der Gemeinsamen Handelspolitik in Frage stellen. Zwar scheint diese Vorschrift mit ihrer Bezugnahme auf die „von den Mitgliedstaaten (...) getroffenen handelspolitischen Maßnahmen" eine eigenständige nationale Kompetenz in der Handelspolitik vorauszusetzen. Doch gilt auch hier, dass der Wortlaut einer primärrechtlichen Bestimmung allenfalls Ausgangspunkt für deren Auslegung sein kann [564].

[562] Vgl. dazu 4. Kapitel, B.I.
[563] Vgl. 1. Kapitel, C.I.2.
[564] Vgl. 3. Kapitel, B.I.

Zieht man nämlich systematische und teleologische Argumente mit heran, so ergibt sich, dass es den Mitgliedstaaten keineswegs erlaubt ist, eine eigenständige Außenhandelspolitik zu führen. Denn diese wird – wenngleich nur in ihrem durch Art. 133 V EG [565] begrenzten sachlichen Anwendungsbereich – von der Gemeinschaft nach einheitlichen Grundsätzen gestaltet (Art. 133 I Hs. 1 EG); autonome Maßnahmen der Mitgliedstaaten im Außenhandelsbereich sind somit nur noch mit besonderer Ermächtigung durch die Gemeinschaft zulässig [566]. Allenfalls in den eng umgrenzten Ausnahmefällen, in denen eine solche Ermächtigung erteilt wurde, lässt Art. 134 EG nationale Schutzmaßnahmen zur Abwendung eines wirtschaftlichen Ungleichgewichts zu [567]. Auch kann die Kommission jederzeit die Aufhebung nationaler Dringlichkeitsmaßnahmen anordnen (Art. 134 II 2 EG).

So betrachtet ist die Regelung des Art. 134 EG ohne Einschränkung mit der allgemeinen Definition der ausschließlichen Zuständigkeit vereinbar, wonach zwar kein eigenständiges nationales Tätigwerden mehr möglich ist, wohl aber nationale Maßnahmen, zu denen die EG einzelne Mitgliedstaaten ermächtigt [568]; denn die Letztentscheidungskompetenz verbleibt in allen diesen Fällen stets bei der Gemeinschaft.

b) Das positive Kriterium: Schutz der Funktionsfähigkeit des Gemeinsamen Marktes

Überdies erfüllt der Außenhandelsbereich auch ein positives Ausschließlichkeitskriterium. Denn um auf diesem Gebiet die Funktionsfähigkeit der Gemeinschaftspolitiken, insbesondere des Gemeinsamen Marktes, sicherzustellen und Wettbewerbsverzerrungen sowie Umgehungseffekte zu vermeiden, muss jegliches eigenständige Handeln der Mitgliedstaaten unterbleiben [569].

---

[565] Künftig: Art. 133 V-VII EG n. F. (von der Regierungskonferenz vereinbarter, vorläufiger Text des Vertrags von Nizza, 12.12.2000, SN 533/00).

[566] CR-*Hahn* Art. 134 EG Rn. 7; Lenz / *Müller-Ibold* Art. 134 EG Rn. 5, Art. 133 EG Rn. 2; so auch die ständige Rechtsprechung, vgl. EuGH 15.12.1976, Rs. 41/76 - *Donckerwolcke* -, Slg. 1976, 1921 (Tz. 31/37); EuGH 18.02.1986, Rs. 174/84 - *Bulk Oil* -, Slg. 1986, 559 (Tz. 31); EuGH 17.10.1995, Rs. C-70/94 - *Werner* -, Slg. 1995, I-3189 (Tz. 12); EuGH 17.10. 1995, Rs. C-83/94 - *Leifer* -, Slg. 1995, I-3231 (Tz. 12).

[567] Lenz / *Müller-Ibold* Art. 134 EG Rn. 1, 5

[568] Vgl. 1. Kapitel, C.I.1.

[569] Vgl. 4. Kapitel, C.I.2.

So ist es etwa durch die Zollunion seit Ablauf der Übergangszeit ausgeschlossen, dass Mitgliedstaaten einseitig und in unterschiedlicher Höhe Außenzölle erheben (Art. 23 III EWGV). Ohnehin ließen sich verschieden hohe Außenzölle auf einem Gemeinsamen Markt gar nicht durchhalten, denn Drittlandswaren befinden sich in der EG im freien Verkehr (Art. 23 II, Art. 24 EG), und sie könnten somit nach ihrer Einfuhr problemlos von einem Mitgliedstaat in alle anderen weiter transportiert werden, auch in jene mit potentiell höheren Außenzöllen; Importe aus Drittstaaten würden demzufolge naturgemäß verstärkt über denjenigen Mitgliedstaat eingeführt, der die günstigsten Tarife böte.

Dieselbe Konsequenz ergäbe sich, wenn Mitgliedstaaten nach außen hin unterschiedliche nichttarifäre Handelsregelungen einführten oder beibehielten, beispielsweise Einfuhrkontingente oder technische Handelshemmnisse. Auch solche Schranken ließen sich mit Hilfe des freien Verkehrs von Drittlandswaren innerhalb der Gemeinschaft (Art. 23 II, Art. 24 EG) problemlos umgehen.

Ähnliches gilt schließlich auch im Bereich des Kapital- und Zahlungsverkehrs: da er innerhalb der Gemeinschaft vollständig liberalisiert ist (Art. 56 EG), könnten gedachte Beschränkungen des Kapital- und Zahlungsverkehrs, die ein Mitgliedstaat im Außenverhältnis zu Drittstaaten vornähme, jederzeit auf dem Umweg über andere Mitgliedstaaten umgangen werden.

Vor diesem Hintergrund können auch vereinzelte Stimmen im Schrifttum nicht überzeugen, die, zumeist in Randbereichen, den ausschließlichen Charakter der EG-Zuständigkeiten für die Gemeinsame Handelspolitik in Frage stellen [570]. Nur durch ein einheitliches Auftreten der Gemeinschaft nach außen lässt sich, wie gezeigt, die notwendige Kohärenz zwischen dem internen und dem externen Aspekt der Marktintegration sicherstellen; einheitliches Auftreten nach außen ist Voraussetzung für ein Funktionieren des Gemeinsamen Marktes nach innen. Demzufolge sind die Zuständigkeiten gemäß Art. 26, 57 II, 59, 60 I und 133 I - IV EG zwingend als ausschließliche Gemeinschaftskompetenzen anzusehen; autonome Maßnahmen der Mitgliedstaaten sind nicht mehr zulässig.

c) Abgrenzung zu sonstigen Außenkompetenzen der EG

Der Vollständigkeit halber sei noch erwähnt, dass sich die Außenkompetenzen der EG nicht allein auf das hier behandelte Außenhandelsrecht beschränken. Vielmehr sieht der Vertrag etwa im Rahmen der flankierenden Politiken eine ganze Reihe von Außenzuständigkeiten der EG vor. Letzteren ist jedoch gemeinsam, dass sie für eine anfängliche Ausschließlichkeit von vornherein nicht in Betracht kommen, weil insoweit, wie bereits weiter oben [571] festgestellt, negative Kriterien erfüllt sind, welche zwingend gegen ihre (anfägliche) Exklusivität sprechen. So verhält es sich mit den Gemeinschaftszuständigkeiten in den Bereichen Gesundheit (Art. 153 III EG), Forschung (Art. 170 EG), Umwelt (Art. 174 IV EG) und Entwicklungszusammenarbeit (Art. 181 EG [572]). Auf den genannten Gebieten kann die EG allenfalls eine punktuelle, nachträglich-ausschließliche Außenkompetenz erlangen, und zwar im Wege der Gebietsbesetzung, d. h. durch abschließende sekundärrechtliche Regelung eines bestimmten Sachverhalts innerhalb der Gemeinschaft [573]. Denn die Grundsätze der *A.E.T.R.*-Rechtsprechung des EuGH [574] bleiben für die genannten Materien unberührt [575].

Gleiches gilt für internationale Verhandlungen und Übereinkünfte über Dienstleistungen und Rechte des geistigen Eigentums. Wie Art. 133 V EG zeigt, sind diese Materien grundsätzlich nicht Gegenstand der Gemeinsamen Handelspolitik und partizipieren daher auch nicht an deren anfänglicher Ausschließlichkeit [576]. Für

[570] *Von Bogdandy / Nettesheim* EuZW 1993, 465 (466 f.); *Gilsdorf* ZfV 1996, 793 ff.; *Oppermann* Rn. 1741

[571] Vgl. dazu B.II.1 und 4. Kapitel, B.II.

[572] Durch den Vertrag von Nizza (vorläufiger Text, 12.12.2000, SN 533/00) soll in einem neuen Art. 181a EG eine zusätzliche Gemeinschaftskompetenz für Maßnahmen der wirtschaftlichen, finanziellen und technischen Zusammenarbeit mit Drittländern geschaffen werden.

[573] Vgl. dazu unten IV.; vgl. ferner zu den notwendigen Voraussetzungen: 4. Kapitel, C.II.2.

[574] Vgl. dazu 2. Kapitel, B.I.2.

[575] So auch die Erklärung der Mitgliedstaaten zu den (ex-)Artikeln 109, 130r und 130y EGV (Erklärung Nr. 10 zur Schlussakte der Maastrichter Konferenz vom 07.02.1992), abgedruckt in Bull. B'Reg. 12.02. 1992, Nr. 16 / S. 180 = Sart. II Nr. 148; vgl. ferner *Thun-Hohenstein / Cede* S. 237; *Thun-Hohenstein*, Der Vertrag von Amsterdam, S. 32 f.

[576] Durch Art. 133 V UAbs. 1 EG in der Fassung des Vertrags von Nizza (von der Regierungskonferenz vereinbarter, vorläufiger Vertragstext, 12.12.2000, SN 533/00) wird zwar die Gemeinsame Handelspolitik grundsätzlich auch auf die genannten Bereiche ausgedehnt. Im Gegenzug nimmt jedoch die Neufassung nunmehr bestimmte andere Materien ausdrücklich von der ausschließlichen Gemeinschaftskompetenz nach Art. 133 I und V UAbs. 1 EG aus (vgl. im Einzelnen: Art. 133 VI UAbs. 2 S. 1 und UAbs. 3 EG n. F.).

sie kommt ebenfalls nur die nachträgliche, punktuelle Ausschließlichkeit auf Grundlage der *A.E.T.R.*-Rechtsprechung in Betracht [577].

Eine anfängliche Ausschließlichkeit kann hingegen, wie gezeigt, lediglich im sachlichen Anwendungsbereich der Art. 26, 57 II, 59, 60 I und 133 I - IV EG angenommen werden.

2. Die Assoziierung von Drittstaaten [578]

Ähnliche Erwägungen wie im Außenhandelsbereich sind auch bei der Einordnung der Assoziierungskompetenz der Gemeinschaft (Art. 310 EG) als ausschließliche Zuständigkeit maßgeblich.

Zum einen wird die Assoziation durch das „gemeinsame Vorgehen" der Partner und durch „besondere Verfahren" (Art. 310 EG) gekennzeichnet. Wesentlich für die Assoziation ist also die gemeinsame Willensbildung der Gemeinschaft mit dem Drittstaat in einem eigens dazu geschaffenen besonderen institutionellen Rahmen [579] (so die Formulierung des Vertrages in Art. 300 III UAbs. 2 EG), etwa einem Assoziationsrat. Eine solche institutionelle Verbindung des Drittstaats *mit der gesamten Gemeinschaft* kann schon kraft Natur der Sache nicht von einzelnen Mitgliedstaaten bewirkt werden, deren Zuständigkeit zwangsläufig auf ihr jeweiliges nationales Hoheitsgebiet und ihre nationalen Institutionen beschränkt sein müsste.

Zum anderen werden durch die Assoziation zwischen der Gemeinschaft und dem Drittstaat auch in materieller Hinsicht Rechte und Pflichten begründet (Art. 310 EG), die – je nach Abkommen in unterschiedlichem Umfang – bis zur „teilweisen Teilnahme am Gemeinschaftssystem" [580] gehen können. Beispielsweise sieht der Assoziationsvertrag mit der Türkei [581] zwischen den Vertragspartnern die Schaffung einer Zollunion (Art. 10) und die Verwirklichung von Freizügigkeitsrechten

[577] EuGH 15.11.1994, Gutachten 1/94 -*WTO*-, Slg. 1994, I-5267 (Tz. 72 ff., v.a. Tz. 77, 88, 95 f.)
[578] Zuordnung wie hier: *Gilsdorf* GS Grabitz S. 77 (84).
[579] CR-*Schmalenbach* Art. 310 EG Rn. 10; GTE-*Weber* Art. 238 EGV Rn. 8, 11
[580] So EuGH 30.09.1987, Rs. 12/86 - *Demirel* -, Slg. 1987, 3719 (Tz. 9) zur Assoziation EWG-Türkei.

nach dem Leitbild des EGV vor (Art. 12 ff.) [582]. Diese Rechte und Pflichten des assoziierten Staates sowie der etwaige Zugang seiner Bürger zum Gemeinsamen Markt müssen gemeinschaftsweit zwingend einheitlich ausgestaltet werden, sie dürfen sich nicht von Mitgliedstaat zu Mitgliedstaat unterscheiden. Ansonsten wären dieselben Wettbewerbsverzerrungen und Umgehungseffekte zu befürchten, die bereits im Zusammenhang mit den Außenhandelskompetenzen beschrieben wurden [583].

Dass Assoziierungsabkommen bisweilen dennoch als gemischte Abkommen unter Beteiligung sowohl der Gemeinschaft als auch aller Mitgliedstaaten abgeschlossen werden, steht nicht im Widerspruch zu diesem Befund. Vielmehr steht die Assoziierungskompetenz als solche auch bei gemischten Abkommen ausschließlich der EG zu. Doch geht der Inhalt der geschlossenen Abkommen häufig über die bloße Assoziierung im Sinne des Art. 310 EG hinaus und enthält beispielsweise Elemente eines regelmäßigen politischen Dialogs zwischen den Regierungen der beteiligten Staaten [584]. Insoweit ist sodann die Ratifizierung des Abkommens auch durch die Mitgliedstaaten der EU erforderlich.

III. Die Bereiche mit zwingend einheitlicher innergemeinschaftlicher Regelung [585]

Als Gegenstück zum zwingend einheitlichen Auftreten der Gemeinschaft nach außen stellt der Bedarf nach einheitlicher innergemeinschaftlicher Regelung einen weiteren wichtigen Anwendungsbereich ausschließlicher Kompetenzen der EG dar. Hierbei lassen sich vier Anwendungsfälle unterscheiden:

- die Währungspolitik (unten 1.)

---

[581] Abkommen zur Gründung einer Assoziation zwischen der Europäischen Wirtschaftsgemeinschaft und der Türkei (64/733/EWG), ABl.EG vom 29.12.1964, S. 3687 ff.

[582] CR-*Schmalenbach* Art. 310 EG Rn. 7

[583] Vgl. oben 1. sowie 4. Kapitel, C.I.2.

[584] *Thun-Hohenstein / Cede* S. 239; vgl. beispielhaft Art. 2 ff. des Europa-Abkommens zur Gründung einer Assoziation zwischen den Europäischen Gemeinschaften und ihren Mitgliedstaaten einerseits und der Republik Ungarn andererseits (93/742/EG, ABl.EG vom 31.12.1993, Nr. L 347, S. 2 ff.); Hinweise auf weitere Europa-Abkommen finden sich etwa bei CR-*Schmalenbach*, Art. 310 EG Rn. 38 Fn. 95.

[585] Vgl. 4. Kapitel, C.I.3.

- die Beihilfenkontrolle (unten 2.)
- die Verwaltung der Fonds und der sonstigen Finanzierungsinstrumente (unten 3.)
  sowie
- die Verwirklichung grundlegender Rechte der Unionsbürger gegenüber der Gemeinschaft (unten 4.)

1. Die Währungspolitik [586]

Seit In-Kraft-Treten der dritten Stufe der Währungsunion am 1. Januar 1999 (Art. 121 IV 1 EG) besitzt die Gemeinschaft im Währungsbereich (Art. 105 ff. EG) eine ausschließliche Zuständigkeit, und zwar bezogen auf die Währungspolitik in den nunmehr zwölf teilnehmenden Mitgliedstaaten [587]. Denn die Währungsunion wäre ohne eine vollständige Vergemeinschaftung nicht lebensfähig; jegliches einseitige Tätigwerden der Mitgliedstaaten wäre kontraproduktiv. Zwingend bedarf dieser Bereich deshalb einer einheitlichen innergemeinschaftlichen Regelung; er erfüllt folglich ein positives Ausschließlichkeitskriterium [588].

Diese Überlegung stützt sich insbesondere auf die folgenden Erwägungen:

Ziel der währungspolitischen Bestimmungen des Vertrages (Art. 105 ff. EG) ist die Einführung einer *einheitlichen* Währung sowie die Festlegung und Durchführung einer *einheitlichen* Geld- und Wechselkurspolitik (Art. 4 II EG). Hierzu wurden mit Eintritt in die dritte Stufe die Wechselkurse zwischen den teilnehmenden Mitgliedstaaten unwiderruflich festgelegt und deren Währungen durch die Gemeinschaftswährung abgelöst (Art. 4 II, Art. 123 IV EG). Dem ESZB wurde ab diesem Zeitpunkt als grundlegende Aufgabe die Festlegung und Ausführung der Geldpolitik der Gemeinschaft übertragen (Art. 105 II EG, 1. Gedankenstrich).

---

[586] Zuordnung wie hier: *Blanke* ZG 1995, 193 (199); *von Borries* EuR 1994, 263 (274); CR-*Calliess* Art. 5 EG Rn. 26; GH - *von Bogdandy/Nettesheim* Art. 3b EGV Rn. 30; *Kapteyn / VerLoren van Themaat* S. 139; Mégret-*Durand* (*addendum* zu Bd. 1) Rn. 134; *Schima* ÖJZ 1997, 761 (763).

[587] Für Schweden besteht bis auf weiteres eine Ausnahmeregelung gemäß Art. 122 EG; das Vereinigte Königreich und Dänemark nehmen nach Maßgabe der sie betreffenden Protokolle Nr. 25 und 26 zum EU-/EG-Vertrag (abgedruckt in Bull. B'Reg. 12.02.1992, Nr. 16/S. 173 f. = Sart. II Nr. 151) auf eigenen Wunsch bisher nicht an der dritten Stufe teil. Die für Griechenland anfangs geltende Ausnahmeregelung wurde zum 1. Januar 2001 durch Entscheidung Nr. 2000/427/EG des Rates vom 19.06.2000 gemäß Art. 122 II EG aufgehoben (ABl.EG vom 7.7.2000, Nr. L 167, S. 19 ff.).

[588] Vgl. 4. Kapitel, C.I.3.a.

Eine einheitliche Geld- und Wechselkurspolitik schließt es wiederum zwingend aus, dass die nationalen Zentralbanken in den jeweiligen Mitgliedstaaten unterschiedliche geldpolitische Maßnahmen ergreifen oder sich widersprechende Ziele im Hinblick auf den Außenwert der Währung verfolgen. Beispielsweise wäre es in einer Währungsunion undenkbar, dass die Notenbank eines Mitgliedstaates für dessen Territorium eine Erhöhung der Leitzinsen beschließt, während etwa die Zentralbank des Nachbarstaates in ihrem Zuständigkeitsbereich die Leitzinsen senkt. Ohnehin wäre ein solcher Versuch wegen der Freiheit des Kapital- und Zahlungsverkehrs zwischen den Mitgliedstaaten (Art. 56 EG) von vornherein zum Scheitern verurteilt, weil beispielsweise der Kapitalanleger solche Freiheiten jederzeit nutzen könnte, um die Strategien der einzelnen Notenbanken zu unterlaufen. Ebenso wenig Erfolg versprechend wäre es, wenn ein Mitgliedstaat versuchte, den Außenwert der gemeinsamen Währung, etwa durch Stützungskäufe, zu stabilisieren, während sein Nachbar sich für einen schwächeren Außenwert derselben Währung einsetzte.

Sofern nach dem Vertrag den nationalen Zentralbanken noch Zuständigkeiten verbleiben, agieren diese lediglich als Teil des ESZB (Art. 107 I EG) und leiten ihre Kompetenzen direkt von der Gemeinschaft ab, es handelt sich also keineswegs um eigenständige Residualkompetenzen der Mitgliedstaaten. Art. 106 II EG verdeutlicht dies beispielhaft, indem er den Mitgliedstaaten zwar das Recht zur Ausgabe von Münzen zubilligt, gleichzeitig aber die entscheidende Frage, nämlich den Umfang dieser Münzausgabe, von der Genehmigung der EZB abhängig macht, sowie dem Rat die Festlegung der Stückelung und der technischen Merkmale der Münzen überantwortet.

Damit muss die Währungspolitik in ihrer Gesamtheit in den teilnehmenden Mitgliedstaaten als eine ausschließliche Zuständigkeit der EG angesehen werden. Die Mitgliedstaaten haben in diesem Bereich jegliche eigenständige Entscheidungskompetenz verloren. Diesem Befund steht auch nicht entgegen, dass die verbleibenden (derzeit) drei Mitgliedstaaten, die nicht in die dritte Stufe eingetreten sind, ihre nationale Zuständigkeit für die Währungspolitik behalten haben. Denn die Ausschließlichkeit einer Kompetenz der EG hängt nicht vom Umfang des territorialen Anwendungsbereichs ihrer Befugnisse ab. Vielmehr kommt es entscheidend darauf an, ob bezogen auf den jeweils teilnehmenden Mitgliedstaat neben der Gemeinschaft noch ein weiterer Entscheidungsträger für die Währungspolitik berufen ist oder nicht.

2. Die Beihilfenkontrolle [589]

Wie die Währungspolitik, so ist auch die Beihilfenkontrolle ein Bereich, der zwingend einer einheitlichen innergemeinschaftlichen Regelung bedarf und damit ein positives Ausschließlichkeitskriterium erfüllt.

Das Verbot von staatlichen oder aus staatlichen Mitteln gewährten Beihilfen, die den Handel zwischen den Mitgliedstaaten beeinträchtigen (Art. 87 I EG) [590], stellt neben den Grundfreiheiten und den kartellrechtlichen Verboten der Art. 81, 82 EG eines der wichtigsten Elemente des Gemeinsamen Marktes dar. Denn die Sicherstellung eines funktionsfähigen Wettbewerbs im innergemeinschaftlichen Handel setzt voraus, dass die Gewährung wettbewerbsverzerrender staatlicher Beihilfen durch eine wirksame Kontrolle unterbunden wird [591].

Was die Zuständigkeit für diese Beihilfenkontrolle anbelangt, so legt ein Vergleich mit der Rechtslage im Kartellrecht und bei der Fusionskontrolle [592] zunächst den Schluss nahe, dass es sich um einen Fall der parallelen und damit nicht-ausschließlichen Kompetenzen handeln könnte. Jedoch könnten die Mitgliedstaaten selbst eine solche Beihilfenkontrolle gar nicht wirksam sicherstellen, da sie in diesem Fall „Kläger und Richter zugleich" wären, sich also selbst kontrollieren müssten. Denn schließlich sind gerade die Mitgliedstaaten und die ihnen zurechenbaren Gebietskörperschaften als Beihilfen gewährende Stellen Adressaten des Beihilfenverbotes aus Art. 87 I EG. Darin unterscheidet sich das Beihilfenrecht ganz wesentlich vom Kartellrecht und der Fusionskontrolle, wo

[589] Zuordnung wie hier: *von Borries* FS Deringer S. 22 (34); *Müller-Graff* ZHR 159 (1995), 34 (60); *Schima* ÖJZ 1997, 761 (763).

[590] Im Verkehrssektor besteht als Sonderregel ein Verbot von sog. Unterstützungsmaßnahmen (Art. 76 EG); vgl. Lenz-*Mückenhausen* Art. 76 EG Rn. 1.

[591] Zum wirtschaftlichen Hintergrund der Beihilfenkontrolle vgl. *Europäische Kommission*, XXVIII. Bericht über die Wettbewerbspolitik der EG [1998], SEK (1999) 743 endg. (Tz. 182); *Calliess*, Subsidiaritäts- und Solidaritätsprinzip (...), S. 87 f.; BBPS-*Streil* S. 365.

stets Unternehmen Adressaten der entsprechenden Verbote sind und deshalb eine Anwendung des Gemeinschaftsrechts auch durch die jeweiligen nationalen Behörden in Betracht kommt [593].

Im Beihilfenrecht besteht folglich ein zwingender Bedarf nach einheitlicher gemeinschaftsweiter Rechtsdurchsetzung unter Ausschluss von Vollzugskompetenzen der Mitgliedstaaten. Die Überprüfung der materiellen Vereinbarkeit von Beihilfen mit den Wettbewerbsregeln des Gemeinsamen Marktes muss supranational organisiert sein und einer Stelle obliegen, die in der Lage ist, unparteiisch und nur an Hand der im Vertrag niedergelegten Kriterien zu entscheiden. Die Kommission, die als „Hüterin der Verträge" [594] das ordnungsgemäße Funktionieren und die Entwicklung des Gemeinsamen Marktes gewährleistet (Art. 211 S. 1 EG), erfüllt diese Voraussetzungen; sie übt ihre Tätigkeit in voller Unabhängigkeit zum allgemeinen Wohl der Gemeinschaften aus und darf Anweisungen von nationalen Stellen weder anfordern noch entgegennehmen (Art. 213 II EG). Die Befugnis der Kommission zur Feststellung der materiellen Vereinbarkeit von Beihilfen mit den Regeln des Gemeinsamen Marktes (Art. 88 I, II UAbs.1 EG) [595] erfüllt deshalb eines der positiven Kriterien [596], aus denen folgt, dass die EG eine ausschließliche (Administrativ-)Kompetenz innehat [597].

Übrigens steht der Ausschließlichkeit dieser Kompetenz auch nicht entgegen, dass nationale Gerichte befugt sind, im Falle einer Verletzung der europarechtlichen Notifizierungspflicht oder des Durchführungsverbotes (Art. 88 III EG) Rechtsschutz zu gewähren. Denn in einem solchen Verfahren äußert sich das nationale Gericht gerade nicht zur materiellen Vereinbarkeit der Beihilfe mit den

---

592 Vgl. dazu oben B.II.2.

593 Dazu oben B.II.2.b.

594 *Geiger* Art. 211 EG Rn. 2; *H. P. Ipsen* § 14 Rn. 21; *Nicolaysen* S. 91; *Oppermann* Rn. 330

595 Im Verkehrssektor bestehen ähnliche Befugnisse nach Art. 76 I, II EG.

596 Vgl. dazu 4. Kapitel, C.I.3.a.

597 Auch der Gerichtshof bejaht die Ausschließlichkeit in ständiger Rechtsprechung, vgl. EuGH 21.11.1991, Rs. C-354/90 - *FNCE (Saumon)* -, Slg. 1991, I-5505 (Tz. 14); EuGH 11.07.1996, Rs. C-39/94 - *S.F.E.I. / La Poste* -, Slg. 1996, I-3547 (Tz. 42); ebenso *Schima* ÖJZ 1997, 761 (763); *Schmidhuber* DVBl. 1993, 417 (418); aA – allerdings ohne nähere Begründung – *Schweitzer* in: Kremer (Hrsg.), S. 20 (35 f.).

Regeln des Gemeinsamen Marktes, sondern nur zu ihrer formellen Rechtmäßigkeit [598].

3. Die Verwaltung der Fonds und der sonstigen Finanzierungsinstrumente

Neben der Beihilfenkontrolle ist auch die Verwaltung der Strukturfonds [599] und der sonstigen Fonds und Finanzierungsinstrumente für Gemeinschaftspolitiken eine ausschließliche Aufgabe der EG [600].

Mit der Beihilfenkontrolle hat die Verteilung dieser Finanzmittel gemeinsam, dass die Mitgliedstaaten selbst im weitesten Sinne „Beteiligte" und deshalb gewissermaßen befangen sind. Denn jeder Mitgliedstaat versucht naturgemäß, für seinen eigenen Zuständigkeitsbereich ein Maximum an Förderung durch die Gemeinschaft zu erlangen. Unter diesen Umständen kann eine objektive Entscheidung über die Mittelvergabe unter Berücksichtigung des Gemeinschaftsinteresses durch die Mitgliedstaaten selbst nicht sichergestellt werden. Zur Aufrechterhaltung von Solidarität und fairem Wettbewerb zwischen ihnen bedarf es deshalb, wie schon bei der Beihilfenkontrolle, einer neutralen Instanz auf Gemeinschaftsebene und einer einheitlichen innergemeinschaftlichen Regelung. Ein positives Ausschließlichkeitskriterium ist folglich auch hier erfüllt [601].

Dass Mitgliedstaaten gegebenenfalls rein verwaltungstechnisch in die Auszahlung der Gelder eingebunden werden, steht dem nicht entgegen; insoweit handeln sie nämlich nicht aus eigener originärer Kompetenz, sondern ihre Zuständigkeit leitet sich von der Gemeinschaft ab.

---

[598] EuGH 21.11.1991, Rs. C-354/90 - *FNCE (Saumon)* -, Slg. 1991, I-5505 (Tz. 14); EuGH 11.07.1996, Rs. C-39/94 - *S.F.E.I. / La Poste* -, Slg. 1996, I-3547 (Tz. 42)

[599] Europäischer Ausrichtungs- u. Garantiefonds für die Landwirtschaft – Abteilung Ausrichtung –, Europäischer Sozialfonds, Europäischer Fonds für regionale Entwicklung (Art.159 I 2 EG)

[600] Zuordnung wie hier: *Geiger* FS Gitter S. 267 (273).

[601] Vgl. 4. Kapitel, C.I.3.a.

4. Die Verwirklichung grundlegender Rechte der Unionsbürger gegenüber der Gemeinschaft [602]

Eine letzte Kategorie ausschließlicher Kompetenzen stellt der Erlass von Durchführungsbestimmungen zur Verwirklichung grundlegender Rechte der Unionsbürger dar, soweit sich diese gegen die Gemeinschaft selbst richten:

- die Festlegung der Regelungen und allgemeinen Bedingungen für die Ausübung der Aufgaben des Bürgerbeauftragten (Art. 195 IV EG) und
- die Festlegung der Bedingungen des Zugangs zu Dokumenten des Europäischen Parlaments, des Rates und der Kommission (Art. 255 II, III, Art. 207 III UAbs. 2 EG)

Diese Vorschriften sind zwingend auf Gemeinschaftsebene zu erlassen:

Erstens handelt es sich bei den Beziehungen der Unionsbürger gegenüber der Gemeinschaft um Rechte, die bereits gar keine Entsprechung auf der Ebene der Mitgliedstaaten haben, also schon kraft Natur der Sache in die Regelungskompetenz der EG fallen. So ist es etwa nicht vorstellbar, dass ein Mitgliedstaat die Modalitäten des Zugangs seiner Bürger zu Dokumenten der Kommission festlegt. Die Stellung der Kommission als unabhängiges und nur dem Gemeinschaftsinteresse unterworfenes Organ (Art. 213 II UAbs. 1 EG) wäre in diesem Fall gefährdet, ebenso die Wahrung etwaiger Geheimhaltungspflichten.

Auch liegt die Frage des Zugangs zu Dokumenten der Gemeinschaft an der Schnittstelle zum organisations-internen Bereich und zur Geschäftsordnungsautonomie der EG-Organe [603], wie etwa Art. 255 III und Art. 207 III UAbs. 2 EG deutlich zeigen; Gleiches gilt für die Art und Weise, in der der Bürgerbeauftragte seine Aufgaben erfüllt (Art. 195 IV EG).

Noch entscheidender aber ist die notwendige Wahrung der Gleichheit aller Unionsbürger vor dem Gemeinschaftsrecht. Dieses fundamentale Prinzip kann nur gewährleistet werden, wenn die Modalitäten für den Zugang der Unionsbürger

---

[602] Vgl. 4. Kapitel, C.I.3.b.
[603] Vgl. oben I.1.

zum Bürgerbeauftragten und zu den Dokumenten der Gemeinschaftsorgane einheitlich auf Gemeinschaftsebene festgelegt werden.

Damit ist ein positives Ausschließlichkeitskriterium erfüllt [604].

IV. Beispiele für abschließend sekundärrechtlich geregelte Materien (Nachträgliche ausschließliche Kompetenzen) [605]

Eine letzte Fallgruppe ausschließlicher Zuständigkeiten stellen diejenigen Bereiche dar, in denen die Gemeinschaft durch abschließendes Gebrauchmachen von ihrer Rechtsetzungszuständigkeit punktuell eine ausschließliche Kompetenz erworben hat.

Auf Grund der Entwicklungsoffenheit und Dynamik des Gemeinschaftsrechts [606] können insoweit naturgemäß nur einige besonders markante Beispiele hervorgehoben werden, ausgehend vom gegenwärtigen Stand und möglichen künftigen Entwicklungen des Gemeinschaftsrechts:

1. Landwirtschaft und Fischerei

Besonders verbreitet ist die Entstehung nachträglicher ausschließlicher Kompetenzen im Bereich der gemeinsamen Marktorganisationen und Strukturinstrumente für Landwirtschaft und Fischerei.

a) So hat die EG beispielsweise für den Zucker-Sektor unter anderem eine gemeinsame Preisregelung und eine Quotenregelung für die Produktion [607] geschaffen. Ziel dieser Bestimmungen ist die Verwirklichung eines gemeinsamen Marktes für Zucker mit einheitlicher Preisregelung, einheitlicher Handelsregelung und der Beseitigung aller Hemmnisse für den freien Verkehr der betreffenden

---

[604] Vgl. 4. Kapitel, C.I.3.b.
[605] Vgl. 4. Kapitel, C.II.
[606] Vgl. 3. Kapitel, A.II und C.I.2.b.
[607] Verordnung (EWG) Nr. 1009/67 des Rates vom 18.12.1967 über die gemeinsame Marktorganisation für Zucker, ABl.EG vom 18.12.1967, Nr. 308, S. 1 ff., mehrfach geändert und ersetzt; derzeit gilt die Marktorganisation in der Fassung der Verordnung (EWG) Nr. 2038/ 1999 des Rates vom 13.09.1999, ABl.EG vom 25.09.1999, Nr. L 252, S. 1 ff.

Waren an den Binnengrenzen der Gemeinschaft [608]. Damit besteht für den Zucker-Markt eine abschließende sekundärrechtliche Regelung auf Gemeinschaftsebene, die ein positives Ausschließlichkeitskriterium efüllt [609] und punktuell eine (nachträgliche) ausschließliche Zuständigkeit der EG begründet [610].

b) Auch im Fischerei-Sektor hat die EG, wie bereits an anderer Stelle erwähnt, durch den Erlass von Art. 4 der Verordnung (EWG) Nr. 101/76 [611] eine abschließende sekundärrechtliche Regelung bezüglich der Erhaltung von Fischbeständen getroffen, insbesondere kann nur sie etwaige Fangquoten festlegen. Gemeinschaftsweit hat sie damit die ausschließliche Kompetenz für die Erhaltung der biologischen Schätze des Meeres erworben [612].

2. Umweltrecht: FCKW-Verbot

Aber auch auf anderen Gebieten sind nachträgliche ausschließliche Zuständigkeiten der EG entstanden. So löst etwa im Umweltbereich das gemeinschaftsrechtlich angeordnete Verbot der Herstellung und Verwendung von Fluorchlorkohlenwasserstoffen (FCKW) [613] eine solche nachträgliche Exklusivität aus:

Zum einen stehen negative Kriterien [614] einer Gebietsbesetzung ausnahmsweise nicht entgegen. Denn obwohl es sich bei der FCKW-Verordnung um eine umweltrechtliche Vorschrift handelt, die auf der Grundlage von Art. 175 I EG (ex-Art. 130s I EGV) ergangen ist, kommt angesichts des absoluten gemeinschaftsrechtlichen Verbots eine nationale Schutzverstärkung (Art. 176 EG) denknotwendig nicht in Betracht.

---

608 Vgl. die Präambel der Verordnung (EWG) 1009/67, 4. und 8. Erwägungsgrund.

609 4. Kapitel, C.II.2

610 So auch EuGH 16.01.1979, Rs. 151/78 - *Sukkerfabriken Nykøbing* -, Slg. 1979, 1 (Tz. 17); EuGH 30.01.1974, Rs. 159/73 - *Hannoversche Zucker* -, Slg. 1974, 121 (Tz. 4).

611 Verordnung (EWG) Nr. 101/76 des Rates vom 19.01.1976 über die Einführung einer gemeinsamen Strukturpolitik für die Fischwirtschaft, ABl.EG vom 28.01.1976, Nr. L 20 S. 19 ff., zwischenzeitlich mehrfach geändert und ersetzt, vgl. zur aktuellen Rechtslage den Fundstellennachweis des geltenden Gemeinschaftsrechts, Bd. I, Stand 1. Dezember 1999, Ziff. 04.10.30.

612 EuGH 05.05.1981, Rs. 804/79 - *Kommission / Vereinigtes Königreich* -, Slg. 1981, 1045 (Tz. 30); vgl. auch 2. Kapitel, B.IV.1.

613 Art. 3 I und Art. 10 I, jeweils 2. Gedankenstrich, der Verordnung (EG) Nr. 3093/94 des Rates vom 15.12.1994 über Stoffe, die zum Abbau der Ozonschicht führen, ABl.EG vom 22.12. 1994, Nr. L 333, S. 1 ff.

614 Vgl. insbesondere 4. Kapitel, B.II.5.

Zum anderen ist zusätzlich das positive Kriterium der nachträglichen Ausschließlichkeit [615] erfüllt: Es handelt sich um ein absolutes Stoff-Verbot, und etwaige Ausnahmen sind allesamt in der Verordnung selbst enthalten. Damit hat die Gemeinschaft mit ihrer Verordnung das Gebiet möglicher Regelungen für Herstellung und Verwendung von FCKW umfassend besetzt.

3. Ausblick: Mögliche künftige Ausschließlichkeit in der Visapolitik

Für die Zukunft ist die Entstehung einer nachträglichen ausschließlichen Kompetenz der EG beispielsweise in der Visapolitik vorstellbar, und zwar nach Einführung einer abschließenden Liste der visapflichtigen und der von der Visapflicht befreiten Drittländer sowie eines einheitlichen Visums, das in einem einheitlichen Verfahren erteilt wird (Art. 62 Nr. 2 lit. b EG). Sobald entsprechende gemeinschaftsrechtliche Regelungen im Verhältnis zu allen Drittstaaten vorliegen, hat die EG das Gebiet der Visapolitik umfassend besetzt und wird insoweit punktuell eine nachträgliche exklusive Gesetzgebungszuständigkeit erwerben.

D. Die ausschließlichen Kompetenzen der Mitgliedstaaten

Den Abschluss dieser Darstellung der Zuständigkeitsverteilung nach dem System des EG-Vertrags stellt eine Aufzählung ausgewählter Kompetenzen dar, die beim derzeitigen Stand des Gemeinschaftsrechts ausschließlich den Mitgliedstaaten vorbehalten sind.

Zwar kann eine solche Aufzählung wegen des Prinzips der begrenzten Einzelermächtigung (Art. 5 I EG) [616] naturgemäß niemals abschließend sein, da grundsätzlich *alle* Befugnisse bei den Mitgliedstaaten verbleiben, die nicht durch den Vertrag auf die Gemeinschaft übertragen sind. Dennoch kann eine Darstellung wie die folgende für die Rechtspraxis zweierlei leisten: zum einen gewährt sie einen Überblick über die wichtigsten noch ausschließlich in der Zuständigkeit der Mitgliedstaaten verbliebenen Sachgebiete (dazu unten I.), zum anderen soll aber

---

[615] 4. Kapitel, C.II.2

[616] Vgl. dazu 1. Kapitel, B. und 3. Kapitel, C.I.1.

an Hand dieser Beispiele verdeutlicht werden, dass auch insoweit kein „gemeinschaftsfreier Raum" besteht (dazu unten II.):

I. Ausgewählte Kompetenzbereiche

Ausschließliche Kompetenzen der EU-Mitgliedstaaten bestehen vor allem in folgenden fünf Bereichen:

1. Die Außen- und Sicherheitspolitik

Im Gegensatz zur Außenhandelspolitik besitzt die Gemeinschaft keinerlei Kompetenzen in der Außen- und Sicherheitspolitik. Vielmehr handelt es sich hierbei um Gebiete, auf denen die Mitgliedstaaten lediglich gemäß Art. 11 ff. EU den Rahmen der Union zu einer intergouvernementalen Zusammenarbeit [617] nutzen, ohne dabei Entscheidungskompetenzen auf die EG bzw. die EU zu übertragen. Besonders deutlich wird dies am Beispiel der Sicherheitspolitik: Integrationsfortschritte auf diesem Gebiet, namentlich die Einführung einer gemeinsamen Verteidigung, bedürfen der Ratifizierung durch alle Mitgliedstaaten (Art. 17 I EU). Entsprechend betont auch der EuGH in ständiger Rechtsprechung die weiterhin bestehende Zuständigkeit der Mitgliedstaaten in der Außen- und Verteidigungspolitik sowie bei der Organisation ihrer Streitkräfte [618].

In engem Zusammenhang mit der Außenpolitik der Mitgliedstaaten steht die Gewährleistung diplomatischen und konsularischen Schutzes. Auch hierfür sind die Mitgliedstaaten ausschließlich zuständig. Zwar räumt Art. 20 EG den Unionsbürgern einen Anspruch auf den diplomatischen und konsularischen Schutz aller Mitgliedstaaten ein; dadurch erwirbt aber nicht etwa die EG eine eigenständige Kompetenz zur Gewährung solchen Schutzes.

---

[617] CR-*Cremer* Art. 11 EU Rn. 1; *Krenzler / Schneider* EuR 1994, 144 (150, 159); *Pechstein / Koenig* Rn. 68, 78

[618] Vgl. nur EuGH 14.01.1997, Rs. C-124/95 - *Centro-Com* -, Slg. 1997, I-81 (Tz. 24); EuGH 11.01.2000, Rs. C-285/98 - *Kreil* -, Slg. 2000, I-69 (Tz. 23).

2. Die Aufrechterhaltung der öffentlichen Ordnung und der Schutz der inneren Sicherheit

Ein zweiter bedeutsamer Bereich, für den die Mitgliedstaaten ausschließlich zuständig sind, liegt in der Aufrechterhaltung der öffentlichen Ordnung sowie dem Schutz der inneren Sicherheit. Insoweit finden sich sogar ausdrückliche Vorbehaltsklauseln an verschiedenen Stellen in den Verträgen, insbesondere in Art. 64 I und Art. 68 II EG, ferner in Art. 33 und Art. 35 V EU. Wie in der Außen- und Sicherheitspolitik handelt es sich auch hier um Kernbereiche staatlicher Souveränität, welche bisher nicht vergemeinschaftet wurden. Dementsprechend betont auch der EuGH insoweit in ständiger Rechtsprechung die alleinige Zuständigkeit der Mitgliedstaaten [619].

3. Das Strafrecht

Neben der Aufrechterhaltung der öffentlichen Ordnung und dem Schutz der inneren Sicherheit stellt das Strafrecht einen weiteren Kernbereich staatlicher Souveränität der Mitgliedstaaten dar, der in ihre alleinige Zuständigkeit fällt [620]. Bezüglich der Anwendung des Strafrechts und der Strafrechtspflege ergibt sich dies bereits unzweideutig aus dem ausdrücklichen Zuständigkeitsvorbehalt, der in Art. 280 IV 2 und Art. 135 S. 2 EG niedergelegt ist. Aber auch die Schaffung materieller Straftatbestände bleibt den Mitgliedstaaten vorbehalten. Dies folgt mittelbar aus Art. 31 lit. e EU, wonach insoweit lediglich eine justitielle Zusammenarbeit im Rahmen des dritten Pfeilers der EU eingerichtet wird (Art. 34 I EU), welche auf Grund ihres intergouvernementalen Charakters zu keinerlei Kompetenzverlust der Mitgliedstaaten führt. Dementsprechend bedürfen auch die zu einer Harmonisierung nationaler Strafrechtsvorschriften vorgesehenen Rahmenbeschlüsse (Art. 34 II lit. b EU) der Einstimmigkeit unter den Mitgliedstaaten.

---

[619] Z. B. EuGH 09.12.1997, Rs. C-265/95 - *Kommission/Frankreich* -, Slg. 1997, I-6959 (Tz. 33).

[620] In diesem Sinne auch EuGH 02.02.1989, Rs. 186/87 - *Cowan* -, Slg. 1989, 195 (Tz. 19); EuGH 24.11.1998, Rs. C-274/96 - *Bickel und Franz* -, Slg. 1998, I-7637 (Tz. 17).

4. Das nationale Verfahrensrecht

Traditionell fällt auch – entsprechend dem Grundsatz der begrenzten Einzelermächtigung (Art. 5 I EG) [621] – das nationale Verfahrensrecht in die alleinige Kompetenz der Mitgliedstaaten [622] (Verfahrensautonomie der Mitgliedstaaten). Uneingeschränkt gilt dies allerdings nur noch für das Verwaltungsverfahren [623] und für das Strafverfahren [624]. Hingegen fallen seit In-Kraft-Treten des Vertrags von Amsterdam zivilprozessuale Verfahrensvorschriften nunmehr unter die justitielle Zusammenarbeit in Zivilsachen (Art. 65 EG) und gehören damit zu den vergemeinschafteten Bereichen im neuen Titel IV des Vertrages, welcher der Gemeinschaft eine konkurrierende Rechtsetzungsbefugnis einräumt [625].

5. Die Organisation der Sozial- und Bildungssysteme

Schließlich ist auch die Organisation des Bildungswesens und der Systeme der sozialen Sicherheit ausschließlich den Mitgliedstaaten vorbehalten.

So verpflichtet der Vertrag die Gemeinschaft etwa im Bereich ihrer Bildungspolitik, die Verantwortung der Mitgliedstaaten für die Lehrinhalte und die Gestaltung des Systems der allgemeinen und beruflichen Bildung zu achten (Art. 149 I, Art. 150 I EG). Auch die Organisation des Gesundheitswesens sowie die Gewährleistung der medizinischen Versorgung fallen in vollem Umfang in die Verantwortung der Mitgliedstaaten (Art. 152 V EG). Noch allgemeiner gilt dies für die Organisation des gesamten Systems der sozialen Sicherheit in den Mitgliedstaaten [626]; denn auch die nach Art. 42 EG auf Gemeinschaftsebene stattfindende Koordinie-

---

[621] Vgl. dazu 1. Kapitel, B. und 3. Kapitel, C.I.1.

[622] EuGH 02.02.1989, Rs. 186/87 - *Cowan* -, Slg. 1989, 195 (Tz. 19); EuGH 24.11.1998, Rs. C-274/96 - *Bickel und Franz* -, Slg. 1998, I-7637 (Tz. 17)

[623] Zu Beispielen vgl. EuGH 21.09.1983, verb. Rs. 205-215/82 - *Deutsche Milchkontor* -, Slg. 1983, 2633 (Tz. 17); EuGH 20.03.1997, Rs. C-24/95 - *Alcan* -, Slg. 1997, I-1591 (Tz. 24 ff.).

[624] EuGH 02.02.1989, Rs. 186/87 - *Cowan* -, Slg. 1989, 195 (Tz. 19); EuGH 24.11.1998, Rs. C-274/96 - *Bickel und Franz* -, Slg. 1998, I-7637 (Tz. 17); das Strafverfahren ist auch nach In-Kraft-Treten des Vertrags von Amsterdam lediglich Gegenstand einer intergouvernementalen Zusammenarbeit (vgl. Art. 31 lit. a - d EU sowie oben 3.).

[625] Vgl. oben B.I.4.

[626] Hinsichtlich der Grundprinzipien der Systeme der sozialen Sicherheit findet künftig ein ausdrücklicher Vorbehalt zugunsten der Mitgliedstaaten Eingang in den Vertrag: Art. 137 IV EG, 1. Gedankenstrich (von der Regierungskonferenz vereinbarter, vorläufiger Text des Vertrags von Nizza, 12.12.2000, SN 533/00).

rung der Berechnung und Auszahlung von Sozialleistungen und die nach Art. 136 ff. EG vorgesehenen sozialen Mindeststandards berühren in keiner Weise die hier interessierende Frage der *Organisationsform* der Sozialsysteme. Dementsprechend betont auch der EuGH in ständiger Rechtsprechung, das Gemeinschaftsrecht lasse die Zuständigkeit der Mitgliedstaaten zur Ausgestaltung ihrer Systeme der sozialen Sicherheit [627] und ihrer Bildungssysteme [628] unberührt.

II. Die Verpflichtung zur Beachtung des Gemeinschaftsrechts

Allerdings gilt für jeden der vorgenannten Kompetenzbereiche: zwar sind die Mitgliedstaaten auf dem jeweiligen Sachgebiet die einzig zuständigen Entscheidungsträger, doch bewegen sie sich bei Ausübung ihrer Befugnisse keineswegs in einem „gemeinschaftsfreien Raum". Schon aus der Gemeinschaftstreuepflicht der Mitgliedstaaten (Art. 10 EG) folgt nämlich, dass sie sich nicht etwa auf irgendwie geartete Bereichsausnahmen berufen können, sondern stets an das geltende Gemeinschaftsrecht gebunden sind [629]. *Simon* [630] spricht in diesem Zusammenhang anschaulich von *„compétences encadrées"*, also von gemeinschaftsrechtlich „eingerahmten" Kompetenzen.

Überschneidungsmöglichkeiten zwischen ausschließlichen nationalen Kompetenzbereichen und dem Gemeinschaftsrecht ergeben sich insbesondere deshalb so häufig, weil Befugnisse der EG zum Erlass von Sekundärrecht in aller Regel nicht sachgebiets-, sondern zielorientiert sind [631]. Beispielsweise beschränkt sich die Kompetenz der EG zur Gewährleistung von Chancengleichheit für Männer und Frauen in Arbeits- und Beschäftigungsfragen (Art. 141 III EG) keineswegs nur auf solche Sachgebiete, für die die EG auch sonst eine Zuständigkeit besitzt, etwa die Landwirtschaft (Art. 32 ff. EG) oder die Freizügigkeit der Arbeitnehmer (Art. 39 ff. EG). Vielmehr wirken sich zum Beispiel die Gleichstellungsrichtlinien,

---

[627] EuGH 28.04.1998, Rs. C-120/95 - *Decker* -, Slg. 1998, I-1831 (Tz. 21 f.); EuGH 28.04.1998, Rs. C-158/96 - *Kohll* -, Slg. 1998, I-1931 (Tz. 17 f.); EuGH 07.02.1984, Rs. 238/82 - *Duphar* -, Slg. 1984, 523 (Tz. 16)

[628] EuGH 13.02.1985, Rs. 293/83 - *Gravier* -, Slg. 1985, 593 (Tz. 19)

[629] *Manin* Rn. 142; *Rideau* S. 396 ff.; vgl. außerdem: GH - *von Bogdandy/Nettesheim* Art. 3b EGV Rn. 8; JCE-*Kovar*, fasc. 420, Tz. 73 ff.

[630] *Simon* Tz. 68

welche die Gemeinschaft auf der Grundlage des Art. 141 III EG erlassen kann, in gleicher Weise auch auf den Bereich der Streitkräfte aus, obwohl dieser in der ausschließlichen Kompetenz der Mitgliedstaaten liegt [632].

Ebenso haben unmittelbar wirksame Vorschriften des Primärrechts, etwa die Grundfreiheiten, das allgemeine Diskriminierungsverbot (Art. 12 I EG) oder der Grundsatz des gleichen Entgelts für Männer und Frauen (Art. 141 I EG), einen horizontalen Geltungsbereich, welcher nicht auf konkrete Rechtsgebiete oder Wirtschaftszweige verengt werden kann. Folglich sind die Mitgliedstaaten, etwa bei der Aufrechterhaltung der öffentlichen Sicherheit und Ordnung [633], bei der Ausgestaltung ihres nationalen Verfahrensrechts [634] oder bei der Organisation ihres Gesundheitswesens [635], nicht völlig frei, sondern gehalten, die genannten primärrechtlichen Grundsätze zu respektieren.

[631] Vgl. 3. Kapitel, A.II.

[632] So EuGH 11.01.2000, Rs. C-285/98 - *Kreil* -, Slg. 2000, I-69 (Tz. 15) und EuGH 26.10.1999, Rs. C-273/97 - *Sirdar* -, Slg. 1999, I-7403 (Tz. 15) in Bezug auf die Richtlinie 76/207/ EWG des Rates vom 09.02.1976 zur Verwirklichung der Gleichbehandlung von Männern und Frauen hinsichtlich des Zugangs zur Beschäftigung, zur Berufsbildung und zum beruflichen Aufstieg sowie in Bezug auf die Arbeitsbedingungen, ABl.EG 14.02.1976, Nr. L 39, S. 40 ff.

[633] EuGH 09.12.1997, Rs. C-265/95 - *Kommission / Frankreich* -, Slg. 1997, I-6959 (Tz. 32 ff.)

[634] EuGH 02.02.1989, Rs. 186/87 - *Cowan* -, Slg. 1989, 195 (Tz. 19); EuGH 19.11.1991, verb. Rs. C-6/90 u. C-9/90 - *Francovich u.a.* -, Slg. 1991, I-5357 (Tz. 42); EuGH 24.11.1998, Rs. C-274/96 - *Bickel und Franz* -, Slg. 1998, I-7637 (Tz. 17)

[635] EuGH 28.04.1998, Rs. C-120/95 - *Decker* -, Slg. 1998, I-1831 (Tz. 23 ff.); EuGH 28.04.1998, Rs. C-158/96 - *Kohll* -, Slg. 1998, I-1931 (Tz. 19 ff.)

Schlussbemerkung

Wie die vorstehende Untersuchung gezeigt hat, lassen sich im System des EG-Vertrags die ausschließlichen Kompetenzen der Europäischen Gemeinschaft an Hand von verlässlichen Leitlinien sicher identifizieren. Insbesondere kann bei Anwendung der entwickelten Kriterien in jedem Einzelfall bestimmt werden, ob eine Tätigkeit der EG dem Subsidiaritätsprinzip unterworfen und einer verstärkten Zusammenarbeit zugänglich ist oder ob diese Grundsätze wegen ihres Ausschließlichkeitsvorbehalts keine Anwendung finden (Art. 5 II, Art. 11 I lit. a EG).

Eine ausdrückliche vertragliche Festlegung der Ausschließlichkeit oder Nicht-Ausschließlichkeit von Befugnissen der EG ist somit derzeit nicht zwingend erforderlich, wenngleich die entwickelten Leitlinien sicherlich auch hierfür als Anhaltspunkt dienen könnten. Ob eine solche primärrechtliche Kompetenzabgrenzung im Rahmen einer bevorstehenden Revision der Verträge vorgenommen werden sollte [636], ist deshalb eine rein rechtspolitische Frage, bei deren Beantwortung hauptsächlich folgende Gesichtspunkte berücksichtigt werden sollten:

Zu Gunsten einer klareren vertraglichen Kompetenzabgrenzung lässt sich insbesondere der Gedanke der Transparenz anführen [637]. Denn eine primärrechtliche Klarstellung der Ausschließlichkeit bzw. Nicht-Ausschließlichkeit der jeweiligen EG-Befugnisse würde – so die Idealvorstellung – schon auf den ersten Blick erkennen lassen, welche Zuständigkeiten vollständig und endgültig auf die Gemeinschaft übertragen und demzufolge dem Anwendungsbereich von Subsidiarität und Flexibilität entzogen sind. Die derzeit notwendige Auslegung der jeweiligen Kompetenzen unter Rückgriff auf einen eigens dafür entwickelten Kriterienkatalog würde sich dann erübrigen.

---

[636] Eine Regierungskonferenz zur Frage der Kompetenzabgrenzung zwischen der EU und ihren Mitgliedstaaten ist für 2004 geplant, vgl. Ziff. 5 und 7 der *Erklärung zur Zukunft der Union* (Erklärung für die Schlussakte der Konferenz der Vertreter der Regierungen der Mitgliedstaaten, dem vorläufigen Textentwurf des Vertrags von Nizza vom 12.12.2000, SN 533/00, als Anlage IV beigefügt).

[637] Diesen Aspekt betonen etwa *Jacques Chirac*, Rede vor dem Deutschen Bundestag vom 27.06.2000, Manuskript Abs. 32, 43 f., und *Johannes Rau*, FAZ vom 04.11.1999, S. 16.

Allerdings ist hierbei zu bedenken, dass eine ausdrückliche Festschreibung der Ausschließlichkeit bzw. Nicht-Ausschließlichkeit von Kompetenzen im derzeit geltenden Vertrag systemfremd wäre. Denn die typische Dynamik und Entwicklungsoffenheit der EG [638] bringt es mit sich, dass sich die Integrationsdichte im Gemeinschaftsrecht nicht im Voraus festlegen lässt, sondern stets aufs Neue von der Ausübung zielgerichteter Kompetenzen abhängt. Einer primärrechtlichen Festlegung der Ausschließlichkeit einzelner Kompetenzen und der Nicht-Ausschließlichkeit in anderen Bereichen müsste also zunächst die politische Entscheidung voraus gehen, die europäische Integration auf dem derzeit erreichten Niveau festzuschreiben [639].

Hinzu kommt folgende praktische Erwägung: Auch eine solche Festschreibung wäre schließlich keine Garantie für eine Beschneidung der Gemeinschaftskompetenzen, wie sie einige Befürworter der „Kompetenzabgrenzung" bezwecken mögen. Denn wie die Erfahrungen mit dem Grundgesetz zeigen, können auch ausdrücklich als konkurrierend bezeichnete Zuständigkeiten, etwa das „Recht der Wirtschaft" (Art. 74 I Nr. 11 GG), zu einer regen Gesetzgebungstätigkeit führen [640]. Andererseits zeigt die neuerdings restriktive Rechtsprechung des EuGH zur Gemeinsamen Handelspolitik [641], dass selbst eine weithin als ausschließlich anerkannte EG-Zuständigkeit für sich allein nicht zu einer grenzenlosen Kompetenzfülle führen muss, sondern ihr praktischer Nutzen für die Gemeinschaft maßgeblich von der Definition ihres sachlichen Anwendungsbereichs abhängt.

Auf jeden Fall würde aber die primärrechtliche Katalogisierung der ausschließlichen und nicht-ausschließlichen Zuständigkeiten eine auch optisch deutlich sichtbare Hinwendung zu bundesstaatlichen oder jedenfalls bundesstaatsähnli-

---

[638] Vgl. 3. Kapitel, A.II und C.I.2.b; diesen Aspekt betonen etwa auch *Pernice*, FAZ vom 07.07.1999, S. 7, und *Piris* ELR 24 (1999), 557 (570); *ders.*, RTDE 35 (1999), 599 (615 f.).

[639] *Jacques Chirac*, Rede vor dem Deutschen Bundestag vom 27.06.2000, Manuskript Abs. 32, lehnt es ab, die Aufteilung der Befugnisse „ein für allemal festzuschreiben", obwohl er sich gleichzeitig für eine klare Kompetenzabgrenzung ausspricht.

[640] Art. 74 I Nr. 11 GG wird in ständiger Rechtsprechung weit ausgelegt, vgl. nur BVerfGE 55, 274 (308 f.) und BVerfGE 68, 319 (330), ferner Dreier-*Stettner* Art. 74 GG Rn. 53, GGK-*Kunig* Art. 74 GG Rn. 42 und *Sannwald* in Schmidt-Bleibtreu/Klein Art. 74 GG Rn. 82 f.

[641] EuGH 15.11.1994, Gutachten 1/94 - *WTO* -, Slg. 1994, I-5267 (Tz. 22 ff., 35 ff.); EuGH 24.03.1995, Gutachten 2/92 - *OECD* -, Slg. 1995, I-521 (Tz. 18 ff.)

chen Strukturen in der EU bedeuten [642]. Wenngleich ich persönlich eine solche Entwicklung sehr begrüßen würde, dürfte sie doch eher als mittel- oder langfristiges Reformprojekt zu begreifen sein denn als kurzfristig realisierbares Ziel.

In der Zwischenzeit könnte eine interinstitutionelle Vereinbarung zwischen dem Europäischen Parlament, der Kommission und dem Rat, gegebenenfalls unter angemessener Beteiligung des Ausschusses der Regionen, zu einer gemeinsamen Praxis der an der Rechtsetzung beteiligten EG-Organe beitragen und auch nach außen hin für die notwendige Transparenz und Rechtsklarheit bei der Anwendung von Subsidiaritäts- und Flexibilitätsprinzip sorgen [643]. Inhaltlich sollten in einer solchen Vereinbarung Leitlinien zur Abgrenzung von ausschließlichen und nicht-ausschließlichen Kompetenzen niedergelegt werden, wobei die hier vorgeschlagenen Kriterien als Diskussionsgrundlage dienen könnten.

Unabhängig davon wäre eine Lösung der konkreten, in der Praxis gelegentlich auftretenden Zuständigkeitskonflikte, etwa des schwelenden Streits um die Reichweite der Binnenmarktkompetenzen [644], auch kurzfristig und ohne größeren Reformaufwand möglich, insbesondere ohne eine umfassende Umgestaltung der derzeit geltenden Verträge. So würde es beispielsweise genügen, den sachlichen Anwendungsbereich der Binnenmarktkompetenzen, namentlich des Art. 95 EG, unter Berücksichtigung der Rechtsprechung des EuGH primärrechtlich zu präzisieren.

---

[642] So auch *Constantinesco* in: Manin (Hrsg.), S. 15 (21 ff.).

[643] Als Vorbild könnte die Interinstitutionelle Vereinbarung über Demokratie, Transparenz und Subsidiarität dienen, die zwischen Europäischem Parlament, Rat und Kommission am 25.10.1993 geschlossen wurde (Bull.EG 10/1993 S. 124 ff.).

[644] Jüngst illustriert durch die Klage Deutschlands gegen das Tabak-Werbeverbot (vgl. 2. Kapitel, A.III.2).

Zusammenfassungen

Résumé

Les compétences exclusives de la Communauté Européenne figurent actuellement parmi les problèmes les plus controversés du droit institutionnel communautaire. Le champ d'application de deux dispositions fondamentales du traité CE, à savoir le principe de subsidiarité (art. 5 alinéa 2 CE) et la clause de coopération renforcée (art. 11 § 1 a CE), est étroitement lié à la notion d'exclusivité. Cependant, on constate que jusqu'à présent, ni le droit originaire ni la doctrine ni la jurisprudence n'ont traité le problème de l'exclusivité de manière exhaustive.

La présente thèse a pour objectif de combler cette lacune. Elle part de l'état actuel du débat concernant les compétences exclusives dans la doctrine, dans la pratique des institutions communautaires et allemandes ainsi que dans la jurisprudence de la Cour de Justice, pour développer ensuite des lignes directrices (un catalogue de critères) permettant de distinguer entre compétences exclusives et non-exclusives de la Communauté. Il s'agit plus précisément de critères négatifs et de critères positifs, les premiers permettant de découvrir les compétences non-exclusives et les derniers décrivant les compétences exclusives.

Sur la base de ces critères, une liste exhaustive des compétences exclusives et non-exclusives dans le système du traité CE est établie. Parmi les compétences qui sont exclusives par nature figurent notamment le pouvoir d'organisation interne des institutions communautaires, la politique commerciale commune, le tarif douanier commun, les restrictions à la liberté de circulation des capitaux et des paiements, l'association de pays tiers, l'Union monétaire, le contrôle des aides d'Etat et l'administration des fonds et instruments financiers communautaires. Parmi les compétences à priori non-exclusives se trouvent entre autres les compétences permettant d'établir progressivement le marché commun ou le marché intérieur (particulièrement par voie d'harmonisation des législations nationales), la politique agricole et de la pêche commune, ainsi que les dispositions du traité concernant les visas, le droit d'asile, l'immigration et la libre circulation des personnes (titre IV du traité CE). Dans lesdits domaines, à priori non-exclusifs, une exclusivité ponctuelle peut néanmoins résulter de l'exercice ultérieur de ses compétences par la Communauté (occupation du terrain), notamment dans les secteurs agricole et de la pêche.

Summary

The exclusive jurisdiction ("exclusive competence") of the European Community is currently one of the most controversial issues in EC Institutional Law, the field of application of two fundamental principles of Community Law, subsidiarity and closer cooperation, being closely linked to the notion of exclusivity [cf. articles 5(2) and 11(1)(a) EC]. However, except for one single clause, the Treaties do not specify which of the EC's policies fall within its exclusive jurisdiction. Nor has this subject, up to the present, been treated in an exhaustive way in legal writing or in the case law of the European Court of Justice.

The present thesis is aimed at filling this gap. After describing the various opinions on exclusivity expressed in legal writing as well as by the European and German institutions and by the Court of Justice, the author develops a list of criteria allowing to distinguish between fields of exclusive and non-exclusive jurisdiction. More precisely, a series of negative criteria allows areas of non-exclusive competence to be discovered, whereas a number of positive criteria help to detect matters falling under the exclusive jurisdiction of the EC.

On the basis of these criteria, a catalogue developed by the author lists all matters falling within the exclusive and non-exclusive jurisdiction of the EC. The fields of exclusive EC jurisdiction include the internal organisation of the European institutions, the Common Commercial Policy, the Common Customs Tariff, restrictions on the free movement of capital and payments, the association of third countries, State aid control, and the administration of the Community's funds and financial instruments. The fields of non-exclusive EC competence include the adoption of all measures aimed at progressively establishing the common market or the internal market (particularly by means of approximation of the Laws of Member Sates); the common policies in the sphere of agriculture and fisheries; and last but not least, the Treaty's provisions on visas, asylum, immigration and other policies related to the free movement of persons (Title IV of the EC Treaty). Nevertheless, in these areas of *a priori* non-exclusive jurisdiction, punctual exclusivity may result from the EC exercising its competence (the so-called occupation of the field), especially in the spheres of agriculture and fisheries.

Anhänge

Anhang 1: Die Leitlinien im Überblick

Die Ausschließlichkeit oder Nicht-Ausschließlichkeit von Kompetenzen der EG kann durch eine zweistufige Prüfung an Hand der folgenden Leitlinien ermittelt werden:

I. Die negativen Kriterien (Ausschlussgründe)

Greift einer der folgenden Ausschlussgründe ein, so kommt eine Ausschließlichkeit der zu prüfenden Kompetenz von vornherein nicht in Betracht.

1. Vorbehalts-Aufgaben der Mitgliedstaaten
2. Unvollkommenheit der vertraglichen Kompetenzzuweisung
   a) Ausschluss jeglicher Harmonisierung
   b) Beschränkung auf Anreiz-, Förder- oder Ergänzungsmaßnahmen
   c) Beschränkung auf eine koordinierende Tätigkeit
   d) Beschränkung der Harmonisierung auf Mindeststandards
   e) Möglichkeit einer Schutzverstärkung durch die Mitgliedstaaten
3. Ermächtigung zu schrittweisem Vorgehen
   (insbesondere Harmonisierungskompetenzen)

II. Die positiven Kriterien

Greift keines der negativen Kriterien ein, so ist Ausschließlichkeit in einem weiteren Schritt zusätzlich *positiv* durch *eines* der folgenden Kriterien zu belegen:

1. Zum Schutz der Funktionsfähigkeit der Gemeinschaft ist eine anfängliche Ausschließlichkeit in folgenden Fallgruppen anzunehmen:
   a) Der organisations-interne Bereich
   b) Das zwingende Erfordernis einer einheitlichen Regelung im Verhältnis zu Drittstaaten:
      - Die Außenhandelsbeziehungen der EG
      - Die Assoziierung von Drittstaaten
   c) Das zwingende Erfordernis einheitlicher Regelung innerhalb der Gemeinschaft

- Die Sicherung der Funktionsfähigkeit der Gemeinschaftspolitiken
- Die Verwirklichung grundlegender Rechte der Unionsbürger gegenüber der Gemeinschaft

2. Sofern nicht ohnehin schon nach Ziffer 1 eine anfängliche Ausschließlichkeit anzunehmen war, kann durch eine abschließende sekundärrechtliche Regelung der Gemeinschaft *punktuell* eine *nachträgliche ausschließliche Kompetenz* entstehen.

   a) Eine umfassende, abschließende Regelung muss überhaupt möglich sein; dies ist in der Regel *nicht* der Fall bei:

   - Gebrauch einer parallelen Kompetenz
   - Erlass einer Richtlinie

   b) Eine *umfassende, abschließende Regelung* muss im konkreten Sekundärrechtsakt enthalten sein.

III. Die neutralen Aspekte

Hingegen können die folgenden Gesichtspunkte keinen hinreichenden Aufschluss über die Ausschließlichkeit oder Nicht-Ausschließlichkeit einer Kompetenz geben; sie sollten deshalb bei der Auslegung von Zuständigkeiten außer Betracht bleiben:

1. Ausdrücklicher oder impliziter Charakter einer Kompetenzzuweisung
2. Grenzüberschreitendes Interesse an einer Regelung
3. Verpflichtung der EG zum Tätigwerden
4. Vollkommenheit der vertraglichen Kompetenzzuweisung
5. Vollzug, Finanzierung oder Kofinanzierung durch die Mitgliedstaaten

Anhang 2: Die Verteilung der Zuständigkeiten nach dem EG-Vertrag im Überblick

Auf der Grundlage der entwickelten Leitlinien (vgl. dazu Anhang 1) lässt sich dem EG-Vertrag folgende Zuständigkeitsverteilung entnehmen:

A. Die kompetenzfreien Bereiche

Die folgenden Gegenstände sind kompetenzrechtlich sowohl einem Tätigwerden der EG als auch einem Tätigwerden ihrer Mitgliedstaaten entzogen.

I. Die Grundfreiheiten des Binnenmarkts

1. Das Verbot von Ein- und Ausfuhrzöllen sowie Abgaben gleicher Wirkung im innergemeinschaftlichen Handel (Art. 25 EG)
2. Das Verbot mengenmäßiger Einfuhr- und Ausfuhrbeschränkungen sowie aller Maßnahmen gleicher Wirkung im innergemeinschaftlichen Handel (Art. 28, 29 EG)
3. Die Freizügigkeit der Arbeitnehmer (Art. 39 I, II, III EG)
4. Die Niederlassungsfreiheit (Art. 43 I, 48 EG)
5. Die Dienstleistungsfreiheit (Art. 49, 50, 54, 55, 48 EG)
6. Die Freiheit des Kapitalverkehrs (Art. 56 I EG)
7. Die Freiheit des Zahlungsverkehrs (Art. 56 II EG)

II. Die grundlegenden Rechte der Unionsbürger

1. Das allgemeine Diskriminierungsverbot (Art. 12 I EG)
2. Das Recht der Freizügigkeit (Art. 18 I EG)
3. Das Petitionsrecht zum Europäischen Parlament (Art. 21 I, 194 EG)
4. Das Recht, sich an den Europäischen Bürgerbeauftragten zu wenden (Art. 21 II, 195 EG)
5. Das Recht, sich schriftlich in einer der Vertragssprachen an Organe und Einrichtungen der EG zu wenden und eine Antwort in derselben Sprache zu erhalten (Art. 21 III EG)
6. Das Recht auf gleiches Entgelt für Männer und Frauen (Art. 141 I EG)
7. Das Recht auf Zugang zu den Dokumenten des Europäischen Parlaments, des Rates und der Kommission (Art. 255 I EG)

B. Die nicht-ausschließlichen Kompetenzen

I. Die konkurrierenden Kompetenzen

1. Die Verwirklichung grundlegender Rechte der Unionsbürger in den Mitgliedstaaten
   a) Abbau von Diskriminierungen (Art. 12 I, 13 EG)

b) Vorschriften zur Erleichterung der Freizügigkeit von Unionsbürgern (Art. 18 II EG)
c) Festlegung der Einzelheiten für die Beteiligung von Unionsbürgern an Kommunalwahlen und an Wahlen zum Europäischen Parlament (Art. 19 I 2, II 2 EG)
d) Festlegung der Bedingungen für das Verbleiberecht von Arbeitnehmern in anderen Mitgliedstaaten (Art. 39 III lit. d EG)
e) Maßnahmen zur Gewährleistung der Chancengleichheit und der Gleichbehandlung von Männern und Frauen (Art. 141 III EG)

2. Die Kompetenzen zur Verwirklichung des Binnenmarkts bzw. des Gemeinsamen Marktes
   a) Die Herstellung der Freizügigkeit der Arbeitnehmer (Art. 40 lit. b bis lit. d EG)
   b) Die Herstellung der Freizügigkeit der Arbeitnehmer auf dem Gebiet der sozialen Sicherheit (Art. 42 EG)
   c) Die Verwirklichung der Niederlassungsfreiheit für bestimmte Tätigkeiten (Art. 44 I, II lit. c bis lit. h EG)
   d) Die Koordinierung der Rechts- und Verwaltungsvorschriften, die eine Sonderregelung für Ausländer aus Gründen der öffentlichen Ordnung, Sicherheit oder Gesundheit enthalten (Art. 46 II EG)
   e) Die gegenseitige Anerkennung der Diplome, Prüfungszeugnisse und sonstigen Befähigungsnachweise (Art. 47 I EG)
   f) Die Koordinierung der Berufsordnungen (Art. 47 II EG)
   g) Die Liberalisierung einer bestimmten Dienstleistung (Art. 52 EG)
   h) Der Erlass zweckdienlicher Vorschriften zur Schaffung einer Gemeinsamen Verkehrspolitik (Art. 71 EG)
   i) Die Beseitigung von Diskriminierungen im innergemeinschaftlichen Güterverkehr (Art. 75 EG)
   j) Die Harmonisierung der Rechtsvorschriften über Umsatzsteuern, Verbrauchsabgaben und sonstige indirekte Steuern, soweit für Errichtung und Funktionieren des Binnenmarkts notwendig (Art. 93 EG)
   k) Die Angleichung der Rechts- und Verwaltungsvorschriften, die die Errichtung und das Funktionieren des Binnenmarktes zum Gegenstand haben oder sich unmittelbar auf die Errichtung oder das Funktionieren des Gemeinsamen Marktes auswirken (Art. 94, 95 EG)
   l) Die Beseitigung von Wettbewerbsverzerrungen (Art. 96 EG)
   m) Die ergänzenden Maßnahmen nach Art. 308 EG

3. Die gemeinsame Organisation der Agrarmärkte (Art. 34, 37 II, III EG) inklusive Fischerei (Art. 3 I lit. e EG; Anhang I Kapitel 3 zu Art. 32 III EG)

4. Die Maßnahmen im Bereich Visa, Asyl, Einwanderung und freier Personenverkehr (Titel IV EG-Vertrag)
   a) Die Abschaffung der Grenzkontrollen an den Binnengrenzen (Art. 62 Nr. 1 EG)

b) Normen und Verfahren für Personenkontrollen an den Außengrenzen (Art. 62 Nr. 2 lit. a EG)
c) Die Visapolitik (Art. 62 Nr. 2 lit. b EG)
d) Die Bedingungen für Einreise und Aufenthalt von Drittstaatsangehörigen (Art. 62 Nr. 3, Art. 63 I Nr. 3 EG)
e) Die Rechte von legal eingereisten Drittstaatsangehörigen in der EU (Art. 62 Nr.3, Art. 63 I Nr. 4, Art. 49 II EG)
f) Mindestnormen in der Asyl- und Flüchtlingspolitik (Art. 63 I Nr.1 lit. b-d, Nr. 2 lit. a EG)
g) Die Lastenverteilung im Asyl- und Flüchtlingsbereich (Art. 63 I Nr. 1 lit. a, Nr. 2 lit. b EG)

II. Die parallelen Kompetenzen

1. Die den Binnenmarkt flankierenden Politiken
   a) Die Wirtschaftspolitik (Art. 98-104 EG)
   b) Die Beschäftigungspolitik (Art. 125-130 EG)
   c) Die Sozialpolitik (Art. 136-145 EG)
   d) Die allgemeine und berufliche Bildung; Jugendpolitik; Förderung des Jugendaustausches (Art. 41, Art. 149 f. EG)
   e) Die Kulturpolitik (Art. 151 EG)
   f) Die Gesundheitspolitik (Art. 152 EG)
   g) Der Verbraucherschutz (Art. 153 EG)
   h) Die Transeuropäischen Netze (Art. 154-156 EG)
   i) Die Industriepolitik (Art. 157 EG)
   j) Der wirtschaftliche und soziale Zusammenhalt (Art. 158-162 EG) (mit Ausnahme der Strukturfonds)
   k) Forschung und technologische Entwicklung (Art. 163-173 EG)
   l) Die Umweltpolitik (Art. 174-176 EG)
   m) Entwicklungszusammenarbeit, wirtschaftliche, finanzielle und technische Zusammenarbeit mit Drittländern (Art. 177-181a EG *)
2. Das Kartellrecht (inklusive Fusionskontrolle) (Art. 81-85 EG)

C. Die ausschließlichen Kompetenzen der EG

I. Der organisations-interne Bereich

1. Die Geschäftsordnungsautonomie und das europäische Beamtenrecht
   a) Geschäftsordnung (Art. 199 I Hs. 1, 207 III, 218 II, 260 II, 264 II EG)
   b) Beamtenrecht (Art. 210, 283 EG)
2. Der Haushalt der Gemeinschaft (Art. 268-279 EG)

* Art. 181a EG gemäß Vertrag von Nizza (vorläufiger Text vom 12.12.2000, SN 533/00).

II. Die Bereiche mit zwingend einheitlicher Regelung gegenüber Drittstaaten

1. Die Außenhandelsbeziehungen der EG
   a) Die Gestaltung der Gemeinsamen Handelspolitik nach einheitlichen Grundsätzen (Art. 133 I - IV EG)
   b) Der Gemeinsame Zolltarif (Art. 26 EG)
   c) Maßnahmen zur Beschränkung des Kapital- und Zahlungsverkehrs mit Drittstaaten (Art. 57 II, 59, 60 I EG)
2. Die Assoziierung von Drittstaaten (Art. 310 EG)

III. Die Bereiche mit zwingend einheitlicher innergemeinschaftlicher Regelung

1. Die Währungspolitik (Art. 125-124 EG)
2. Die Beihilfenkontrolle (Art. 87-89, Art. 76 EG)
3. Die Verwaltung der Fonds und der sonstigen Finanzierungsinstrumente (Art. 159 I 2 EG)
   a) Europäischer Ausrichtungs- und Garantiefonds für die Landwirtschaft – Abteilung Ausrichtung – (Art. 34 III, 37; Art. 161 I, 162 II EG)
   b) Europäischer Sozialfonds (Art. 147, 148; Art. 161 I, 162 II EG)
   c) Europäischer Fonds für regionale Entwicklung (Art. 160, 161 I, 162 I EG)
   d) Kohäsionsfonds (Art. 161 II, I EG)
   e) Sonstige Finanzierungsinstrumente
4. Die Verwirklichung grundlegender Rechte der Unionsbürger gegenüber der Gemeinschaft
   a) Die Festlegung der Regelungen und allgemeinen Bedingungen für die Ausübung der Aufgaben des Bürgerbeauftragten (Art. 195 IV EG)
   b) Die Festlegung der Bedingungen des Zugangs zu Dokumenten des Europäischen Parlaments, des Rates und der Kommission (Art. 255 II, III, Art. 207 III UAbs. 2 EG)

IV. Beispiele für abschließend sekundärrechtlich geregelte Materien (nachträgliche ausschließlichen Kompetenzen)

1. Die gemeinsame Marktorganisation für Zucker
2. Die Erhaltungsmaßnahmen im Bereich der Seefischerei
3. Die Herstellung und Verwendung von FCKW

D. Ausgewählte ausschließliche Kompetenzen der Mitgliedstaaten

I. Die Außen- und Sicherheitspolitik

II. Die Aufrechterhaltung der öffentlichen Ordnung und der Schutz der inneren Sicherheit

III. Das Strafrecht

IV. Das nationale Verfahrensrecht

V. Die Organisation des Sozial- und Bildungssystems

Anhang 3: Verzeichnis der zitierten Rechtsprechung

I. Gerichtshof der Europäischen Gemeinschaften:

Datum	Aktenzeichen	Parteien / gängige Bezeichnung	Fundstelle
12.07.1957	Rs. 7/56, 3/57-7/57	Algera	Slg. 1957, 83
05.02.1963	Rs. 26/62	Van Gend & Loos	Slg. 1963, 1
15.07.1964	Rs. 6/64	Costa / E.N.E.L.	Slg. 1964, 1251
13.02.1969	Rs. 14/68	Walt Wilhelm	Slg. 1969, 1
18.02.1970	Rs. 40/69	Bollmann	Slg. 1970, 69
17.12.1970	Rs. 11/70	Internationale Handelsgesellschaft	Slg. 1970, 1125
31.03.1971	Rs. 22/70	Kommission / Rat (A.E.T.R.)	Slg. 1971, 263
21.02.1973	Rs. 6/72	Continental Can	Slg. 1973, 215
13.12.1973	Rs. 37/73 u. 38/73	Diamantarbeiders	Slg. 1973, 1609
30.01.1974	Rs. 127/73	BRT / SABAM	Slg. 1974, 51
30.01.1974	Rs. 159/73	Hannoversche Zucker	Slg. 1974, 121
21.06.1974	Rs. 2/74	Reyners	Slg. 1974, 631
11.07.1974	Rs. 8/74	Dassonville	Slg. 1974, 837
04.12.1974	Rs. 41/74	Van Duyn	Slg. 1974, 1337
12.12.1974	Rs. 36/74	Walrave u. Koch	Slg. 1974, 1405
28.10.1975	Rs. 36/75	Rutili	Slg. 1975, 1219
11.11.1975	Gutachten 1/75	Lokale Kosten	Slg. 1975, 1355
08.04.1976	Rs. 43/75	Defrenne	Slg. 1976, 455
14.07.1976	Rs. 3, 4 u. 6/76	Kramer	Slg. 1976, 1279
15.12.1976	Rs. 41/76	Donckerwolke	Slg. 1976, 1921
22.03.1977	Rs. 74/76	Ianelli & Volpi	Slg. 1977, 557
26.04.1977	Gutachten 1/76	Stillegungsfonds	Slg. 1977, 741
16.02.1978	Rs. 61/77	Kommission / Irland	Slg. 1978, 417
09.03.1978	Rs. 106/77	Simmenthal II	Slg. 1978, 629
29.11.1978	Rs. 83/78	Pigs Marketing Board	Slg. 1978, 2347
16.01.1979	Rs. 151/78	Sukkerfabriken Nykøbing	Slg. 1979, 1
20.02.1979	Rs. 120/78	Rewe (Cassis de Dijon)	Slg. 1979, 649
04.10.1979	Gutachten 1/78	Naturkautschuk-Abkommen	Slg. 1979, 2871
10.07.1980	Rs. 32/79	Kommission / Vereinigtes Königreich	Slg. 1980, 2403
17.12.1980	Rs. 149/79	Kommission / Belgien	Slg. 1980, 3381
05.05.1981	Rs. 804/79	Kommission / Vereinigtes Königreich	Slg. 1981, 1045
06.10.1981	Rs. 246/80	Broekmeulen	Slg. 1981, 2311
19.01.1982	Rs. 8/81	Becker	Slg. 1982, 53
03.03.1982	Rs. 14/81	Alpha Steel	Slg. 1982, 749

23.03.1982	Rs. 53/81	Levin	Slg. 1982, 1035
06.10.1982	Rs. 283/81	C.I.L.F.I.T.	Slg. 1982, 3415
21.09.1983	Rs. 205/82 - 215/82	Deutsche Milchkontor u.a.	Slg. 1983, 2633
07.02.1984	Rs. 237/82	Jongeneel Kaas	Slg. 1984, 483
07.02.1984	Rs. 238/82	Duphar	Slg. 1984, 523
13.03.1984	Rs. 16/83	Prantl	Slg. 1984, 1299
13.02.1985	Rs. 293/83	Gravier	Slg. 1985, 593
22.05.1985	Rs. 13/83	Europäisches Parlament / Rat	Slg. 1985, 1513
18.02.1986	Rs. 174/84	Bulk Oil	Slg. 1986, 559
23.04.1986	Rs. 294/83	Les Verts	Slg. 1986, 1339
03.07.1986	Rs. 66/85	Lawrie-Blum	Slg. 1986, 2121
10.07.1986	Rs. 149/85	Wybot / Faure	Slg. 1986, 2391
18.09.1986	Rs. 48/85	Kommission / Deutschland	Slg. 1986, 2549
30.09.1987	Rs. 12/86	Demirel	Slg. 1987, 3719
04.02.1988	Rs. 255/86	Kommission / Belgien	Slg. 1988, 693
23.02.1988	Rs. 68/86	Vereinigtes Königreich / Rat	Slg. 1988, 855
27.09.1988	Rs. 81/87	Daily Mail	Slg. 1988, 5483
05.10.1988	Rs. 196/87	Steymann	Slg. 1988, 6159
02.02.1989	Rs. 186/87	Cowan	Slg. 1989, 195
26.02.1991	Rs. C-292/89	Antonissen	Slg. 1991, I-745
20.06.1991	Rs. C-248/89	Cargill	Slg. 1991, I-2987
20.06.1991	Rs. C-365/89	Cargill	Slg. 1991, I-3045
19.11.1991	Rs. C-6/90, C-9/90	Francovich u.a.	Slg. 1991, I-5357
21.11.1991	Rs. C-354/90	FNCE (Saumon)	Slg. 1991, I-5505
14.12.1991	Gutachten 1/91	EWR-Abkommen	Slg. 1991, I-6079
07.04.1992	Rs. C-61/90	Kommission / Griechenland	Slg. 1992, I-2407
19.03.1993	Gutachten 2/91	Übereinkommen Nr. 170 der IAO	Slg. 1993, I-1061
02.03.1994	Rs. C-316/91	Europäisches Parlament / Rat	Slg. 1994, I-653
15.11.1994	Gutachten 1/94	WTO	Slg. 1994, I-5267
21.02.1995	Rs. T-29/92	SPO	Slg. 1995, II-289
24.03.1995	Gutachten 2/92	OECD	Slg. 1995, I-521
17.10.1995	Rs. C-70/94	Werner	Slg. 1995, I-3189
17.10.1995	Rs. C-83/94	Leifer	Slg. 1995, I-3231
15.12.1995	Rs. C-415/93	Bosman	Slg. 1995, I-4921
07.03.1996	Rs. C-192/94	El Corte Inglés	Slg. 1996, I-1281
28.03.1996	Gutachten 2/94	EMRK-Beitritt	Slg. 1996, I-1759
02.07.1996	Rs. C-473/93	Kommission / Luxemburg	Slg. 1996, I-3207
11.07.1996	Rs. C-39/94	S.F.E.I. / La Poste	Slg. 1996, I-3547
10.09.1996	Rs. C-11/95	Kommission/ Belgien (Kabelfernsehen)	Slg. 1996, I-4115

17.10.1996	Rs. C-283/94, C-291/94, C-292/94	Denkavit u.a.	Slg. 1996, I-5063
12.11.1996	Rs. C-84/94	Vereinigtes Königreich / Rat (Arbeitzeitrichtlinie)	Slg. 1996, I-5755
14.01.1997	Rs. C-124/95	Centro-Com	Slg. 1997, I-81
20.03.1997	Rs. C-24/95	Alcan	Slg. 1997, I-1591
13.05.1997	Rs. C-233/94	Deutschland / EP und Rat (Richtlinie über Einlagensicherungssysteme)	Slg. 1997, I-2405
29.05.1997	Rs. C-329/95	VAG Sverige	Slg. 1997, I-2675
02.10.1997	Rs. C-122/96	Saldanha	Slg. 1997, I-5325
09.12.1997	Rs. C-265/95	Kommission / Frankreich	Slg. 1997, I-6959
17.02.1998	Rs. C-249/96	Grant	Slg. 1998, I-636
28.04.1998	Rs. C-120/95	Decker	Slg. 1998, I-1831
28.04.1998	Rs. C-158/96	Kohll	Slg. 1998, I-1931
12.05.1998	Rs. C-85/96	Martínez Sala	Slg. 1998, I-2691
22.10.1998	Rs. C-36, C-37/97	Kellinghusen	Slg. 1998, I-6337
24.11.1998	Rs. C-274/96	Bickel und Franz	Slg. 1998, I-7637
04.03.1999	Rs. C-87/97	Gorgonzola	Slg. 1999, I-1301
09.09.1999	Rs. C-281/97	Krüger	Slg. 1999, I-5127
26.10.1999	Rs. C-273/97	Sirdar	Slg. 1999, I-7403
15.12.1999	Rs. T-132, T-143/96	Freistaat Sachsen und Volkswagen AG	Slg. 1999,II-3663
11.01.2000	Rs. C-285/98	Kreil	Slg. 2000, I-69
11.04.2000	Rs. C-51/96, 191/97	Deliège	Slg. 2000, I-2549
05.10.2000	Rs. C-376/98	Deutschland / EP und Rat (Tabakwerbung)	EuZW 2000, 694

II. Bundesverfassungsgericht:

Datum	Aktenzeichen	Gängige Bezeichnung/Partei(en)	Fundstelle
18.10.1967	1 BvR 248/63, 216/67		BVerfGE 22, 293
10.12.1980	2 BvF 3/77	Ausbildungsplatzförderungsgesetz	BVerfGE 55, 274
23.06.1981	2 BvR 1107/77 u.a.	Eurocontrol I	BVerfGE 58, 1
12.12.1984	1 BvR 1249/83 u.a.	Gebührenordnung für Ärzte	BVerfGE 68, 319
08.04.1987	2 BvR 687/85	Kloppenburg	BVerfGE 75, 223
12.10.1993	2 BvR 2134, 2159/92	Maastricht	BVerfGE 89, 155

Anhang 4: Verzeichnis der zitierten sonstigen Quellen

I. Protokolle zum EUV / EGV:

Bezeichnung / Inhalt (mit Ort der Unterzeichnung)	Nummerierung (Sart. II Nr. 151)
Protokoll zur Einbeziehung des Schengen-Besitzstands in den Rahmen der Europäischen Union (Amsterdam)	Protokoll Nr. 2 zum EUV / EGV
Protokoll über die Position des Vereinigten Königreichs und Irlands (Amsterdam)	Protokoll Nr. 4 zum EUV / EGV
Protokolls über die Position Dänemarks (Amsterdam)	Protokoll Nr. 5 zum EUV / EGV
Protokoll über einige Bestimmungen betreffend das Vereinigte Königreich Großbritannien und Nordirland (Maastricht)	Protokoll Nr. 25 zum EUV / EGV
Protokoll über einige Bestimmungen betreffend Dänemark (Maastricht)	Protokoll Nr. 26 zum EUV / EGV
Protokoll über die Anwendung der Grundsätze der Subsidiarität und der Verhältnismäßigkeit (Amsterdam)	Protokoll Nr. 30 zum EUV / EGV
Protokoll über die Sozialpolitik (Maastricht)	[inzwischen aufgehoben]

II. EG-Sekundärrechtsakte:

Nummer	Kurzbezeichnung Gegenstand/Inhalt	Fundstelle ABl.EG
VO (EWG) Nr. 17	Kartellverfahrens-Verordnung	21.02.1962, S. 204 ff.
VO (EWG) Nr. 31	Statut der Beamten	14.06.1962, S. 1385 ff.
64/733/EWG	Assoziationsabkommen mit der Türkei	29.12.1964, S. 3687 ff.
VO (EWG) 1009/67	Gemeins. Marktorganisation Zucker	18.12.1967, Nr. 308, S. 1 ff.
RL 73/183/EWG	Liberalisierungsrichtlinie Banken	16.07.1973, Nr. L 194, S. 1 ff.
RL 75/440/EWG	Oberflächengewässer / Trinkwasser	25.05.1975, Nr. L 194, S. 34 ff.
VO (EWG) 101/76	Strukturpolitik Fischereiwirtschaft	28.01.1976, Nr. L 20 S. 19 ff.
RL 76/207/EWG	Gleichstellungsrichtlinie	14.02.1976, Nr. L 39, S. 40 ff.
RL 77/249/EWG	Dienstleistungsfreiheit Rechtsanwälte	26.03.1977, Nr. L 78, S. 17 ff.
RL 80/68/EWG	Schutz des Grundwassers	28.01.1980, Nr. L 20, S. 43 ff.
RL 89/552/EWG	Richtlinie „Fernsehen ohne Grenzen“	17.10.1989, Nr. L 298, S. 23 ff.
VO (EWG) 4064/89	Fusionskontroll-Verordnung	30.12.1989, Nr. L 395, S. 1 ff.
RL 93/104/EG	Arbeitszeit-Richtlinie	1993, Nr. L 307, S. 18 ff.
93/742/EG	Europa-Abkommen mit Ungarn	31.12.1993, Nr. L 347, S. 2 ff.
RL 94/19/EG	Einlagensicherungs-Richtlinie	31.05.1994, Nr. L 135, S. 5 ff.
VO (EG) 3093/94	Verbot von FCKW	22.12.1994, Nr. L 333, S. 1 ff.
RL 94/89/EG	Kommunalwahlrecht für Unionsbürger	31.12.1994, Nr. L 368, S. 38 ff.

VO (EG) 1466/97 und 1467/97	„Stabilitäts- und Wachstumspakt" mit Entschließung des Europ. Rates	02.08.1997, Nr. C 236, S. 1 f. und Nr. L 209, S. 1 ff.
RL 98/5/EG	Niederlassungsfreiheit Rechtsanwälte	14.03. 1998, Nr. L 77, S. 36 ff.
RL 98/43/EG	Verbot der Tabakwerbung	30.07.1998, Nr. L 213, S. 9 ff.
RL 1999/93/EG	Elektronische Signaturen	19.01.2000, Nr. L 13, S.12
Entscheidung Nr. 2000/427/EG	Einführung der Einheitswährung durch Griechenland am 1.1.2000	07.07.2000, Nr. L 167, S. 19 ff.
RL 2000/31/EG	Richtlinie über den elektronischen Geschäftsverkehr im Binnenmarkt	17.07.2000, Nr. L 178, S. 1 ff.

III. Sonstige Rechtsakte und Dokumente:

Datum	Fundstelle / Zeichen	Titel
1975	Beilage 5/1975 zum Bull.EG, S. 10 ff.	Bericht der Kommission über die Europäische Union
14.02.1984	ABl.EG 19.03.1984, Nr. C 77, S. 33 ff.	Entwurf eines Vertrages zur Gründung der Europäischen Union (auf der Grundlage des *Spinelli*-Berichts)
14.06.1985	KOM (85) 310 endg.	Weißbuch der Kommission an den Europäischen Rat von Mailand „Vollendung des Binnenmarkts"
14.06.1985	GMBl. 1986, 79	Übereinkommen von Schengen
19.06.1990	BGBl. 1993 II, 1013	Durchführungsübereinkommen von Schengen
04.07.1990	EP-Dok. A3 - 163/90	Europäisches Parlament, Zwischenbericht des Institutionellen Ausschusses über den Grundsatz der Subsidiarität (Bericht *Giscard d'Estaing*)
Sept. 1992	*Merten* (Hrsg.), Die Subsidiarität, S. 130	Memorandum der Regierung der Bundesrepublik Deutschland zum Subsidiaritätsprinzip
27.10.1992	SEK (92) 1990 endg.	Das Subsidiaritätsprinzip – Mitteilung der Kommission
02.12.1992	BT-Drs. 12/3905	Feierliche Erklärung des Deutschen Bundestags für ein bürgernahes, starkes und handlungsfähiges Europa
11.-12.12. 1992	Bull.EG 12/1992	Europäischer Rat von Edinburgh, Schlussfolgerungen des Vorsitzes
25.10.1993	Bull. EG 10/1993	Interinstitutionelle Vereinbarung über Demokratie, Transparenz und Subsidiarität
24.11.1993	KOM (93) 545 endg.	Subsidiaritätsbericht 1993 der Kommission
20.04.1994	ABl.EG 20.04.1994, Nr. C 128, S. 190	Entschließung des Europäischen Parlaments zur Anpassung der geltenden Rechtsvorschriften an das Subsidiaritätsprinzip
1995	EA Nr. 134 (04/1995)	Bayerische Ziele für die Regierungskonferenz 1996
31.03.1995	BR-Drs. 169/95	Entschließung des Bundesrates
20./21.04. 1995	CdR 136/95	Stellungnahme des Ausschusses der Regionen zur Revision des EU-Vertrags
17.05.1995	ABl.EG 19.06.1995, Nr. C 151, S. 56	Entschließung des Europäischen Parlaments zur Regierungskonferenz 1996

15.12.1995	BR-Drs. 667/95	Entschließung des Bundesrates „Forderungen der Länder zur Regierungskonferenz 1996"
06.12.1995	BT-Drs. 13/3247	Beschluss des Bundestags
15.-16.06. 1998	Bull.EU 6/1998	Europäischer Rat von Cardiff, Schlussfolgerungen des Vorsitzes
02.12.1998	KOM(1998),715 endg.	Kommissions-Bericht „Eine bessere Rechtsetzung 1998"
06.08.1999	BT-Drs. 14/1512	Bericht der Bundesregierung über die Anwendung des Subsidiaritätsprinzips im Jahr 1998
11.-12.12. 1998	Bull.EU 12/1998	Europäischer Rat von Wien, Schlussfolgerungen des Vorsitzes
18.12.1998	ABl.EG 09.04.1999, Nr. C 98, S. 5	Entschließung des Europäischen Parlaments
31.03.1999	BT-Drs. 14/711	59. Bericht der Bundesregierung über die Integration der Bundesrepublik Deutschland in die Europäische Union
28.04.1999	ABl.EG 12.05.1999, Nr. C 132, S. 1 ff.	Weißbuch der Kommission zur Modernisierung des Kartellrechts
28.05.1999	EuZW 1999,750 (751, 754); RTDE 35(1999), 529 (532, 537)	Reflexionspapier des EuGH „Die Zukunft des Gerichtssystems der Europäischen Union"
1999	SEK (1999) 743 endg.	XXVIII. Bericht der Europäischen Kommission über die Wettbewerbspolitik in der EG (1998)
03.11.1999	KOM(1999) 562 endg.	Kommissions-Bericht „Eine bessere Rechtsetzung 1999"
1999	EA Nr. 160 (12/1999)	Bayerische Ziele für die Regierungskonferenz 2000
10.-11.12. 1999	Bull.EU 12/1999	Europäischer Rat von Helsinki, Schlussfolgerungen des Vorsitzes
26.01.2000	KOM (2000) 34 endg.	Stellungnahme der Kommission zur Regierungskonferenz 2000
04.02.2000	Br-Drs. 61/00	Entschließung des Bundesrates zur Eröffnung der Regierungskonferenz zu institutionellen Fragen
24./25.03. 2000	EA Nr. 165 (05/2000)	Berliner Stellungnahme der Regierungschefs der deutschen Länder zur Regierungskonferenz 2000
13.04.2000	EP-Dok. 14094/1999 - C5-0341/99 - 1999/0825(CNS)	Entschließung des Europäischen Parlaments mit seinen Vorschlägen für die Regierungskonferenz 2000
16.05.2000	BT-Drs. 14/3377	Entschließungsantrag der CDU/CSU-Fraktion
08.06.2000	BT-Drs. 14/3514	Entschließung des Bundestags zum Europäischen Rat von Santa Maria da Feira, „Europa entschlossen voranbringen"
27.09.2000	KOM(2000) 582 endg.	Vorschlag für eine Durchführungsverordnung zu den Artikeln 81 und 82 EG-Vertrag (Kartellverfahrens-VO)
12.12.2000	SN 533/00	Vertrag von Nizza – Von der Regierungskonferenz über die institutionelle Reform vereinbarter vorläufiger Text

Literaturverzeichnis

Ahlt, Michael, Europarecht, 2. Aufl., München 1996

Alber, Siegbert, Rechtsfragen der Europäischen Institutionen, ZEuS 1999, 487-502

Arbeitsgruppe „Europäische Verfassung", Föderalismus und Kompetenzverteilung, in: *Weidenfeld, Werner* (Hrsg.), Wie Europa verfaßt sein soll – Materialien zur Politischen Union, Gütersloh 1991, S. 19-26

Arndt, Hans-Wolfgang, Europarecht, 4. Aufl., Heidelberg 1999

Badura, Peter, Staatsrecht – Systematische Erläuterung des Grundgesetzes für die Bundesrepublik Deutschland, 2. Aufl., München 1996

Basedow, Jürgen, Zielkonflikte und Zielhierarchien im Vertrag über die Europäische Gemeinschaft, in: *Due, Ole / Lutter, Marcus / Schwarze, Jürgen*, Festschrift für Ulrich Everling, Bd. I, 1. Aufl., Baden-Baden 1995, S. 49-68

Becker, Ulrich, Differenzierungen der Rechtseinheit durch „abgestufte Integration", EuR Beiheft 1/1998, 29-57

Begg, David u.a., Making sense of subsidiarity: How much centralization for Europe ?, in: Centre for Economic Policy Research (CEPR, Hrsg.), Monitoring European Integration 4, a CEPR annual report, London 1993

Benda, Ernst / Maihofer, Werner / Vogel, Hans-Jochen (Hrsg.), Handbuch des Verfassungsrechts der Bundesrepublik Deutschland, 2. Aufl., Berlin / New York 1994

Bengoetxea, Joxerramon, The Legal Reasoning of the European Court of Justice, Oxford 1993

Bergmann, Jan / Lenz, Christofer (Hrsg.), Der Amsterdamer Vertrag, 1. Aufl., Köln 1998, zitiert: Bergmann / Lenz - *Bearbeiter*

Beutler, Bengt / Bieber, Roland / Pipkorn, Jörn / Streil, Jochen, Die Europäische Union, Rechtsordnung und Politik, 4. Aufl., Baden-Baden 1993, zitiert: BBPS-*Bearbeiter*

Bieber, Roland, Zur Rolle der Mitgliedstaaten bei der Ausfüllung von Lücken im EG-Recht, in: *Bieber, Roland / Ress, Georg* (Hrsg.), Die Dynamik des Europäischen Gemeinschaftsrechts / The dynamics of EC-law, Baden-Baden 1987, S. 283-310

Bieber, Roland, Subsidiarität im Sinne des Vertrages über die Europäische Union, in: *Nörr, Knut Wolfgang / Oppermann, Thomas* (Hrsg.), Subsidiarität: Idee und Wirklichkeit, Tübingen 1997, S. 165-183

Blanke, Hermann-Josef, Normativität und Justiziabilität des gemeinschaftsrechtlichen Subsidiaritätsprinzips, ZG 1995, 193-223

Bleckmann, Albert, Teleologische und dynamische Auslegung des Europäischen Gemeinschaftsrechts, EuR 1979, 239-260

Bleckmann, Albert, Zu den Auslegungsmethoden des Europäischen Gerichtshofs, NJW 1982, 1177-1182

Bleckmann, Albert, Europarecht, 6. Aufl., Köln / Berlin / Bonn / München, 1997

Blin, Olivier, L'article 113 CE après Amsterdam, RMC 1998, 447-456

von Bogdandy, Armin / Nettesheim, Martin, Strukturen des gemeinschaftlichen Außenhandelsrechts, EuZW 1993, 465-474

von Borries, Reimer, Gedanken zur Tragweite des Subsidiaritätsprinzips im Europäischen Gemeinschaftsrecht, in: *Everling, Ulrich / Narjes, Karl-Heinz / Sedemund, Jochim* (Hrsg.), Europarecht, Kartellrecht, Wirtschaftsrecht – Festschrift für Arved Deringer, 1. Aufl., Baden-Baden 1993, S. 22-39

von Borries, Reimer, Das Subsidiaritätsprinzip im Recht der Europäischen Union, EuR 1994, 263-300

Boulouis, Jean, Droit institutionnel de l'Union Européenne, 5. Aufl., Paris 1995; 4. Aufl., Paris 1993

Bribosia, Hervé, Subsidiarité et répartition des compétences entre la Communauté et ses Etats membres – Commentaire sur l'article 3B du traité de Maastricht, RMUE 4/1992, 165-188

Buck, Carsten, Über die Auslegungsmethoden des Gerichtshofs der Europäischen Gemeinschaft, Frankfurt a.M. u.a., 1998

Calliess, Christian, Der Schlüsselbegriff der „ausschließlichen Zuständigkeit" in Art. 3b II EGV, EuZW 1995, 693-700

Calliess, Christian, Subsidiaritäts- und Solidaritätsprinzip in der Europäischen Union, 2. Aufl., Baden-Baden 1999

Calliess, Christian / Ruffert, Matthias (Hrsg.), Kommentar des Vertrages über die Europäische Union und des Vertrages zur Gründung der Europäischen Gemeinschaft – EUV / EGV –, Neuwied 1999, zitiert: CR-*Bearbeiter*

Chaltiel, Florence, Le traité d'Amsterdam et la coopération renforcée, RMC 1998, 289-293

Chevallier, Roger-Michel, Methods and Reasoning of the European Court in its Interpretation of Community Law, CMLRev. 2 (1964-65), 21-35

Chirac, Jacques, Rede des französischen Staatspräsidenten vom 27. Juni 2000 vor dem Deutschen Bundestag, Manuskript abgedruckt in FAZ vom 28. Juni 2000, S. 10 f., elektronisch abrufbar unter http://www.bundestag.de/blickpkt/arch_bpk/chirac1.htm

Constantinesco, Vlad, La répartition des compétences, in: *Manin, Philippe* (Hrsg.), La révision du traité sur l'Union européenne – perspectives et réalités, Paris 1996, S. 15-26

Constantinesco, Vlad, Les clauses de „coopération renforcée", Le protocole sur l'application des principes de subsidiarité et de proportionnalité, RTDE 33 (1997), 751-767

Cross, Eugene Daniel, Pre-Emption of Member State Law in the European Economic Community: A Framework for Analysis, CMLRev. 29 (1992), 447-472

Dashwood, Alan, The Limits of European Community Powers, ELR 21 (1996), 113-128

Dauses, Manfred A. (Hrsg.), Handbuch des EU-Wirtschaftsrechts, München, Stand: November 1999

Degan, V. D., Procédés d'interprétation tirés de la jurisprudence de la Cour de Justice des Communautés européennes, RTDE 2 (1966), 189-227

Degenhart, Christoph, Staatsrecht I, 15. Aufl., Heidelberg 1999

Di Fabio, Udo, Das Recht offener Staaten, Tübingen 1998

Di Fabio, Udo, Werbeverbote – Bewährungsprobe für europäische Grundfreiheiten und Grundrechte, AfP 1998, 564-570

Dörr, Oliver, Die Entwicklung der ungeschriebenen Außenkompetenzen der EG, EuZW 1996, 39-43

Draetta, Ugo, Elementi di diritto comunitario – Parte istituzionale, Mailand 1994

Dreier, Horst (Hrsg.), Grundgesetz-Kommentar, Bd. 2, Tübingen 1998, zitiert: Dreier-*Bearbeiter*

Duff, Andrew, The Treaty of Amsterdam, Text and Commentary, London 1997

Dutheil de la Rochère, Jacqueline, L'ère des compétences partagées – A Propos de l'étendue des compétences extérieures de la Communauté européenne, RMC 1995, 461-470

Ehlermann, Claus-Dieter, Quelques réflexions sur la communication de la Commission relative au principe de subsidiarité, RMUE 4/1992, 215-220

Ehlermann, Claus-Dieter, Différenciation, flexibilité, coopération renforcée: les nouvelles dispositions du traité d'Amsterdam, RMUE 3/1997, 53-90

Ehlermann, Claus-Dieter, Engere Zusammenarbeit nach dem Amsterdamer Vertrag: Ein neues Verfassungsprinzip ?, EuR 1997, 362-397

Emiliou, Nicholas, Subsidiarity: Panacea or Fig Leaf ?, in: *O'Keeffe, David / Twomey, Patrick M.* (Hrsg.), Legal Issues of the Maastricht Treaty, Chichester 1994, S. 65-83

Emmerich, Volker, Kartellrecht, 8. Aufl., München 1999

Emmert, Frank, Europarecht, München 1996

Erichsen, Hans-Uwe / Buchwald, Andrea, Die Aufhebung von gemeinschaftsrechtserheblichen Einzelfallentscheidungen durch Organe der EG und deutsche Behörden, Jura 1995, 84-89

Europäische Strukturkommission, Kompetenzverteilung und föderale Balance, in: *Weidenfeld, Werner* (Hrsg.), Europa '96 – Reformprogramm für die Europäische Union, Gütersloh 1994, S. 14-31

Everling, Ulrich, Zur Aufteilung der Kompetenzen in einer föderal gegliederten Europäischen Union, in: *Weidenfeld, Werner* (Hrsg.), Wie Europa verfaßt sein soll – Materialien zur Politischen Union, Gütersloh 1991, S. 41-49

Everling, Ulrich, Subsidiaritätsprinzip und „ausschließliches" Gemeinschaftsrecht – ein „faux problème" der Verfassungsauslegung, in: *Burmeister, Joachim* (Hrsg.), Verfassungsstaatlichkeit – Festschrift für Klaus Stern zum 65. Geburtstag, München 1997, S. 1227-1237

Everling, Ulrich, Einlagensicherung der Banken im Europäischen Binnenmarkt, ZHR 162 (1998), 403-426

Fischer, Hans Georg, Europarecht, 2. Aufl., München 1997

Fischer, Joschka, Vom Staatenbund zur Föderation – Gedanken über die Finalität der europäischen Integration, Rede vom 12. Mai 2000 in der Humboldt-Universität Berlin, Manuskript abgedr. in WHI-Paper 1/00 = FCE Spezial 2/00

Fischer, Thomas / Schley, Nicole, Europa föderal organisieren – Essentialia einer Strukturreform der Europäischen Union zur Jahrtausendwende – Strategien für Europa, Gütersloh 1998

Fischer, Wolfgang, Von Maastricht nach Amsterdam: Die Regierungskonferenz aus Sicht der deutschen Länder, ZParl 1998, 46-64

Fischer, Wolfgang, Forderungen der Länder zur Regierungskonferenz 1996/97, in: *Borkenhagen, Franz H. U.* (Hrsg.), Europapolitik der deutschen Länder – Bilanz und Perspektiven nach dem Gipfel von Amsterdam, Opladen 1998, S. 9-27

Furrer, Andreas, Die Sperrwirkung des sekundären Gemeinschaftsrechts auf die nationalen Rechtsordnungen, 1. Aufl., Baden-Baden 1994

Gaja, Giorgio, How flexible is flexibility under the Amsterdam Treaty ?, CMLRev. 35 (1998), 855-870

Gassner, Ulrich M., Grundzüge des Kartellrechts, München 1999

Geiger, Rudolf, Vertragsschlußkompetenzen der Europäischen Gemeinschaft und auswärtige Gewalt der Mitgliedstaaten, JZ 1995, 973-982

Geiger, Rudolf, Allgemeine Überlegungen zum Begriff der ausschließlichen Gemeinschaftszuständigkeit als Anwendungsgrenze des Subsidiaritätsprinzips, in: *Heinze, Meinhard / Schmitt, Jochem* (Hrsg.), Festschrift für Wolfgang Gitter zum 65. Geburtstag, Wiesbaden 1995, 267-276

Geiger, Rudolf, EUV/EGV – Vertrag über die Europäische Union und Vertrag zur Gründung der Europäischen Gemeinschaft – Kommentar, 3. Aufl., München 2000, zitiert: *Geiger*, Art. ...

Geiger, Rudolf / Khan, Daniel-Erasmus, Europarecht, München 1997

Gilsdorf, Peter, Der Grundsatz der Subsidiarität und die Gemeinsame Agrarpolitik, in: *Randelzhofer, Albrecht / Scholz, Rupert / Wilke, Dieter* (Hrsg.), Gedächtnisschrift für Eberhard Grabitz, München 1995, S. 77-102

Gilsdorf, Peter, Die Außenkompetenzen der EG im Wandel – Eine kritische Auseinandersetzung mit Praxis und Rechtsprechung –, EuR 1996, 145-166

Gilsdorf, Peter, Die Gemeinsame Handelspolitik – Eine ausschließliche Kompetenz der Gemeinschaft ?, ZfV 1996, 793-801

Gohlke, Thomas, Die deutschen Länder im Spannungsfeld von Gemeinschaftskompetenzen, Föderalismus und Subsidiarität, in: *Borkenhagen, Franz H. U.* (Hrsg.), Europapolitik der deutschen Länder – Bilanz und Perspektiven nach dem Gipfel von Amsterdam, Opladen 1998, S. 127-143

Grabitz, Eberhard / Hilf, Meinhard (Hrsg.), Das Recht der Europäischen Union, Kommentar, 2. Aufl., München 1994 ff., Stand: Januar 2000, zitiert: GH-*Bearbeiter* (alte Ausgabe) bzw. GH II - *Bearbeiter* (neue Ausgabe)

von der Groeben, Hans / Thiesing, Jochen / Ehlermann, Claus-Dieter (Hrsg.), Kommentar zum EU-/EG-Vertrag, 5. Aufl., Baden-Baden 1997, zitiert: GTE-*Bearbeiter*

Hablitzel, Hans, Subsidiaritätsprinzip und Bildungskompetenzen im Vertrag über die Europäische Union, Regensburg 1994

Haguenau-Moizard, Catherine, Le Traité d'Amsterdam: Une négociation inachevée, RMC 1998, 240-252

Hailbronner, Kay / Klein, Eckart / Magiera, Siegfried / Müller-Graff, Peter-Christian, Handkommentar zum Vertrag über die Europäische Union (EUV / EGV), Köln / Berlin / Bonn / München, Stand: November 1998, zitiert: Handkomm. - *Bearbeiter*

Haratsch, Andreas, Zur Dogmatik von Rücknahme und Widerruf von Rechtsakten der Europäischen Gemeinschaft, EuR 1998, 387-416

Herdegen, Matthias, Europarecht, 2. Aufl., München 1999

Hilf, Meinhard, Ungeschriebene EG-Kompetenzen im Außenwirtschaftsrecht, ZfV 1997, 293-301

Hirsch, Günter, Die Auswirkungen des Subsidiaritätsprinzips auf die Rechtsetzungsbefugnis der Europäischen Gemeinschaften, Vortrag vor dem Europa-Institut der Universität des Saarlandes, in: *Ress, Georg / Stein, Torsten* (Hrsg.): Vorträge, Reden und Berichte aus dem Europa-Institut, Nr. 330, Saarbrücken 1995

Hirsch, Günter, Grundrechte und Europa, EWS 2000, 1

Hofmann, Rainer, Wieviel Flexibilität für welches Europa ?, EuR 1999, 713-735

Huber, Peter M., Recht der Europäischen Integration, München 1996

Immenga, Ulrich / Mestmäcker, Ernst-Joachim (Hrsg.), EG-Wettbewerbsrecht, Bd. I, München 1997, zitiert: Immenga/Mestmäcker - *Bearbeiter*

Ipsen, Hans Peter, Europäisches Gemeinschaftsrecht, Tübingen 1972

Ipsen, Knut, Völkerrecht, 4. Aufl., München 1999

Isaac, Guy, Droit communautaire général, 6. Aufl., Paris u.a. 1998

Isensee, Josef / Kirchhof, Paul (Hrsg.), Handbuch des Staatsrechts der Bundesrepublik Deutschland, Bd. VII: Normativität und Schutz der Verfassung – Internationale Beziehungen, Heidelberg 1992

Jarass, Hans D., Grundfragen der innerstaatlichen Bedeutung des EG-Rechts, Köln / Berlin / Bonn / München 1994

Jarass, Hans D., EG-Kompetenzen und das Prinzip der Subsidiarität nach Schaffung der Europäischen Union, EuGRZ 1994, 209-219

Jarass, Hans D., Die Kompetenzverteilung zwischen der Europäischen Gemeinschaft und den Mitgliedstaaten, AöR 121 (1996), 173-199

Jarass, Hans D., Die Kompetenzen der Europäischen Gemeinschaft und die Folgen für die Mitgliedstaaten, Bonn 1997

Jarass, Hans D. / Pieroth, Bodo, Grundgesetz für die Bundesrepublik Deutschland, Kommentar, 5. Aufl., München 2000, zitiert: *Bearbeiter* in Jarass / Pieroth

Jung, Christophe, Subsidiarité et nation: L'Europe à la recherche de son identité, in: Cahiers de la Banque Internationale à Luxembourg, Heft 1/96, Luxemburg 1996

Juris-Classeur Europe, Traité de droit européen, herausgegeben von Anne Vouzellaud; Leitung der Sammlung: Odette Loy, Paris, Stand: 1999, zitiert: JCE-*Bearbeiter*

Kapteyn, P.J.G. / VerLoren van Themaat, Pieter, Introduction to the Law of the European Communities – From Maastricht to Amsterdam, 3. Aufl., London / Den Haag / Boston 1998

Kenntner, Markus, Das Subsidiaritätsprotokoll des Amsterdamer Vertrages, NJW 1998, 2871-2875

Kinkel, Klaus, Das Subsidiaritätsprinzip in der Europäischen Union, in: *Burmeister, Joachim* (Hrsg.), Verfassungsstaatlichkeit – Festschrift für Klaus Stern zum 65. Geburtstag, München 1997, S. 1287-1299

Kirchhof, Paul, Der Weg Europas ist der Dialog, EuZW 1999, 353

Koenig, Christian / Haratsch, Andreas, Europarecht, 3. Aufl., Tübingen 2000

Konow, Gerhard, Zum Subsidiaritätsprinzip des Vertrags von Maastricht, DÖV 1993, 405-412

Kortenberg, Helmut, Closer Cooperation in the Treaty of Amsterdam, CMLRev. 35 (1998), 833-854

Krenzler, Horst Günter / Schneider, Henning C., Die Gemeinsame Außen- und Sicherheitspolitik der Europäischen Union – Zur Frage der Kohärenz –, EuR 1994, 144-161

Krenzler, Horst Günter / da Fonseca-Wollheim, Hermann, Die Reichweite der gemeinsamen Handelspolitik nach dem Vertrag von Amsterdam – eine Debatte ohne Ende ?, EuR 1998, 223-241

Lecheler, Helmut, Das Subsidiaritätsprinzip – Strukturprinzip einer europäischen Union, Berlin 1993

Lenaerts, Koen / van Ypersele, Patrick, Le principe de subsidiarité et son contexte: Etude de l'article 3B du traité CE, CDE 1994, 3-85

Lenz, Carl Otto (Hrsg.), EG-Vertrag, 2. Aufl., Köln / Basel / Wien 1999, zitiert: Lenz-*Bearbeiter*

Lerche, Clemens / Preußer, Jörg, The Bavarian Perspective on the subsidiarity principle – with particular reference to implications for EC environmental policy, in: *Collier, Ute / Golub, Jonathan / Kreher, Alexander* (Hrsg.), Subsidiarity and Shared Responsibility: New Challenges for EU Environmental Policy, Baden-Baden 1997, S. 79-89

Maihofer, Werner, Föderativverfassung und Kompetenzverteilung einer Europäischen Union, in: *Weidenfeld, Werner* (Hrsg.), Reform der Europäischen Union – Materialien zur Revision des Maastrichter Vertrages 1996, Gütersloh 1995, S. 61-74

Manin, Philippe, Les Communautés Européennes, L'Union Européenne, Droit institutionnel, 3. Aufl., Paris 1997

Marletta, Marilù, L'interpretazione dei trattati plurilingue nella prassi delle Comunità Europee, RDE 1985, 224-262

Martenczuk, Bernd, Die differenzierte Integration nach dem Vertrag von Amsterdam, ZEuS 1998, 447-474

Mattera, A., „Civis europaeus sum" – Citoyenneté européenne, droit de circulation et de séjour, applicabilité directe de l'article 8A du traité CE, RMUE 3/1998, 5-28

Mazan, Stephan, Das föderative Prinzip in der Europäischen Union, Zürich 1996

Mégret, Jacques / Louis, Jean-Victor (Hrsg.), Le droit de la CEE, 2. Aufl., Brüssel, 1. Bd. 1992, 10. Bd. 1993, zitiert: Mégret-*Bearbeiter*

Merten, Detlef, Subsidiarität als Verfassungsprinzip, in: *Merten, Detlef* (Hrsg.), Die Subsidiarität Europas, Berlin 1993, 77-96

Mertens de Wilmars, J., Réflexions sur les méthodes d'interprétation de la Cour de justice des Communautés Européennes, CDE 1986, 5-20

Meyer, Peter, Die Grundsätze der Auslegung im Europäischen Gemeinschaftsrecht, Jura 1994, 455-458

Micklitz, Hans-W. / Reich, Norbert, Verbraucherschutz im Vertrag über die Europäische Union – Perspektiven für 1993, EuZW 1992, 593-598

Monaco, Riccardo, Auslegungsgrundsätze des Gerichtshofes – Les principes d'interprétaton suivis par la Cour, in: *Carstens, Karl / Börner, Bodo* (Hrsg.), Zehn Jahre Rechtsprechung des Gerichtshofs der Europäischen Gemeinschaften – Dix ans de jurisprudence de la Cour de justice des Communautés européennes, Köln / Berlin / Bonn / München 1965, S. 177-186

Müller-Graff, Peter-Christian, Binnenmarktauftrag und Subsidiaritätsprinzip ?, ZHR 159 (1995), 34-77

von Münch, Ingo / Kunig, Philip (Hrsg.), Grundgesetzkommentar, Bd. 2 und 3, 3. Aufl., München 1995 / 1996, zitiert: GGK-*Bearbeiter*

Nicolaysen, Gert, Europarecht I, 1. Aufl., Baden-Baden 1991

Oppermann, Thomas, Europarecht, 2. Aufl., München 1999

Ost, Nina, Flexibilität des Gemeinschaftsrechts – Vom Notantrieb zum Vertragsprinzip ?, DÖV 1997, 495-503

Pechstein, Matthias / Koenig, Christian, Die Europäische Union, 3. Aufl., Tübingen 2000

Pernice, Ingolf, Multilevel Constitutionalism and the Treaty of Amsterdam: European Constitution-Making Revisited ?, CMLRev. 36 (1999), 703-750

Pernice, Ingolf, Vertragsrevision oder Europäische Verfassungsgebung? – Wie die Europäische Union handlungsfähig werden und die Zustimmung der Bürger erreichen kann, FAZ vom 7. Juli 1999, S. 7

Pescatore, Pierre, Mit der Subsidiarität leben, in: *Due, Ole / Lutter, Marcus / Schwarze, Jürgen,* Festschrift für Ulrich Everling, Bd. II, 1. Aufl., Baden-Baden 1995, S. 1071-1094

Piepenschneider, Melanie, Der Vertrag von Amsterdam – Analyse und Bewertung, 3. Aufl., St. Augustin 1998

Pieper, Stefan Ulrich, Subsidiarität – Ein Beitrag zur Begrenzung der Gemeinschaftskompetenzen, Köln / Berlin / Bonn / München 1994

Piris, Jean-Claude, Does the European Union have a Constitution ? Does it need one ?, ELR 24 (1999), 557-585

Piris, Jean-Claude, L'Union européenne a-t-elle une constitution ? Lui en faut-il une ?, RTDE 35 (1999), 599-635

Rau, Johannes, Die Quelle der Legitimation deutlich machen – Eine föderale Verfassung für Europa, FAZ vom 4. November 1999, S. 16

Ress, Georg, Die neue Kulturkompetenz der EG, DÖV 1992, 944-955

Rideau, Joel, Droit institutionnel de l'Union et des Communautés Européennes, Paris 1994

Rittner, Fritz, Wettbewerbs- und Kartellrecht, 6. Aufl., Heidelberg 1999

Rodríguez Iglesias, Gil Carlos, Zur „Verfassung" der Europäischen Gemeinschaft, Vortrag vor dem Europa-Institut der Universität des Saarlandes, in: *Ress, Georg / Stein, Torsten* (Hrsg.): Vorträge, Reden und Berichte aus dem Europa-Institut, Nr. 338, Saarbrücken 1996

Rodríguez Iglesias, Gil Carlos, Zur „Verfassung" der Europäischen Gemeinschaft, EuGRZ 1996, 125-131

Rohde, Christian / Lorenzmeier, Stefan, Europarecht – Schnell erfaßt, 2. Aufl., Berlin u.a. 1999

Rohe, Matthias, Binnenmarkt oder Interessenverband ? – Zum Verhältnis von Binnenmarktziel und Subsidiaritätsprinzip nach dem Maastricht-Vertrag, RabelsZ 61 (1997), 1-85

Roth, Wulf-Henning, Einlagensicherung im Binnenmarkt, ZBB 1997, 373-381

Sachs, Michael (Hrsg.), Grundgesetz, Kommentar, 2. Aufl., München 1999, zitiert: Sachs-*Bearbeiter*

Scherer, Josef, Subsidiaritätsprinzip und Agrarreform, DVBl. 1993, 281-291

Schima, Bernhard, Das Subsidiaritätsprinzip im Europäischen Gemeinschaftsrecht, Wien 1994

Schima, Bernhard, Die Beurteilung des Subsidiaritätsprinzips durch den Gerichtshof der Europäischen Gemeinschaften, ÖJZ 1997, 761-770

Schmidhuber, Peter M., Das Subsidiaritätsprinzip im Vertrag von Maastricht, DVBl. 1993, 417-422

Schmidhuber, Peter M. / Hitzler, Gerhard, Binnenmarkt und Subsidiaritätsprinzip, EuZW 1993, 8-10

Schmidt-Bleibtreu, Bruno / Klein, Franz (Hrsg.), Kommentar zum Grundgesetz, 9. Aufl., Neuwied u.a. 1999, zitiert: *Bearbeiter* in Schmidt-Bleibtreu/Klein

Schön, Wolfgang, Gesellschaftsrecht nach Maastricht – Art. 3b EGV und das europäische Gesellschaftsrecht, ZGR 1995, 1-38

Schwartz, Ivo, Subsidiarität und EG-Kompetenzen – Der neue Titel „Kultur" – Medienvielfalt und Binnenmarkt, AfP 1993, 409-421

Schwartz, Ivo, EG-Kompetenzen für den Binnenmarkt: Exklusiv oder konkurrierend / subsidiär ?, Bonn 1995

Schwartz, Ivo, EG-Kompetenzen für den Binnenmarkt: Exklusiv oder konkurrierend / subsidiär ?, in: *Due, Ole / Lutter, Marcus / Schwarze, Jürgen,* Festschrift für Ulrich Everling, Bd. II, 1. Aufl., Baden-Baden 1995, S. 1331-1354

Schwartz, Ivo, EG-Kompetenz für das Verbot der Tabakwerbung ?, AfP 1998, 553-564

Schwarze, Jürgen, Kompetenzverteilung in der Europäischen Union und föderales Gleichgewicht, DVBl. 1995, 1265-1269

Schwarze, Jürgen, Das schwierige Geschäft mit Europa und seinem Recht, JZ 1998, 1077-1088

Schwarze, Jürgen, Auf dem Wege zu einer europäischen Verfassung, DVBl. 1999, 1677-1689

Schweitzer, Michael, Rechtsetzung durch die Europäischen Gemeinschaften und Kompetenzverlust in den Mitgliedstaaten, in: *Kremer, Harry Andreas* (Hrsg.), Beiträge zum Parlamentarismus – Bd. 2: Die Landesparlamente im Spannungsfeld zwischen europäischer Integration und europäischem Regionalismus, München 1988, S. 20-50

Schweitzer, Michael, Die Rechtshandlungen der Europäischen Gemeinschaften und ihre Wirkung in den Mitgliedstaaten, in: *Kirchhof, Paul / Offerhaus, Klaus / Schöberle, Horst* (Hrsg.), Steuerrecht, Verfassungsrecht, Finanzpolitik – Festschrift für Franz Klein, Köln 1994, S. 85-102

Schweitzer, Michael / Hummer, Waldemar, Europarecht, 5. Aufl., Neuwied / Kriftel / Berlin 1996, mit Nachtrag 1999

Shaw, Jo, Law of the European Union, 2. Aufl., London 1996

Shaw, Jo, The Treaty of Amsterdam: Challenges of Flexibility and Legitimacy, ELJ 4 (1998), 63-86

Simon, Denys, Le système juridique communautaire, 1. Aufl., Paris 1997

Slynn, Sir Gordon, The Use of Subsequent Practice as an Aid to Interpretation by the Court of Justice of the European Communities, in: *Bieber, Roland / Ress, Georg* (Hrsg.), Die Dynamik des Europäischen Gemeinschaftsrechts / The dynamics of EC-law, Baden-Baden 1987, S. 137-145

Smit, Hans / Herzog, Peter, The Law of the European Community, A Commentary on the EC Treaty, Bd. 1, 3 und 4, New York / San Francisco, Stand: 10 / 1999, zitiert: SH-*Bearbeiter*

Soares, Antonio Goucha, Pre-emption, Conflicts of Powers and Subsidiarity, ELR 23 (1998), 132-145

Stein, Torsten, Subsidiarität als Rechtsprinzip, in: *Merten, Detlef* (Hrsg.), Die Subsidiarität Europas, Berlin 1993, S. 23-40

Steinberger, Helmut, Das Grundgesetz auf dem Weg zur Europäischen Einheit, in: *Letzgus, Klaus* u.a. (Hrsg.), Für Recht und Staat – Festschrift für Herbert Helmrich zum 60. Geburtstag, München 1994, S. 427-435

Stewing, Clemens, Subsidiarität und Föderalismus in der Europäischen Union, Köln / Berlin / Bonn / München 1992

Streinz, Rudolf, Europarecht, 4. Aufl., Heidelberg 1999

Streinz, Rudolf, Frauen an die Front, DVBl. 2000, 585-595

Tesauro, Giuseppe, Diritto Comunitario, Padova 1995

Thun-Hohenstein, Christoph, Der Vertrag von Amsterdam – Die neue Verfassung der EU, Wien 1997

Thun-Hohenstein, Christoph, Die Möglichkeit einer verstärkten Zusammenarbeit zwischen EU-Mitgliedstaaten – Chancen und Gefahren der „Flexibilität", in: *Hummer, Waldemar* (Hrsg.), Die Europäische Union nach dem Vertrag von Amsterdam, Wien 1998, S. 125-139

Thun-Hohenstein, Christoph / Cede, Franz, Europarecht, 3. Aufl., Wien 1999

Tizzano, Antonio, Le competenze dell'Unione e il principio di sussidiarietà, DUE 1-2/1997, 229-233

Toth, A.G., The Principle of Subsidiarity in the Maastricht Treaty, CMLRev. 29 (1992), 1079-1105

Toth, A.G., Is Subsidiarity Justiciable ?, ELR 19 (1994), 268-285

Toth, A.G., A Legal Analysis of Subsidiarity, in: *O'Keeffe, David / Twomey, Patrick M.* (Hrsg.), Legal Issues of the Maastricht Treaty, Chichester 1994, S. 37-48

Ukrow, Jörg, Die Fortentwicklung des Rechts der Europäischen Union durch den Vertrag von Amsterdam, ZEuS 1998, 141-181

Ulrich, Stefan, Kampf um Europa, SZ vom 15./16. April 2000, S. 4

Usher, J.A., The Scope of Community Competence – Its Recognition and Enforcement, JCMS 24 (1985), 121-136

Verdross, Alfred / Simma, Bruno, Universelles Völkerrecht, 3. Aufl., Berlin 1984

Weatherill, Stephen, Beyond Preemption ? Shared Competence and Constitutional Change in the European Community, in: *O'Keeffe, David / Twomey, Patrick M.* (Hrsg.), Legal Issues of the Maastricht Treaty, Chichester 1994, S. 13-33

Winter, Gerd, Subsidiarität und Deregulierung im Gemeinschaftsrecht, EuR 1996, 247-269

Winter, Gerd, Die Sperrwirkung von Gemeinschaftssekundärrecht für einzelstaatliche Regelungen des Binnenmarkts mit besonderer Berücksichtigung von Art. 130t EGV, DÖV 1998, 377-381

Yataganas, Xenophon A., The Subsidiarity Principle: A Manual for the Commission, REDP 1996, 1103-1115

Zacker, Christian, Kompendium Europarecht, Berlin / Heidelberg / New York 1997

Zacker, Christian / Wernicke, Stephan, Examinatorium Europarecht, 2. Aufl., Köln / Berlin / Bonn / München 2000

Zijlmans, J.M.I.J., The (Exclusive) External Competence of the European Community, MJ 2 (1995), 405-419

Zuleeg, Manfred, Die Europäische Gemeinschaft als Rechtsgemeinschaft, NJW 1994, 545-549

Stichwortverzeichnis

Kolibri 360 GmbH
Ferdinand-Jühlke-Straße 7
99095 Erfurt, Deutschland
produktsicherheit@kolibri360.de

Druck:
CPI Druckdienstleistungen GmbH
im Auftrag der
Kolibri 360 GmbH
Ferdinand-Jühlke-Str. 7
99095 Erfurt